의학, 가슴으로 말하라

손님을 대하는 의사인가
사람을 돌보는 의사인가

어허, 가슴으로 말하라

손님을 대하는
의사인가
사람을 돌보는
의사인가

황진복 지음

이담
Books

I

멕시코 국경에 인접하여 애리조나 주 남부에 위치한 투손(Tucson)은 살기 좋은 도시다. 무더운 큰 여름과 혹독하지는 않으나 쌀쌀한 큰 겨울이 있고, 작지만 아름다운 봄과 가을, 그리고 짧은 장마철이 있다.

2011년 1월 8일 토요일 오전 9시 30분, 야간 당직을 마친 피터 리 (Peter Rhee)는 평소처럼 병원 주변을 조깅하고 있었다.[1] 49세의 외상의학 전문의인 그는 3일에 하룻밤을 당직으로 지새워야 했기 때문에 무엇보다 체력이 소중했다. 다부진 몸매를 좌우로 흔들며 리듬감 있게 달리기 시작했다. 차가운 겨울바람이 콧속으로 들어오자 피터는 숨을 크게 들이쉬었다. 소독약 냄새가 섞이지 않은 차가운 산소가 폐와 심장을 지나 온몸으로 퍼지자 혈액이 정화되는 듯 기분 좋은 전율을 느꼈다. 상쾌한 아침이었다.

같은 시각 '똑똑한 에너자이저 토끼'라는 별명이 붙은 민주당의 차세대 유망주 가브리엘 기퍼즈(Gabrielle Giffords) 하원의원은 여느 때처럼 유권자들을 만나기 위해 기동치고 이동하고 있었다. 40세의 그녀는 멋진 금발에다 넓은 이마와 서글서글한 눈을 가진 미인이었지만 눈매는 날카롭다는 평을 들었다. 애리조나의 부잣집 딸로 코넬 대학을 졸업한 재원이었다. 할아버지가 물려준 타이어 회사를 접고 정치의 길로 접어든 것은 불과 30세 때, 주 하원의원으로 시작하여 이제 연방 상원의원이 코앞에 다가와 있었다. 집회가 열릴 예정인 쇼핑센터의 대형 주차장에는 <당신의 코너>에 참석하기 위해 민주당을 지지하는 많은 시민과 가족, 지역 유지, 보도진으로 이미 북적이고 있었다.

오전 10시가 조금 넘을 무렵, 피터는 허리춤에 차고 있던 비상호출기의 요란한 진동을 느껴 속도를 줄이며 멈춰 섰다. 숨을 헐떡이며 호출기를 눌렀다.

<총상, VIP>

"빌어먹을!" 피터는 병원으로 통하는 샛길을 향해 뛰었다.

'총상? VIP?' 지금까지 30년여 동안 온갖 외상을 다루어 보았지만 이런 연락을 받는 어느 때 한 번이라도 속이 메스꺼워지지 않은 적이 없었다. 불길한 예감에 섬뜩한 기분마저 들었다. 그러나 사태가 곤란하면 할수록 오로지 믿고 의지할 것은 자신의 경험뿐이었다.

'아무렴, 교통사고보다는 그래도 총상이 낫지!'

횡단보도 신호를 무시하면서 간이도로를 몇 차례 가로질러 잽싸게 병원으로 달렸다. 어느 미친놈이 갑자기 도로로 뛰어들자 자동차 경적 소리가 토요일 조용한 주택가 여기저기로 울려 나갔다. 누군가의 생명이 관련된 일이었기 때문에 나의 그것이 위험해도 어쩔 수 없었다. 그것이 피터의 신념이었고 보람이었다.

피터 리는 1961년 서울에서 태어났다. 다섯 살 무렵 의사였던 아버지가 평화봉사단의 일원으로 아프리카 우간다로 파견되는 바람에 피터도 우간다에서 5년을 보냈다. 이후 가족들과 함께 미국으로 이민 와 펜실베이니아 주 피츠버그 인근에서 자랐다. 우간다에서는 많은 추억이 있었다. 몸에 창이 꽂힌 채 집으로 찾아온 환자를 아버지가 밤새워 돌보는 일을 지켜본 적도 있었다. 그는 메릴랜드의 군의관 양성 의대(USUHS)에서 전문의 자격을 딴 뒤 군의관이 되었다. 2001년에는 아프간전 최초의 전진 작전 기지인 리노 캠프에, 2005년에는 이라크의 칸다하르 인근 사막의 미군기지에 처음으로 파견 근무하는 등 24년간 군의관으로 봉직했다. 2007년까지 남캘리포니아 대학(USC)에서 군의관 양성 프로그램을 지도하였으며, 총격에 의한 외상을 하루 30건 넘게 수술한 적도 있었다. 전역 후 투손의 애리조나 대학병원 외상 응급센터장을 맡고 있었다. 그는 이미 총상 치료의 베테랑이 되어 있었다.

오전 10시경 가브리엘 기퍼즈 의원이 막 연설을 시작할 무렵 20여 발의 총성이 연속해서 울렸다. 기퍼즈 의원의 근거리에 있던 젊은 남자가 총을 난사한 것이다. 도심 빌딩 숲 한가운데서 울려 퍼지는 연발 총성의 메아리가 이렇게 고막을 찢을듯 굉음으로 퍼져 나가는지 아무도 몰랐을 것이다. 수십 명이 피를 뿜으며 여기저기서 쓰러지고 비명을 지르자 집회장은 순식간에 아비규환의 현장이 되었다. 기퍼즈 의원이 체스판의 말처럼 쓰러지자 하원의원실의 인턴인 대니얼 에르난데스(Daniel Hernandez)는 쏜살같이 기퍼즈 의원에게로 달려갔다. '아뿔싸!' 개비(Gabby)는 왼쪽 머리에서 피를 쏟을 만큼 쏟으며 부르르 경련을 일으키고 있었다. 에르난데스는 재킷을 벗어 피가 흐르는 부분을 눌러 지혈을 시도했다. "제발 누가 앰뷸런스 좀……." 에르난데스는 울부짖으며 고함을 쳤지만 그 소리는 그의 목구멍을 넘어서지도 못했다.

응급실 앞은 속속 도착하는 앰뷸런스와 언론사 차량 그리고 외상센터의 낯익은 팀 동료들로 벌써 북적이고 있었다. 피터가 숨을 헐떡이며 응급실로 들어서자 심각한 얼굴의 수간호사가 팔을 잡아끌었다.

"VIP라니?" 피터가 넘어가는 숨을 참으며 말했다.

"개비! 이쪽으로." 수간호사가 입김이 닿을듯 귀에다 속삭였다.

"개비? …… 아! 기퍼즈!"

응급실 안쪽에 위치한 집중진료실 A에는 많은 동료들이 마치 저마디의 숨을 쉬듯 바삐 움직이며 응급조치를 하고 있었고 침상에는 가녀린 여자가 피범벅이 되어 미동도 않고 누워 있었다.

"왼쪽 앞머리에서 뒷머리로 곧장 관통한 거 같아. 근접 총상이 야……" 동료가 떨리는 목소리로 말했다. 숨을 고르며 피터는 소리 쳤다. "수술 준비, 응급실은 물론 병원 전체의 수술실을 오픈하라 고. 자, 친구들 쇼타임이야. 한판 하자고. 코드 레드!" 피터는 지시 사항을 짧게 외치고 다시 응급실로 나왔다. 천장 스피커에서는 코 맹맹이 교환원이 기다리고 있었다는 듯 'ER 코드 레드'를 반복해서 외치고 있었다.

응급실에는 이미 20여 명의 사상자가 도착했고, 환자의 비명과 사 색이 된 응급팀의 다급한 외침으로 아수라장이 되어 있었다. 아프 간과 이라크에서도 이런 풍경을 자주 겪어 보았지만 아니나 다를 까 아드레날린이 온천수처럼 뿜어져 나와 심장을 거칠게 펌프질하 자 혈압이 피터의 뒷머리를 타고 뜨겁게 솟아올랐다. 피터 리가 응 급실 밖으로 나오자 울부짖는 가족들과 구경꾼들 그리고 대기하고 있던 기자와 카메라가 순식간에 몰려들었다.

"센터장이시죠? 기퍼즈는 사망했나요?"

"아니요, 살아 있습니다."

"생존 가능성이 있나요? CNN에는 이미 사망했다는 보도가 나오고 있는데요."

"지금 수술 들어갑니다. 대미지가 큰 것은 사실입니다만 생존 가능 성이 있습니다."

다급해진 기자들이 재촉하듯 다시 물었다.

"가능성이 있다고요?"

"몇 퍼센트요? 생존 가능성, 확률 말입니다."

피터 리는 자신에 찬 어조로 짧게 대답했다.

"101퍼센트!"

"뭐라고요? 다시 한번 말씀을……"

피터 리는 자기 말을 끝내자 곧장 응급실로 들어가 버렸다. 얼굴이 뻘겋게 달아오른 기자들은 별 이상한 놈 다 보겠다는 눈빛으로 분노를 터뜨렸다.

"이런 젠장······ 101퍼센트라니? 정신이 어떻게 된 놈 아니야?"

"저놈 의사 맞아? 제기랄!"

애리조나 총격 사건으로 모두 6명이 사망했다. 씩씩한 수영선수였던 아홉 살 소녀와 아침 미사에 참석하고 집으로 돌아가던 연방 법원 판사도 포함되어 있었다. 13명의 중상자도 있었다. 피터와 그의 팀은 10개의 수술실을 개방하고 이들의 수술을 동시에 감행했다. 이런 집단 수술은 환경이 훨씬 더 열악한 아프간과 이라크에서도 종종 겪었다. 이런 상황을 위해 '코드 레드'를 암호화하여 인적·물적 자원을 어떻게 배분할지 프로토콜로 준비하여 두었고 예행연습을 정기적으로 시행하고 있었다. 응급상황에서도 신속과 정확의 두 마리 토끼를 동시에 잡는 방법이었다.

전국에서 개비의 생환을 바라는 촛불집회가 열렸으며, 애리조나 대학 유니버시티 메디컬 센터(UMC) 앞에는 시민들의 간절한 기도 행렬이 밤낮없이 이어졌다. 모든 방송에서는 개인 총기 소유, 민주당과 공화당의 정치적 갈등에 대하여 또다시 뜨거운 논쟁이 불붙었다.

피터와 그의 팀은 나락으로 떨어지는 '토끼'를 신속 정확하게 잡았다. 개비가 깨어난 것이다. 그녀는 의사의 목소리에 왼쪽 손가락 두 개를 들어 올리는 반응을 보였다. CNN은 섣불리 내뱉은 사망 속보의 정정 보도를 내느라 진땀을 흘렸다.

'기퍼즈의 사고는 불행이지만, 피터 리를 만난 것은 행운', '하늘이 내린 행운', '기적의 손.'

언론은 대서특필했으며, 뉴욕타임스는 피터를 '벼락 유명인사'로 칭송했다. 11일 오후 5시가 되자 개비는 간단한 지시에 응답했고 자기 호흡이 가능해졌다. 완전히 돌아온 것이다.

피터 리는 병원 프레스센터에 섰다. 붉은 얼굴로 흥분했던 기자들은 다시 피터를 만나자 마치 구세주를 만난 듯 얼굴이 환하게 밝아졌다. 언론의 인터뷰가 이어지면서 많은 기자들이 물었다

"생존을 예측하셨는데요. 그것도 101%로. 어떻게 그럴 수 있었나요?

우리는 이 급박한 와중에 허세를 떠는 것이라고 오해를 했었거든요"

"허세가 아닙니다. 저는 많은 총상 환자를 다루어 보았습니다. 그것도 사막의 전쟁터에서요. 내가 처음 응급실에 들어갔을 때 기퍼즈 의원은 미동도 없이 누워 있었어요. 동료가 진찰을 하고 있었는데 전혀 의식이 없던 그녀를 보는 순간 뭔가 이상했어요. 그녀가 의사의 손끝을 살짝 잡는 것을 봤어요. 제가 지금까지 본 머리 총상 환자에서 한 번도 경험해보지 못한 매우 특이한 반응이었어요. 그때 확신했죠. 그녀는 산다고. 그래서 101%라는 제 판단을 말씀드린 겁니다."

치열한 경쟁을 뚫은 우수한 재능의 젊은이들이, 무지개처럼 다양한 꿈을 꾸며 의과대학에 들어옵니다. 그런데 참 특이하다 싶은 관찰 소견이 하나 있습니다. 의대생이 의사로, 또 의사가 본격 사회인으로 성장하는 긴 과정을 어미닭처럼 쫓아가다 보면 잘 이해가 가지 않는 부분이 있답니다. 세월이 흐른 뒤 왜 어떤 사람은 '좋은 의사(good doctor)'가 되고 또 누구는 그렇지 않은가 하는 문제 말입니다.

'좋은 의사'란 어떤 의사일까요? 그렇게 좋게 만드는 요인은 무엇일까요? 그것을 알고 미리 준비하면 누구나 '좋은 의사'가 될 수 있을까요? 그런 이유가 분명 있다손 치더라도 '보이지 않는 손'이 결정하기 때문에 우리는 어쩔 수 없는 걸까요?

애리조나의 피터 리가 꿈 많은 의학도들에게 조언합니다.[2]

의사가 되는 것은 대단히 긴 여정입니다. 분명한 것은 돈에 관심이 많다면 의사가 된 뒤 자주 실망하게 될 것입니다. 하지만 사람을 돕는 일이 의미 있고 보람 있는 것이라고 생각한다면 의사는 세상에서 가장 즐겁고 좋은 직업이 될 것입니다.

Ⅱ

이야기를 시작하기 전에 먼저 짚고 넘어가야 할 것이 하나 있는데, 당신의 몸과 마음이 무척 지쳐 있다는 점입니다. 현재 우리나라의 교육 제도 아래에서, 아침 굶기를 밥 먹듯 하고, 야밤까지 학교에 붙잡혀 있고, 그것도 모자라 학원으로 선행 학습으로 떠다니는 동안 당신은 지칠 대로 지쳤습니다. 지독한 경쟁을 넘고 의과대학에 입학해 겨우 한숨을 돌리는가 싶더니, 세상에 존재하는 모든 형태의 시험들이 악몽처럼 달려들어 목을 조르자 마침내 당신은 한 방울의 에너지까지 모두 소진해버렸습니다.

몸과 마음이 지쳐 있는 사람에게 앞날에 대해 이야기하는 것은 쉽지 않습니다. 삶에 보탬이 되라는 조언도 당신은 가시에 찔리는 통증으로 느낄 테니까요. 먼저 휴식이, 마음의 여유가 필요한 것이 현실입니다. 갈 길은 먼데, 육신은 지쳐 있고 마음은 식어 냉담해진 상태입니다. 그러나 시간은 지금 이 순간도 끊임없이 흘러가고 있으며, 당신에게 밤톨만 한 여유도 허락하지 않고 있다는 것이 문제입니다.

오늘 이 순간 잠시 멈추어 서서 마음의 평안을 준비하는 것은 그래서 중요합니다. 부모나 선배의 조언도, 당신이 철석같이 믿고 있는 인생의 필연 관계도 잠시 내려놓기 바랍니다. 그리고 당신의 마음 저끝 모를 심연에서 들려오는 소리에 가만히 귀 기울여 보십시오. 그리고 우리의 이야기를 시작합시다.

이 책은 '좋은 의사'가 되기를 꿈꾸지만 자신과 주위를 둘러볼 여유가 없어 앞날에 대한 안목이 좁아질 수밖에 없는 의학도를 위한 자기계발 강의록입니다. 자기계발이란 잠재되어 있는 당신의 재능이나 슬기, 지혜로움을 새롭게 일깨우는 것을 말합니다. 당신 마음의 빗장 너머 눈에 보이지 않고 만져지진 않지만 그 어딘가에 숨어 있을 능력을 찾아 이를 흔들어 깨우고, 지나치게 웃자란 오해와 편견을 가지쳐 없애 당신이 보다 '좋은 의사'가 되도록 도와주는 것이 이 책을 집필한 목적입니다.

쭈뼛거리며 처음 의과대학 교문을 들어서던 그때, 당신의 꿈은 무엇이었나요? 필요한 것은 의사 면허증이며, 이제 그것을 손에 거머쥐었거나 곧 움켜잡을 수 있어 안도하고 있나요? 자격증이 가져다줄 사회적 레벨과 경제적 기득권을 극대화하기 위해 골몰하고 있나요? 아니면, 칡넝쿨처럼 엉겨 붙는 의학 지식의 늪에 빠져 차가운 도서관에서 저녁도 거른 채 새로운 정보와 씨름하고 있나요? 오늘도 진료 현장에서 일일이 손꼽기에도 벅찬 수많은 사연의 남녀노소를 만나며 땀범벅이 된 채 질척거리는 하루를 보내고 있나요?

이 책을 통해 당신 자신과 주변을 한번 둘러보면, 갈 길에 대한 새로운 안목이든 얼굴이 화끈 달아오를 충격이든 뭔가가 당신을 흔들어 깨울 수 있으리라 필자는 믿고 있습니다.

1부 인문의 창으로 의학을 보다

따뜻한 인간에 비해 의학과 의사는 너무나 차갑고, 심지어 인간성 상실을 촉발시키고 있다는 혐의를 받기도 합니다. 근대 의학의 시작점에서 첫 단추가 어떻게 꿰어졌는지 몇 가지 에피소드로 살펴보면 현재 우리를 잠 못 들게 하는 고심(苦心)의 원 뿌리를 발견할 수 있을

지 모릅니다. 다소 극단적인 예들을 뽑아든 것은 먼저 당신의 마음이, 감성이 움직여야 당신의 이성적 판단이 보다 냉철해진다고 믿기 때문입니다.

의학은 인간과 인간관계를 연구하는 학문입니다.

인간에 대한 탐구는 의학 공부의 출발점이자, 불확실성과 불안정성이라는 의학의 태생적 한계 상황을 극복하는 발판이기도 합니다. 한편, 급변하는 신과학의 시대에 경쟁은 치열하고 변화는 너무 빠릅니다. 현실이 냉혹해질수록 사람은 고독을 견뎌낼 의지하고 위로받을 우정이나 사제의 인간관계가 더욱 필요합니다. 아교풀 같은 이것이 없다면 어떤 학문적 테크닉도 비바람 앞의 모래성처럼 허무하게 무너져 내릴 수 있습니다. 시간을 뛰어넘어 시대를 꿈꾼 선배들의 삶을 통해 고통스럽고 답답한 지금 이 시간을 견뎌낼 용기를 얻으시기 바랍니다.

세상은 빠르게 변하고 있으며, 조직은 물론 당신도 때맞춰 변화하지 않는다면 적당한 수준의 의사는 몰라도 '좋은 의사'가 되기는 어렵습니다. 당신의 패러다임을 전환해야 합니다. 그러나 혁신하여 변화한다는 것은 목숨을 내어놓을 만큼 대단히 위험한 일이며, 주도면밀한 섬세함과 거침없는 담대함이 함께 필요합니다.

우리가 보다 원대한 삶의 목표를 정하도록 이끌어주고, 또 우리가 지속적으로 변화하면서도 그 꿈을 지탱하며, 실패와 난관을 헤쳐 나갈 수 있도록 유지해주는 힘, 그것은 어디에서 올까요?

2부 의학, 역량을 일깨우다

두 사람의 시작점은 비슷한데 시간이 흘러 끝점에 다다르면 결과는 양극단으로 갈라져, 왜 누구는 '좋은 의사'가 되고 왜 누구는 그렇지 못할까요? 의사는 나날이 업그레이드되는 지식과 경험과 기술을 익히는 것 이외에도, 많은 직장인들이 그렇게 하는 것처럼 자신을 돌아보고 조직을 살펴보며 내가 어떤 위치에서 어떤 역할을 감당할 것인지 삶의 방법론에 대해서도 고민해보아야 합니다. 그것이 자기계발이며, 의사에게도 성장과 성숙을 위해 반드시 필요한 빵의 효모 같은 생물입니다.

우리가 소유한 표피적인 지식과 경험과 기술보다는 빙산의 수면 아래에 위치한 거대한 심층 역량(competency)이 우리의 미래를 결정짓는 강력한 자력(磁力)으로 존재한다는 것을 요령껏 설득해보겠습니다. 심층 역량의 중요한 요인 몇 가지를 알아보겠습니다. 소개할 주요 이론들은 사회과학, 심리학, 신경과학 등의 발전에 의해 생겨난 것으로 경험적 추정치가 아니라 현대 과학의 산물입니다.

> 놀라운 것은 심층 역량 요인들의 중요성을 깨닫고 일상생활에서 삶의 관점을 바꿔보려고 '반응'만 해도 당신의 미래가 변하고 삶의 결과가 달라질 수 있다는 점입니다.

의학의 연구와 실행에서 필수적인 생각의 기법들도 알아봅니다. 물론 사회과학 발전의 결과물입니다. 일을 열심히 하던(work hard) 시대에서 생각을 많이 하는(think hard) 시대로 바뀌어 창의성, 몰입, 직관과 통찰은 의학 학문은 물론 지식 근로자로서 일상 업무를 수행하는 데 너무나 소중한 생각의 기법이 되었습니다.

의사는 어디를 가나 리더가 됩니다. 지도자가 무엇인지 생각해보고 미리 준비해야 하는데, 특히 어떤 부분에 주의를 기울여야 하는지 알아보겠습니다. 업무를 효과적으로 수행해서 성과를 창출하는 비결을 조언해보겠습니다.

공부 머리와 일 머리는 다릅니다.

의사가 환자의 이야기를 듣고 말하는 방식은 물론, 프레젠테이션, 글쓰기 등 소통에 관한 이야기도 나눌 겁니다. 쉬운 것 같지만 어렵고, 시행착오를 한참 겪은 후 후회와 함께 문리(文理)가 터지는 것이 소통입니다. 원활한 진료를 위한 소통의 자세와 학문을 활짝 꽃피우는 소통의 기법들을 고민해봅시다.

필자의 주장을 보다 인상 깊게 전하기 위해 소개해 드리는 여러 이론들은 평생을 바쳐 피땀으로 이룩한 해당 분야 전문가들의 위대한 저작물입니다. 관심이 있는 부분은 참고문헌을 찾아, 신들린 듯 집착하고 우여곡절을 거쳐 인류 문명 발전에 귀중한 벽돌 한 장을 얹은 열정적인 인물들의 숨소리 하나까지 직접 느껴보시기 바랍니다. 시간이 부족한 의학도가 사실 큰맘 먹지 않으면 접하기가 어려운 사회과학, 경영학 분야의 뛰어난 연구 결과물들을 만나는 맛보기로 이 책을 읽는다고 생각해도 좋겠습니다. 당신의 간절한 꿈을 꽃피우는 데 가르침까지는 아니더라도, 좋은 자극(good stimulant)이 되어 삶을 전환시키는 숭요한 변곡점(變曲點)을 맞이하게 된다면 더없이 기쁘겠습니다.

CONTENTS

1부

인문의 창으로 의학을 보다

제1장 성찰을 통해 오늘을 조망하다

괴물과 싸우는 사람은 그 싸움 속에서 스스로도 괴물이 되지 않도록 조심해야 한다.

— 프리드리히 니체 —

자기 성찰은 과거를 향한 후회나 슬픔이 아니라 미래에 대한 의지이다. 근대 의학의 시작점에서 첫 단추가 어떻게 꿰어졌는지 몇 개의 에피소드를 통해 들여다보면, 오늘날 의학이 당면한 혼란스러운 난제들을 풀어갈 실마리를 찾을 수 있을지 모른다.

:: 차가운 의학과 따뜻한 인간

25세 여자 백혈병으로 사망, 오전 5시 45분.

새벽달이 지기도 전에, 하얀 눈을 솜이불처럼 덮고 누운 이 아름다운 별을 그녀는 마침내 떠났다.

25세 여자의 사망보다는 스물다섯 해를 살아온 그녀의 갑작스러운 죽음이 더 진실에 가까운지 모른다. 사람이 죽음의 문턱을 막 지날 때 오는 슬픔은 한 생명체의 손실이 아깝다는 이유보다는 이제 관계와 스토리가 모두 끝난다는 두려움이 더 크기 때문이니까.

사실, 병원에서는 25세 여자의 사망 따위는 흔해 빠진 레퍼토리다. 가녀린 아기, 불꽃같은 젊은이, 어린 자녀를 남겨둘 엄마, 오늘 해야 할 일을 남겨두고 떠나는 직장인, 고생이 끝날 무렵 한순간에 죽음의 나락으로 떨어지는 할머니……. 병원에서는 사망이 늘 풍성한 목록으로 준비되어 있다. 그래서 하나의 스토리에 대한 슬픔과 동정은 바람처럼 잠시 머물 뿐 또 다른 일상으로 즉시 대체된다.

더욱 솔직히, 누구를 동정하기에는 '의사'는 너무 바쁘다. 오죽했으면 뛰어다니면서 생각할 수밖에 없다니. 그러나 이 새벽 문득 멈추어 서면, 모든 스토리가 갑자기 정지했을 때 그녀가 느꼈을 당혹스러움과 절망이 거울 신경세포(mirror neuron)[3)]에 공감되어 온몸으로 전기적 파문을 일으킨다.

대뇌 좌측에 위치한 '의사'의 생각 센서가 전류 시그널을 감지한다. '법적으로 문제가 될 잘못은 없었을까? 좀 더 일찍 진단할 수는 없었을까? 백혈병의 타입이 불가항력일 정도로 고약했던가? 치료 프로토콜을 실수 없이 신속하게 수행하였던가?' 대뇌 우측에 자리 잡고 있던 '사람'의 감성 센서는 또 다른 신호를 받는다. '마지막 순간까지 육체적 고통은 없었을까? 마지막에 꼭 하고 싶었던 그 한마디는 무엇이었을까? 금전적인 한계로 모든 것을 포기한 것은 아닐까? 함께 스토리를 만들어가던 또 다른 사람은 이제 누구와 더불어 새로운 이야기를 만들어갈까? 왜 사람은 누구나 빠짐없이 언젠가는 지구별을 떠나게 될까? 그들에게 의사란 무엇일까?'

눈 덮인 벤치에 하염없이 앉아 있는 그녀의 보호자가 말했다.[4]

> 스물다섯에 죽은 그녀에 대해서 무슨 말을 할 수 있을까?
> 그녀는 아름답고 총명했다. 그녀는 모차르트와 바흐를 사랑했고,
> 그리고 비틀스를, 그리고 나를. 언젠가 한 번은 이런 음악가들과
> 나를 함께 묶어 말하기에, 그 순서가 어떻게 되느냐고 물어본 적이
> 있다. 그랬더니 그녀는 방긋 웃으며, "알파벳 순서야"라고 대답했다.

'의사'는 질병으로 고장 난 기계쯤으로, 산술적으로 환자를 해석 판단하지 않으면 안 된다. 급속하게 발전하는 과학 산물들을 환자에게 신속하게 그러나 빈틈없이 적용하는 일은 그리 간단한 작업이 아니다. '의사'는 늘 불안하며 두렵고, 그래서 '의사'는 늘 차가운 것이다. 그러나 음악을 사랑하고 한 사람을 사랑하였으나 스물다섯 나이에 떠난 그녀의 사연을 알게 된다면, 안경을 걸친 생쥐 타입의 그녀와 멍청한 부자티를 풍기는 그의 어이없이 끝나버린 스토리를 알게 된다면, '사람'은 마음 깊은 곳에서 뜨겁게 솟아오르는 감정을 억누르기란 쉽지 않을 것이다. 의사는 '의사'라는 이유로 '사람'이 알아야 할 환자의 스토리에 너무 무심했던 것은 아닐까?

차가운 의학과 따뜻한 인간[5]

'의사'는 마주보는 끝점에 위치한 상반된 가치의 중간 어디쯤에 방향키의 바늘 끝을 둘지 늘 당황하며 끊임없이 바르르 떨고 있다. 그러나 이제 얼마나 덜 차가울지 더 따뜻할지를 고심할 필요는 없다. '의사'에게는 '사람'의 의무도 있다. 차가운 의학을 따뜻한 인간에게 온기를 담아 전달해야 하는 의사는 차가운 머리와 뜨거운 심장을 하이브리드(hybrid)[6]로 장착한 기이한 생물 키메라(chimera)[7]가 되어야 한다. 이는 현대 의학의 딜레마이자 미래 의학의 지향점이다.

> 가끔 완치하고, 종종 증상을 완화시키며, 항상 위로하고 돌보기 위
> 하여

19세기 미국의 의사였던 에드워드 트뤼도(Edward Trudeau)가 의료 행위의 지침으로 삼고 늘 머리맡에 두었던 글로, 백 년이 지나 의학 패러다임이 뽕나무밭에서 푸른 바다로 급변한 오늘날에도 역시 유효한 경구이다. '가끔' 하던 완치가 '종종'으로, '종종' 하던 증상 완화가 '대부분'으로 바뀌었다. 그런데 우리는 완치와 증상 완화의 가속적인 발전을 위해, '항상' 해야 할 위로를 '종종'이나 '가끔'으로 하향 조정했던 것은 아닐까?

> 사람이 온다는 건 실은 어마어마한 일이다.
> 한 사람의 일생이 오기 때문이다.[8]

:: 시체도둑, 야반도주, 아동 노동

시체 도둑

그녀는 아홉 살 4개월 3일된 루스 스프레이그(Ruth Sprague)였다.[9] 1846년 험악한 한 '시체 도둑'[10]이 그녀가 매장된 다음 날 무덤을 도굴했으며, 그녀의 시신은 뉴욕에서 이름깨나 떨치던 의사에게 신속 택배되었다. 침을 삼키며 기다리던 의사와 그의 충성스러운 제자들은 게걸스럽게 시신을 해부하였다. 의학의 이름으로.

> 그녀의 육신은 악마 같은 남자들에게 도둑맞았고,
> 그녀의 뼈는 해부당했다.
> 그 영혼은 하나님께로 올라갔다고 우리는 믿는다.
> 의사들은 가지 못하는 그곳으로.

뉴욕 후식(Hoosick)에 있는 루스의 묘비 아래에는 험악한 사나이 로데릭 클로(Roderick Clow)와 경멸스러운 의사 암스트롱(P. M. Armstrong)의 이름이 나란히 새겨져 있다. 누군가 갈가리 찢어진 소녀의 조각들을 다시 묻으며, 영원히 이 두 사람의 이름을 잊지 말라고 기록해두었다.

모든 형체에는 그림자가 있다. 이념에도 성취에도 어두운 그늘은 있다. 의학의 역사에도 물론 구석진 곳이 있다. 그림자는 물체의 밝은 부분을 더욱 도드라지게 해 형체를 입체적으로 보이게 하는데, 우리는 의학의 모습을 더 정확하게 이해하기 위해 어두운 그림자에도 관심을 기울일 필요가 있다. 휘황찬란한 의학 발전의 뒷골목에는 햇볕

이 들지 않아 늘 습하고 지독한 냄새를 풍기는 그늘진 곳이 있다. 무엇이든지 알고 싶어 했던 인간의 호기심은 인간 탐욕의 가면에 불과했을까? 가엾은 루스의 시신을 해부하면서 그들이 외친 것은 의학의 이름이었지만 더 많이 가지고 내가 먼저 차지하겠다는 인간의 탐욕이 어두운 곳에서 살아 숨 쉬고 있었다.

당시에도 '해부에 관한 법령'이 성문화되어 있었지만 사실 이 법령의 목적은 파렴치범을 처벌하기 위한 것이 아니고, 의과대학생들에게 수업 교재를 안정적으로 공급하는 데 있었다. 처형자, 극빈자, 무연고자의 시체를 해부에 이용할 수 있도록 선처해주었다. 그러나 불법적인 시체 도둑에 대한 징벌은 집행하지 않았거나 경미했다. 규정에도 없었기 때문이다. 인간이 이처럼 잔혹할 수 있다고 그 누가 상상이나 했겠는가?

의학의 위대한 스승들은 불미스러운 행위를 후원했을 뿐 아니라 시신을 훔치기 위해 팀을 짜고 이끌기도 했다. 돈이 되는 일이었다. 의학에 대한 호기심이 먼저인지 돈벌이가 우선인지 구분이 가지 않는 지경에 이르렀다. 근대 의학의 부흥기에는 신기술을 배우겠다는 학생들로 인산인해를 이루었으며 수요에 공급을 맞추기 위해 수많은 사설 해부강습소가 난립했다. 해부용 교재만 충분하다면 돈은 구름처럼 모여드는 첨단 벤처 사업이었다.

루스 스프레이그가 죽어서도 참혹함을 당하던 바로 그해, 런던 유니버시티 칼리지의 로버트 리스턴(Robert Liston)은 에테르를 이용하여 유럽에서 최초로 마취 수술을 시행했다. 그는 영국에서 가장 빨리 수술을 끝내는 것으로 타의 추종을 불허했던 의사였다. 그 당시까지 마취제가 없었기 때문에 외과 의사들은 어떻게 하면 최대한 빠르게 수술을 마칠 수 있을지 궁리하고 또 연구했다. 뼈를 깎는 고통을 고스란히 느껴야 했던 환자들은 수술해야 한다는 의사의 말에 자살해버리는 경우도 있었다. 통증은 악마의 소행이라 믿었고 이를 없애려고 주술이나 부적에 의지하던 시대였다.[11]

로버트 리스턴은 낮에는 유명한 의사였지만 밤에는 짭짤한 수익을 올리는 부업에 종사했다. 해부용 시신이 충분히 확보되기만 하면 의학강습소에 나올 학생들은 얼마든지 있었다. 현찰도 챙기고 수술 시간 단축 기술도 향상시키는 그야말로 꿩 먹고 알 먹는 사업이었다. 크라우치(Crouch)라는 악명 높은 시체 도둑과 함께 밤이면 밤마다 가급적 싱싱한 공동묘지를 털었다. 어느 무덤 앞에서는 경쟁자와 마주쳐 혈투를 벌인 적도 있었다. 경쟁자는 외과의사 모브레이 톰슨(Mowray Thomson)이었는데, 톰슨이 총을 뽑아들자 리스턴과 공범은 도망갔다. 죽기도 싫었지만 톰슨과 그의 추종자들이 낄낄대며 자신들을 해부하는 것은 더욱 싫었을 것이다.

인체 해부는 16세기 이전에는 드물었다. 갈레노스(Claudius Galenus)의 건강과 질병에 대한 철학이 그리스 로마 시대부터 이때까지 무려 1,500년 이상을 지배해왔기 때문이다. 혈액, 점액, 흑담즙, 황담즙의 불균형이 병을 일으킨다는 개념은 절대 움직일 수 없는 유럽의 의철학이었다. 이 무렵 빈치 마을의 서자 출신인 레오나르도(Leonardo da Vinci)가 인체의 신비를 알고 싶어 도굴을 일삼기도 했지만, 신의 작품을 그것도 원죄로 벌 받은 시신을 함부로 파 헤집는다는 것은 법령으로 금지되어 있었고 상상도 할 수 없는 신에 대한 모독 행위였다.

그러나 1543년 세상이 뒤집어졌다. 범할 것 같지 않던 진리가 변한 것이다. 28세의 혈기 왕성한 벨기에 젊은이 안드레아스 베살리우스

(Andreas Vesalius)가 『인체 해부학 대계』를 통해 완벽한 인체 해부도를 세상에 알렸다. 베살리우스는 해부칼 한 번 잡아본 적 없는 고대 의학자 갈레노스의 천 년의 권위에 감히 대들었다. 파리 대학에서 공부하던 베살리우스의 이야기를 들어보자.[12]

> 교수는 높은 자리에서 떡하니 좌정하고는 직접 연구해본 적도 없이 그저 책을 통해 알고 있는 데 불과한 것을 까마귀 울 듯 꽥꽥거리며 읊어대거나, 남이 쓴 책을 소리 내어 읽어줄 뿐이다. 이처럼 의사들은 절대 자기 손으로 해부하려 하지 않았고 설명서에 따라 이래라저래라 턱짓으로 지시만 한다. 집도하는 이발사는 용어를 모르기 때문에 자신이 무슨 해부를 하고 있는지 참관인에게 설명해 줄 수도 없다. 뒤죽박죽 혼란에 빠진 채 매일같이 어처구니없는 질문들로 시간을 허비했다.

당시 최고의 명문인 파리 대학에 입학했지만 얼렁뚱땅한 강의를 그저 팔짱을 낀 채 바라볼 뿐이었다. 고향으로 돌아온 그는 사형수의 시체를 대량 구입하여 독학으로 해부학 공부를 시작했다. 23세에 파도바 대학의 해부학 강사로 임명된 그는 자신은 물론 학생들에게도 직접 해부를 해보도록 참여시켰다. 문헌을 통한 공부가 아니라 직접 손기술을 이용하여 해부해보며 배우는 의학 공부를 시킨 것이다.

18세기 말이 되자, 해부용 시체의 수요 급증으로 공급이 턱없이 달리기 시작했다. 에든버러와 런던의 사설 교습기관들은 교재를 구하기 위해 혈안이 되어 있었다. 어느 시대에나 그렇듯이 수요와 공급이 불균형을 이루자 창의적인 장사꾼들이 나타났으며, 기업을 만들었다. 소리 소문 없는 시체 도둑이 되기 위해 그들의 사업은 굿 아이디어를 통해 나날이 혁신을 거듭했다. 당시 해부학 선생이던 헨리 론즈데일

(Henry Lonsdale)이 기록했다.[13)

> 너무 비도덕적이라 하지 못할 일은 이들에게 없다. 이들에게 저급
> 해서 못 할 일은 없다.

경찰의 추정에 따르면, 당시 런던을 정기적으로 왕래하며 사체 배
달로 돈깨나 번 자들이 200여 명에 달했다. 이들이 활개를 쳐 세상에
소문이 나자 의사들은 더러운 일에 직접 연루되고 싶지 않았다. 불법
거래는 조수나 학생을 중개인으로 앞장세웠다. 법적 위험도 피할 수
있을 뿐 아니라 양심의 가책도 벗어나는 참신한 방법이었다. 물론 수
업료로 받은 현찰은 의사들 차지였다.

정부 당국은 치료 기술 개발이 급선무라며 이들의 검은 거래를 눈
감아주었다. 실제로 의사들이 시체 도굴범으로부터 구입한 시신으로
시술하다 붙잡혀도 벌금 10파운드만 내면 풀려날 정도였다. 윌리엄
헌터(William Hunter)와 존 헌터(John Hunter)라는 의사 형제는 각종 해
부도와 해부하는 과정을 보여주는 박물관도 만들었다. 조지 3세, 샬럿
여왕을 비롯한 왕실 가족까지 구경을 다녀오자 잔혹한 범죄라며 들
끓던 여론의 반발은 의학의 이름에 눌려 잠시 누그러지기도 했다.[14)

교재가 보다 신선하다면 더 좋지 않을까? 뛰어난 기업인들은 완전
히 건강한 남자나 여자를 순식간에 당장 쓸 수 있는 교재로 만드는
생산 공정을 개발했다. 사망할 이유가 없는 사체를 만들어낸 것이다.
의사들은 교재가 이상했지만 눈을 질끈 감았다. 1820년 1월 3일자 『랜
싯(The Lancet)』을 보자.[15)

근자에 이 대도시의 해부실로 들어오는 사체들에서 우리가 직접 목격한 바를 공표한다. 병사한 사람들이 통상적으로 나타내는 겉모습은 전혀 없고, 완벽하게 건강하던 상태에서 불과 몇 시간 전에 사망한 소견을 완벽하게 갖추고 있다.

1828년 사업의 천재들이 나타났다. 윌리엄 버크(William Burke)와 윌리엄 헤어(William Hare)는 여성에게 술을 먹이고 질식시켜 흔적 없이 살해했다. 외과의사 로버트 녹스(Robert Knox)에게 팔기 위해 12개월 동안 16번이나 이 일을 반복했다. 그들의 천재성은 옥스퍼드 사전에도 'burke'로 올라 있다. 천재도 실수는 있는 법, 버크의 하숙집에서 사체가 발견되었다. 그들은 교수형에 처해졌으며 시신은 에든버러 대학 해부학 교수인 알렉산더 먼로(Alexander Monro)에게 넘겨져 공개 부검토록 했다. 이틀 동안 4만 명의 시민이 그들의 내장까지도 악랄한지 확인해보고 싶어 구름처럼 몰려들었다. 그런데 해부를 담당한 알렉산더 먼로는 누구인가? 이 벤처 사업을 적극 후원한 사람이었다.

『지킬박사와 하이드』, 『보물섬』의 위대한 작가인 로버트 스티븐슨(Robert Louis Stevenson)이 이 사건을 계기로 1884년 쓴 단편소설이 『시체도둑(The Body Snatcher)』이며, 1945년 로버트 와이즈(Robert Wise) 감독에 의해 동명의 영화로 만들어지기도 했다. 두 작품 모두 빅히트를 쳤다. 버크와 헤어는 죽어서도 돈을 만들어내는 복을 타고난 사나이들이었다.

백 년 기업은 어렵다는 것을 증명이라도 하듯 1831년 희대의 기업가 정신은 서서히 끝을 향해 달리고 있었다. 세 명의 악마가 14세 소년을 살해하고 런던 킹스 칼리지에 팔아넘겼다가 발각되었다. 2명은 교수형에 한 명은 호주 유배형에 처해졌다. 청문회를 통해 1832년 8

월 '해부법'이 의회를 통과하였다. 의료 감독관의 책임과 입회하에 사체가 조달되도록 하였다. 이후 무덤 도둑은 줄어들었지만 수십 년 동안 근절되지는 못했다.

해부는 의학을 발전시켰을까? 1819년 처음으로 사용된 청진기와 함께 해부학은 급진적인 의학 발전을 촉발시킨 것은 틀림없다. 그러나 과학의 힘으로 보다 많은 것을 알게 되자 의사들은 해부와 청진기에 몰두하면서, 답을 찾는 데 애매함만 증폭시키는 환자와의 대화를 일부 희생시켰다. 의학과 의사는 그들만이 아는 정보가 있었기에 신비로운 권위를 확보할 수 있었다. 의학의 과학적 전문성이 환자의 자기 진단 전문성을 훌쩍 뛰어넘기 시작했기 때문이다. 1, 2차 세계대전을 거치면서 과학과 의학은 누구도 이의를 제기할 수 없을 수준으로 능력이 확보되자 무소불위의 권력을 휘둘렀다. 현대에 이르는 과정에서 의학은 엄청난 기술적 복잡성으로 더욱 높고 권위적인 성채에 머무르는 귀족이 되었다. 해부와 청진기의 사용으로 환자를 배제시키면서 진료하기 시작한 그 시점부터 의사와 환자는 대화에서 멀어지기 시작했다.

의사와 학도들이 의학의 이름을 내세우며 욕망을 채우고자 범죄자들과 절친하게 지냈던 그 시절은 지금으로부터 불과 150여 년 전이다. 근현대의학의 시작에는 이처럼 어둡고 추한 추억이 있다. 자본과의 밀착이 너무나 긴밀하여 서로를 뗄 수 없는 지경이었으며 부둥켜안은 그들의 그림자는 지금까지도 길게 드리워져 있다.

야반도주

칠흑처럼 어두웠던 중세의 마지막을 장식한 것은 흑사병이었다. 1347년부터 1351년까지 흑사병은 유럽 전역을 초토화시키고, 그 뒤에도 계속 맹위를 떨쳤다. 유럽 인구의 약 30%인 2,000만~2,500만 명 정도가 목숨을 잃었다. 흑사병의 대유행 앞에서 이천 년 이상의 대전통을 유지해온 아카데미의 의사들은 속수무책이었다. 교황이 좋은 방법이 없을지 대학 의학부에 간곡히 자문을 구했지만 그들이 바친 답변은 아무런 쓸모가 없었다. 의사들은 갈레노스의 체액설로 흑사병을 극복하지 못하자, 점성술에 매달리기도 했다. 당혹한 교황은 마녀들을 사냥하러 길을 나서기도 했다. 흑사병을 치료하느라 자신도 감염되었던 기 드 숄리아크(Guy de Chauliac)의 기록을 보자.[16]

> 의사는 아무런 도움이 되지 못했고, 감염을 두려워해 환자 집에는 아예 발을 들여놓으려 하지 않는 몰염치한 지경에 이르렀다.

당시 대학의 의사들은 귀족이었다. 그들은 피 한 방울 아니 물 한 방울 손에 묻히고 싶어 하지 않았다. 직접 고름을 짜고 손에 칼을 잡은 사람들은 대학 교육을 받은 귀족 의사의 심부름이나 하면서 살을 째고 꿰매는 기술을 선배의 어깨너머로 익혀 전수한 외과의와 이발사들이었다. 베살리우스는 말했다.[17]

> 상류계급의 의사들은 고대 로마인을 흉내 내 손으로 하는 일을 경멸하고, 조제는 약종상에게, 수술은 이발사에게 맡겨버린다. 약의 처방과 식사 지시만 할 뿐, 수술을 포함해 손으로 하는 모든 치료

를 그들이 외과의로 부르며 거의 노예처럼 깔보던 사람들에게 맡겼다.

의사는 태생적으로 헌신적인 직업이었을까? 일반 백성들이 의사의 손이라도 만져본 것은 19세기가 한참 지났을 때였고, 의사들은 귀족이나 돈깨나 있는 사람들을 돌보았을 뿐이며, 더 높은 귀족인 법학자나 신학자의 반열에 들기 위해 늘 하늘을 쳐다보며 노심초사하고 있었다. 고통에 빠진 수많은 사람들을 위해 이 땅으로 시선을 돌린 것은 백여 년 남짓에 불과하다. 그것도 자본주의의 시작으로 돈이 되었기 때문이었다.

암울했던 중세 유럽에서는 의료 서비스를 주술사, 지역 장로, 조산부가 담당했으며, 그러니 기술적인 면에서 보면 천 년여 동안 특별한 진전이 없었다. 많은 과학의 발전이 그러하듯 본격적인 근대의학의 시작은 사실 아라비아에서 자라나고 있던 헬레니즘 의학이 역으로 유럽으로 소개되면서부터였다. 중세의 영향이 적었던 아라비아에서는 알렉산더대왕에 의해 퍼져 나간 그리스문화가 헬레니즘 문명으로 꽃피고 있었다. 역설적이게도 유럽이 십자군전쟁을 통해 아라비아반도와의 벽을 허물자 아라비아의 의학이 고립되어 있던 유럽으로 봇물이 터지듯 넘쳐 들어왔다. 히포크라테스(Hippocrates)와 갈레노스의 의학도 이때 중세 유럽으로 소개되었다. 12세기경 그리스 철학과 과학도 이렇게 서유럽으로 들어오기 시작했다. 몽펠리에, 볼로냐, 파리에 대학과 의학부가 개설된 것이 이 무렵이다. 우리는 현재 유럽에서 미국을 거쳐 활짝 만개한 유럽중심주의의 세계에 살고 있다고 한다. 진짜 유럽이 세계의 중심이었던가?[18]

근대의학은 출발점부터 중요한 난제에 봉착하게 되었다. 당시 의학은 오랜 기간의 경험과 노하우로 형성된 것이 아니고 그저 고대 그리스 로마의 문헌을 해석하고 분석하는 수준으로서의 의학이었다. 그들은 고대의 전통에 따라 머리를 쓰는 일을 숭상했으며 몸을 쓰는 일을 경멸했다. 사실 고대 그리스의 히포크라테스는 의학에서 사변(思辨) 과잉에 빠지는 것을 경계했으며, 인체 해부를 실시하고, 도제를 통해 경험을 익히고 배우는 교육을 하였다. 그래서 히포크라테스는 위대하다. 그러나 근대의학의 초기에는 그리스철학을 숭상한 대학들이 육체노동을 멸시하였다. 의학교육도 신학이나 법학과 마찬가지로 고대 문헌 강독에 바탕을 두고 있었다.[19] 의학의 이론 부분은 학문으로 받아들였지만 외과는 학문의 테두리 밖으로 밀려나 있었다.

종교적인 행사로 퍼레이드를 할 때 의학부 교수는 하급 귀족과 행진하고, 법학부는 상급 귀족과, 신학자는 공작이나 백작 같은 대귀족과 행진하도록 정해져 있었다.[20] 의사는 더 높은 귀족이 되고 싶어 늘 안달이 나 있었고, 외과의는 이발사나 부리면서 의사 쪽으로 신분을 높이고 싶어 혈안이 되어 있었다. 이발외과의는 사체 해부, 절개와 사지 절단에서 간단한 시술까지 손에 피 묻히는 일 전반을 떠맡았다. 고달픈 하루를 마감하며 늦은 밤 저벅저벅 집으로 돌아가는 당시 이발사의 넋두리를 들어보자.[21]

나에 대한 칭송은 어디에서나 들려오네. 신의 은총에 감사하리. 찢어진 상처, 오래된 상처, 부러진 뼈를 고쳐주네. 척척 듣는 고약도 내가 만들고, 매독도 내가 낫게 하지. 백내장, 녹내장도 내가 수술하고, 화상을 낫게 하는가 하면, 이도 뽑아준다네. 그뿐이랴. 면도도 말끔히 해주고, 머리도 감겨주고, 이발도 해주질 않나. 사혈(瀉血)[22]

솜씨도 그만이지.

이런 상황에서 흑사병이 창궐했으니 대학의 의학부와 의사들은 손을 묶어놓은 것처럼 어쩔 도리가 없었다. 이념 논쟁이나 벌이던 그들이 할 수 있는 일이 무엇 하나라도 있었겠는가? 그러나 현장에서 경험을 통해 의료를 익혔던 외과의나 이발외과의는 이 새로운 사태에 나름대로 과감히 맞설 수 있었다. 진단을 담당하던 귀족 의사보다 실제 치료를 도맡았던 그들이 절박한 상황에서 능력을 보인 것은 당연한 결과였다. 진정한 영웅은 가상의 공간에 존재하는 것이 아니고 현실을 통해서 탄생한다. 당시의 상황을 들어보자.[23]

> 외과의나 이발사가 사람들의 호감을 샀는데, 이들은 페스트가 휩쓸고 있는 마을에 계속 남아 있었기 때문이다. 실제 저명한 의사들은 대부분 자기들의 고객, 즉 왕가나 상류의 귀족과 함께 마을을 떠나버렸다.

페스트가 옆 마을로 들이닥치자 의사들은 가족과 재산을 챙겨 다른 귀족들과 함께 마차를 타고 야반도주(夜半逃走)했다. 도망갈 능력이 없어 마을에 남은 외과의나 이발외과의들이 백성을 돌봐야 했다. 그들은 마을에서 무엇을 했을까? 그들 나름의 경험을 활용할 수밖에. 페스트로 생긴 종양을 화농시켜 절개하고 고름을 짜내는 것이 그들이 알고 있는 가장 확실한 치료법이었다. 모두는 아니었지만 종창이 화농해 고름을 쏟아내는 환자들이 살아난다는 것을 경험적으로 알고 있었다.

그렇게 인선에서 죽어가는 사람들과 함께 악전고투한 그들의 경험이 흑사병의 예방과 치료를 한 단계 업그레이드시켰다. 조수에 불과하였고 노예처럼 취급받았지만 그들이 의학 역사의 새로운 영웅이되었다. 비록 무학이었지만 외과의와 이발외과의는 고대와 중세의 사변적 의학 이론에 얽매이지 않고 현장에서 백성들과 함께했기 때문에 귀족 의사보다 오히려 더 헌신적이고 더 혁신적이었다. 많은 백성들은 그제야 알았다. 공허한 이론을 만지작거리는 아카데미의 의학보다는 경험 중시의 실천적 외과 기술이 더 믿을 만하다는 것을. 외과의가 실제로 귀족 의사와 대등한 지위를 획득한 것은 소독의 개념과마취기술이 확립된 19세기에 이르러서였다.

한편, 우리나라의 현대의학의 시작은 어떠했을까? 고려대학교 의과대학 안덕선 교수의 이야기를 들어보자.[24]

우리나라의 의학교육은 일제 강점기를 거쳐 본격화되었다. 일본은조선인의 정신적 계몽이나 진보를 불러일으킬 인문학 교육은 철저히 배제하였다. 조선인은 단순 지식만을 배워 일상에서 보조하는역할로 활용되도록 통제된 교육을 받았다. 서양에서는 의학의 정의를 사회적 실천을 목적으로 하는 것과 달리 일본의 의학은 과학적지식을 조선에 대한 힘의 우위로 이용한 도구에 지나지 않았다.
일제 강점기 동안 우리 사회에서는 사회계층의 이동이 있었다. 일제의 고등교육 수혜자들은 졸지에 양반 계급으로 상승하였다. 의료계와 법조계의 전문직은 자본가층을 만들며 고위층 양반으로 신분상승한 것이다. 전문직은 넘쳐나는 수요자와 과학의 이름으로 수여된 권력을 소유한 권위적 집단이 되었다. 의사가 되는 것은 예나지금이나 신분 상승과 경제적인 안정과 성공이 목적이다. 의학은이를 위한 수단에 불과한 것이다. 수단이 되면서 의사와 환자 사이에는 인간적 존중이 사라졌다.

사람의 생명을 다룬다는 것이 과연 신분 상승의 도구가 되어도 마땅한 직분일까? 사람의 생명을 다루는 것이 자본이나 권력 등 다른 목적의 수단으로 이용되어도 무방한 것일까? 노예처럼 천대받고 가진 것은 없었으나 백성과 함께한 외과의나 이발사가 현대 의학의 실질적인 기초를 마련했다는 것은 역설을 넘어 슬픔에 가깝다.

아동 노동

산업혁명으로 기계를 갖춘 공장이 영국의 도시 곳곳에 들어서자 농촌 생활에 익숙한 농민들이 도시 노동자로 바뀌었다. 수확기를 거쳐 농한기의 짬을 즐길 여유도 없이 수요와 공급에 따라 죽도록 일했다가, 또 할 일이 없어 쫄쫄 굶기도 하는 짓을 반복했다. 공장의 노동 환경은 열악하기 그지없어 혐오스러울 정도였다.

아동 노동은 완전히 일상화되었고, 네 살짜리 노동자도 흔했다. 하루 16시간의 노동에 시달리는 아이들은 반항하지 않고, 군소리가 없으며 값도 싼 더없이 멋진 노동 인력이었다. 손이 섬세하여 비단실을 다루기 좋았으며, 몸집이 작으니 굴뚝을 청소하기에 안성맞춤인 노동자였다. 영국 각 산업에서 아동 노동자 고용상황(1833년~1834년)을 살펴보자.[25]

산업		최소 고용연령 (세)	연소자의 연령분포 (세)	일일 평균 노동시간 (시간)	총 노동자 수에 대한 16세 미만 아동의 비율(%)
면직		8	8~18	13	35
레이스		4	4~14	12~13	40
모직		6	6~18	12~13	40
견직		6	6~18	12~14	46
아마		6	7~14	12~13	40
탄광		4	4~12	8~18	22
금속 광산	지하	7	7~12	8	-
	노변	5	5~12	10~12	-
굴뚝 소제		4	4~8	12	-

아이들은 음식을 많이 먹지도 않았고 많이 달라고 보채지도 않았다. 그래서 굶어죽지 않을 만큼만 음식을 주었다. 거대한 방적 기계에 기름을 치는 일 등 위험한 일에 빈번하게 노출되어 있었다. 공장 굴뚝을 청소하던 아이들이 피곤에 지쳐 졸다가 연기에 질식되어 죽거나 불에 타 죽는 일도 드물지 않았다. 1832년 영국 의회에서 노동자들의 생활 여건을 조사하기 위해 특별위원회가 마련되었다. 87명의 증언을 모아 682쪽으로 만들어진 새들러(Michael Sadler) 특별위원회 보고서에 나오는 기가 막힌 이야기를 들어보자.26)27)

- 의회조사위원회: 공장이 바쁠 때 이 소녀들이 아침 몇 시에 출근하는가?
- 답변: 바쁠 때는 약 6주 동안 소녀들이 새벽 3시에 출근하여 밤 10시나 10시 반에 퇴근하였습니다.
- 의회조사위원회: 노동 시간이 19시간이었다는 것인데, 그렇다면 휴식과 식사를 위해 쉬는 시간은 어느 정도 허용하였는가?
- 답변: 아침 식사로 15분, 저녁 식사로 30분, 차 마시는 시간으로 15분이었습니다.

- 의회조사위원회: 그 휴식 시간 동안 기계를 청소해야 했는가?
- 답변: 기계 청소를 보통 '말리기'라고 불렀는데, 휴식 시간 중에 해야 했고 그래서 아침 식사 시간이나 차 마시는 시간이 날아가기도 했습니다.
- 의회조사위원회: 그렇게 일하고 지친 아이들을 아침에 깨우기가 쉽지 않았을 터인데.
- 답변: 그렇습니다. 잠들어 있는 아이들을 일으켜 세워서 막 흔들어야 했습니다. 마루 위에 눕힌 채 옷을 입혀 보내기도 했습니다.
- 의회조사위원회: 아이들은 몇 시간이나 잠을 잘 수 있었나?
- 답변: 저녁을 먹인 후 잠자리에 보내는 것이 거의 11시경이었는데 제 아내는 아이들을 제 시간에 깨울 수 없을까 두려워 밤을 새우는 날이 많았습니다.
- 의회조사위원회: 지각하면 어떻게 되나?
- 답변: 임금의 4분의 1이 깎입니다.
- 의회조사위원회: 이렇게 일을 했으니 이들 중 사고가 난 아이들은 없었겠는가?
- 답변: 있었죠. 제 큰딸이 톱니바퀴에 가운뎃손가락이 끼면서 조막손이 되어버렸어요.
- 의회조사위원회: 사고 기간 동안 딸아이는 임금을 받았는가?
- 답변: 아니요. 사고가 나는 즉시 임금 지급은 중단되었습니다.
- 의회조사위원회: 채찍질을 당한 아이도 있었는가?
- 답변: 네, 모두요. 기계는 계속 돌아가는데 문제를 일으키면 안 되죠. 어깨가 허물허물하도록 채찍으로 맞았어요.

산업자본주의가 인간에게 얼마나 끔찍한 것인지 유럽의 백성들에게 깊은 인상을 남겼다. 칼 마르크스(Karl Marx)는 이 세기가 끝나기 전에 혹사당하는 노동자들의 혁명으로 공장이 망하지 않으면 손에 장을 지진다고 장담했다. 프롤레타리아의 극단적인 노동 상황에 이를 갈았다. 러다이트(Luddite) 운동이 벌어져 기계를 부수는 무리가 결성되기도 했다. 특히 자본주의라는 '돈이 돈을 낳는 시스템'28) 속에서 풍족을 넘어 금전으로 만용을 부리기 시작한 인간군과 도저히 빈곤을 넘지 못하고 참혹한 환경에 처한 인간군, 두 인간군의 극단적인 대비에 노동자들은 분노를 금치 못했다. 1921년에 제작된 찰리 채플린(Charles Chaplin)의 <키드(The Kid)>는 산업혁명 시기 자신의 슬픈 경험과 영국의 암울한 현실을 풍자하고 있다.

> 겨울 내내 일곱 살에서 열 살가량의 어린아이들이 이름뿐인 품삯을 받는 대가로 온종일 햇빛도 못 본 채 석탄을 갱 밖으로 나르며 혹사당했다. 임신한 여자들이 말처럼 석탄차를 끌고, 심지어 어두운 광산 굴속에서 아이를 낳는 경우도 있었다.[29]

면화 공장에서 9세 이하의 아동 고용이 금지된 것은 1819년이다. 면화 공장 노동자의 75%를 차지하던 18세 이하 노동자의 노동 시간을 주당 69시간으로 제한하는 법령이 제정된 것은 1833년이다. 부녀자나 10세 이하의 아동들이 탄광에서 일하는 것이 금지된 것은 1842년이다. 아동과 여성의 노동 시간을 하루 10시간으로 제한한 것은 1847년이다. 아동 권리에 관한 <제네바 선언>이 제정된 것은 1924년이다. 국제노동기구는 2004년을 기준으로 전 세계 아동 노동자가 2억 1,800만 명이며, 이 중 위험한 환경에서 가혹한 노동을 강요받는 어린이들의 수는 1억 2,600만 명으로 인신매매, 성 착취, 노예, 위험한 작업, 국가 간 분쟁 등에 시달리며 그중 3분의 1이 10세 이하라고 발표하였다.

근대화와 산업화로 꽃을 피운 자본주의의 역사에는 애끓는 추억들이 많다. 프로테스탄트 정신으로 태어난 자본주의가 오히려 백성의 살을 뜯어먹고 배를 채웠다. 어린아이들과 부녀자의 피를 빨아 성장한 자본주의가 이제는 갈 길을 잃은 채 헤매고 있다. 개인이나 국가간 극단적인 빈부 격차를 양산하고 있다.

자유방임의 고전자본주의(버전 1.0), 1930년대 정부의 역할을 강조한 수정자본주의(2.0), 1970년대 시장의 자율을 강조한 신자유주의 자본주의(3.0)에 이어 자본주의 4.0의 시대가 태동(胎動)하고 있다. 시장의 기능을 존중하고 성공한 사람이 더 큰 성공으로 나아가도록 장려하되, 낙오된 사람들을 격려하고 이끌어가는 사회적 책임을 중요시여기는 새로운 자본주의를 꿈꾸고 있다. '따뜻한 자본주의'의 시대가 열리고 있다.[30]

현실 현장에서 의학은 자본 없이는 발전도 없으며 수행도 이용도 불가능하다. 의학의 발전을 꿈꾼다면 자본주의 흐름의 맥락을 통찰하고 있어야 하며 향후 어디로 움직일지 예의 주시해야 한다. 초기 자본주의의 검은 그림자 속에서 신음하고 있던 아이와 부녀자들을 기억해야 한다. 그곳에 의학의 미래에 대한 비전이 숨어 있을지 모른다.

:: 인류, 과학으로 날다

'그놈이 틀림없어!' 지칠 대로 지친 두 형사는 침을 꿀꺽 삼켰다.[31] 알리바이나 목격자의 진술이나 모든 걸 견주어 봐도 잔인한 그놈이 틀림없었다. 무엇보다도 변태처럼 곱상하게 생긴 인상이 범인이라는 더할 나위 없이 확실한 증거였다. 그놈의 혈액을 채취했다. 이제 가엾은 피해자의 몸에서 나온 체액과 대조하면 끝나는 것이다. '너의 좋았던 한 시절도 이걸로 끝이야!'
그러나 촌뜨기 시골 형사들은 시대를 잘못 타고났다. 그때는 30여 년 전이라 지금은 젓가락질처럼 쉽게 다루는 DNA 핑거프린팅(finger printing)[32]이 아직 불가능한 시대였다. 그들은 울분으로 미쳐가고 있었다. 그렇게 찾아 헤매던 그놈을 집으로 돌려보낼 수밖에.

과거와 달리 요즈음 범죄자들이 빨리 잡히는 이유는 그들이 어수룩해서가 아니라 과학 도구의 발전 덕분이다. 최근 대학병원급에서 진단과 치료를 위해 활용하고 있는 의학 기구들을 잘 알고 있는 사람은 <미션 임파서블>을 봐도 그렇게 놀라지 않을 것이다. 컴퓨터단층촬영기(CT)의 혈관 정밀 촬영 기술, 양전자방출단층촬영기(PET-CT)의 암 검색, 로봇수술, 혈관으로 은밀히 기어들어가 막힌 곳을 뚫고 좁은 곳을 넓혀주는 중재적(intervention) 테크놀로지, 복강경, 감마나이프, 새로운 버전의 MRI 그리고 사탕 이름만큼 다양한 분자생물학 진단기법 등 엄청난 의학적 진전을 진료 현장에서 활용하고 있다. 그뿐이랴. 항생제, 항암제 등 화학약물의 발전, 정맥 영양으로 사람의 생명을 유지할 수 있는 기술, 특수 식품, 면역억제제의 발전과 장기 이식의 급증 등 의학 무기들은 빠른 생성과 진화를 거듭하고 있다. <스타 트렉(Star Trek)>의 '닥터 멕코이(Dr McCoy)'처럼 '트라이코드(tricode)' 같은 초간단 스캐너로 질병을 진단하고 피 없는 수술을 할 날이 머지않았다.

잠시 과거로 돌아가 보자. 그렇다면 언제부터 근대, 현대 의학이 시작되었다고 할 수 있을까? 모든 병을 사혈로 낫게 하려던 2,500년여 전의 히포크라테스 당시 치료 방식은 그렇게 멀지 않은 근대까지 그대로 사용되고 있었다는 걸 아는 사람은 많지 않다.

런던 세인트 메리 병원의 알렉산더 플레밍(Alexander Fleming)이 페니실린 곰팡이에서 페니실린이라는 물질을 추출한 것이 1928년이다. 이때부터 페니실린을 물품 소독제로 사용하게 되었다. 1938년 옥스퍼드 대학의 병리학 교수인 하워드 플로리(Howard Florey)는 나치를 피해 독일에서 피난 온 언스트 보리스 체인(Ernst Boris Chain)과 함께 페니실린을 인체에 실용화할 수 없을까 고민하고 연구를 시작하였다. 록펠러 재단의 재정적 지원에 힘입어 드디어 1940년 '화학요법제로서 페니실린'이라는 논문을 발표하고 본격적으로 페니실린을 환자에게 사용하게 되었다. 그것이 1945년 플레밍과 플로리, 체인이 공동으로 노벨의학생리학상을 받게 된 이유다. 그로부터 지금까지는 불과 70년이라는 세월이 흘렀을 뿐이다. 무기의 종류보다 더 많은 항생제가 정교하게 정제되어 제조되는 오늘날까지 걸린 시간이 두 세대에 불과하다.

고등학교를 졸업하고 자전거점을 운영하던 윌버 라이트(Wilbur Wright)와 오빌 라이트(Orville Wright) 형제가 1903년 최초의 동력비행기인 '플라이어 I'을 이용하여 59초 동안 243.84미터를 비행한 것이 인류 비행 역사의 처음이었다. 케네디 대통령의 허풍인 줄 알았는데, 미국은 1969년 아폴로 11호를 이용하여 우주 공간 38만 킬로미터 이상을 날아 인류 최초로 달에 착륙하고 지구로 무사 귀환했다. 허술하기 짝이 없는 비행 물체에서 달나라를 다녀오는 우주선이 만들어지기까지 불과 66년 만이다.

A.D. 15세기경 르네상스와 더불어 의학은 과학 발전의 어깨에 올라타고 점점 관찰적이고 실험적이며 검증적인 근대의학의 모습을 갖추게 되었다. 500여 년 전이다. 그러나 통계적 분석, 체계적인 부검 자료의 축적, 세균학설 등 현대의학의 시작은 길게 잡아도 150년을 넘어서지 않는다. 고대의 허무맹랑한 체액설에서 질병에는 고유한 원인이 있고 거기에 맞는 효과적인 치료법을 고안해내야 하며 치료 효과를 수학적으로 검증해야 한다는 현대의학의 패러다임이 갖추어진 것은 그렇게 멀지 않다. 병리학의 발전, 순수하게 정제된 약의 등장,

치료법의 통계적 검증이라는 과학적인 의학의 여건이 조성된 것은 오히려 최근에 가깝다.

현대 의학의 역사 150여 년은 너무나 짧아 한 시작점에 불과하다. 태양계의 불덩이 행성으로 시작된 지구의 나이 45억 년, 생물체가 등장한 지 5억 년, 포유류가 처음 등장한 지 6,400만 년, 처음으로 원시 형태의 인간이 남아프리카공화국 근처에서 어슬렁거린 지 200만 년, 역사 기록으로 남기 시작한 인류 문명 6,000여 년의 기간, 히포크라테스와 갈레노스의 체액설이 맹위를 떨치던 2,000여 년과 중세 1,000년의 암흑기. 이 기간들과 150년을 비교해보라. 의학의 발전 과정은 이제 겨우 걸음마를 시작한 시작점 부근의 한 점에 불과하다. 그 누구도 의학이 걸어가는 길을 알지 못한 채, 생명을 지키고 건강하여 행복해지고 싶다는 인간 욕망의 의지가 의학 발전의 불쏘시개가 되어 지금에 이른 것이다.

지난 150년의 짧은 기간 동안 일궈낸 의학의 발전에는 그림자가 드리워져 있지는 않은지, 비판할 문제점은 없는지 되돌아볼 시간이 되었다. 과학 발전과 더불어 숨 가쁘게 달려온 의학은 '혹시 길을 잘못 들지는 않았을까?', '혹시 중요한 것을 빠뜨리고 지나온 것은 아닐까?' 반성할 시점이 되었다. 질병이라는 괴물과 처절히 싸우는 동안 우리가 괴물이 되어버린 것은 아닐까 곰곰이 성찰해볼 때가 되었다. 의학의 이름으로 무덤이나 파 뒤집는 끝없는 탐욕, 흑사병이 겁나 야반도주나 하는 무능력, 어린아이들이 노동으로 혹사당해 꾸벅꾸벅 졸다 죽어가도록 방치한 무책임, 그때 의학은 어디쯤에서 무엇을 하고 있었는지 되돌아보자.

인간의 모든 성과에는 늘 그림자가 따르게 마련이다. 어두운 그늘

속에 있는 부족하였던 부분, 소홀히 했던 부분, 잊고 지냈던 부분이 세월이 흐르면 오히려 너무나 소중한 진실로 다가오는 경우가 드물지 않다. 인간 문명은 진자 운동처럼 성취와 성찰을 반복하며 발전해 왔다. 의학도 예외일 수 없다. 이제 자기 성찰의 시간이 왔다.

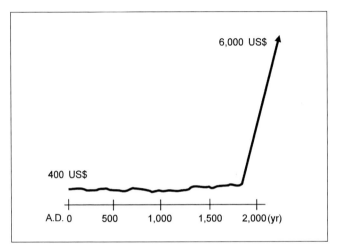

A.D. 0년부터 A.D. 2000년까지 1인당 실질 GDP의 세계 평균

이 그림은 앵거스 메디슨(Angus Maddison)이라는 네덜란드 그로닝겐 대학의 엉뚱한 교수가 그린 A.D. 0년부터 A.D. 2000년까지 1인당 실질 GDP의 세계 평균을 미국 달러로 표시한 것이다.[33]

경제적인 측면에서만 본다면 인류는 1,800여 년간 큰 변화를 갖지 못해 불과 400미국달러 전후였다. 그런데 1820년경부터 경제 규모의 기하급수적인 상승이 이루어졌다. A.D. 2000년의 1인당 실질 GDP 세계 평균이 약 6,000미국달러이니 가히 폭발적인 증가라고 말할 수 있다. 마치 비행기가 이륙하여 상승 비행을 시작한 모양이다.

여기저기를 떠돌던 사람들이 A.D. 15세기 전후 르네상스라는 변혁기를 통해 비행 물체를 준비하여 활주로에 자리 잡은 다음, 종교 개혁, 근대화, 과학의 발전, 자본주의의 등장, 민주주의의 확산 등으로 속도를 높이며 질주하다가, 산업혁명을 기점으로 드디어 이륙을 시작하고, 현재 엄청난 가속으로 상승 비행 중인 모습이다.

비행기가 이륙한 가장 강력한 동력은 과학의 태동과 획기적인 발전이다. 18세기 초 영국에서 서양의 위대한 변화가 시작되었다. 새로운 농경 기술 덕분에 농작물은 급격히 늘어났으며, 1700년부터 1820년까지 영국의 농업 생산성은 두 배로 늘었다. 여기서 발생한 자본과 인력은 도시로 흘러들어 산업과 교역에 투입되었다. 마침내 증기기관과 방적기의 발명으로 노동 관행과 사회적 기대는 순식간에 바뀌게 되었다. 도시는 비대해지기 시작했으며, 1800년에 영국제도에서 인구가 10만이 넘는 도시는 런던 하나뿐이었지만 1891년에는 그런 도시가 23개로 늘어났다. 드디어 사치품이 일반용품이 되었고, 일반용품은 생활필수품이 되었다.

1745년 영국에서는 이미 손님을 유혹하는 대형 매장이 개장되었으며, 여성들의 옷이 자주색에서 분홍색으로 그리고 회색으로 변해가는, 유행이라는 생물이 태어나 성장과 변화를 거듭하고 있었다. 19세기에 이르자 소비자 혁명의 전초기지인 백화점이 파리의 봉 마르셰와 오 프랭탕, 런던의 셀프리지와 휘틀리, 뉴욕의 메이시라는 이름으로 이때 오픈하였다. 내년도 작년과 크게 다를 바 없다고 생각하던 낡은 사고방식은, 매년 보다 완벽한 무언가를 향해 인류는 진보해 나간다는 세계관으로 자리 잡았다. 20세기로 이어지는 물질의 진보가 속도를 내기 시작한 것이다.[34]

정보의 흐름도 획기적으로 변화하고 있었다. 금속인쇄술의 개발을 계기로 정보가 대중에게 빠르게 전달되어 비판받기 시작하고 양질의 내용은 책자 형태로 보관되어 쉽게 열람할 수 있는 여건이 근대 과학 발전의 중요한 원동력이 되었다. 코페르니쿠스(Nicolaus Copernicus), 갈릴레이(Galileo Galilei), 뉴턴(Isaac Newton), 다윈(Charles Darwin), 멘델(Gregor Mendel) 등 수많은 과학자들의 헌신적인 노력과 목숨을 담보한 투쟁의 결과로 근대과학은 탄력을 받아 가속적 질주를 시작하였으며, 에디슨(Thomas Edison), 아인슈타인(Albert Einstein), 프로이트(Sigmund Freud), 왓슨(James Watson)과 크릭(Francis Crick) 등 수많은 과학자의 열정으로 현대과학이 이룩하였으며, 빌 게이츠(Bill Gates)의 개인 컴퓨터, 인터넷이라는 강력한 엔진이 장착되자 새로운 과학 시대로 상승 비행이 시작되었다.

하나의 비행체에 온 인류가 함께 타고 있는 세계화가 이루어졌다. 인간, 자본, 문화가 세계 속으로 쉽고 빠르게 이동하여 긴밀한 관계 속에서 움직이고 있다. 서로 공존하고 있기 때문에 지구 온난화, 경제 위기 등 위험도 함께 감수해야 하는 상황이 되었다.

의학의 자기 성찰은 과학의 발전, 자본주의의 태동과 변천 과정, 민주주의의 성장과 세계적 확산 등 역사적 맥락 속에서 이루어져야 한다. 왜냐하면, 서로 간에는 선후좌우를 이루는 상관관계가 긴밀하게 얽혀 역사적 흐름을 형성하고 있기 때문이다. 의학은 사회적 맥락 속에서 해석되어야 하며, 사회에게 갈 길을 물어야 한다.

:: 현대 의학의 딜레마

의학과 의사, 왜 차가운가?

의학은 나날이 발전하여 눈부신 기술을 발휘하는데, 왜 그것을 받아들이는 사람들은 의학이 점점 더 차가워진다고 말할까? 르네상스를 거쳐 산업화가 이루어질 무렵까지 대학은 인문학과 자연과학을 함께 아우르는 진리 추구의 중심점 역할을 하고 있었다. 그러나 19세기를 넘어서자, 진리 추구는 실험하고 증명하는 자연과학의 전유물이 되었다. 산업혁명 당시 인텔리 귀족들은 커피를 마시면서 동력을 발생하는 모터의 구조와 기능에 대하여 토론하는 것이 남녀 가릴 것 없이 가장 호사스러운 지적 유희였다. 천 년의 중세를 거치면서 애매모호하고 실제적이지 않았던 공허한 이념 싸움에 사람들은 지쳐 있었고 그때 실험하고 관찰하는 과학이 나타난 것이다.

인문학이 수행하는 윤리적 비판과 진리 추구는 과학적이지 않다는 이유로 평가절하되었으며, 학문의 뒷선으로 밀려났다. 진리를 빼앗긴 인문학은 선과 미의 영역을 탐구하는 폐쇄적 공간에 머물게 되었다.

> 인문학이라는 비판자를 배제하자 과학과 기술의 힘은 더욱 거세졌으나 점점 그들의 속성을 빼닮아 차가워지고, 대학이 양산한 사람들은 기술자에 불과하다는 비판에 직면하게 되었다.[35]

과학을 닮아 의학과 의사가 차가워진 것은 어쩌면 당연한 결과인지 모른다.

의학과 의사, 왜 권위적인가?

의사는 차갑기도 하지만 너무 권위적이라고 한다. 의사가 권위적인 직업이 된 것은 언제부터일까? 19세기 이전까지 아픈 사람은 약종상이나 산파, 주술사의 도움을 받는 것이 의학 혜택의 전부였다. 그래도 현대 의학에 가까운 진료 행위는 이발소에 가서 두발을 정리하고 얼굴을 씻으면서 종기의 고름을 짜고 간단한 외과 수술을 받는 것이었다. 이발외과의라는 천민에 가까운 사람들이 이 업종에 근무했다. 물론 귀족이던 의사가 있었지만 그들은 이천 년 역사의 체액설을 믿으며 삶의 존재 가치(being)에 관심이 많던 의학 철학자였다.

중세를 벗어나 르네상스를 거쳐 과학이 대두되자 의학은 활개를 치기 시작한다. 이제 사람을 직접 탐구할 수 있게 되었다. 사람을 해부해 인체구조를 알게 되고 청진기를 통해 속사정을 들어보고 맨눈으로는 보이지 않지만 세균이라는 벌레가 있어 질병을 일으킨다는 사실을 알게 되자, 새롭게 형성된 의사들의 권위는 하늘을 찔렀으며 신분은 급상승했다.

다른 사람들이 알 수 없는 비밀을 자신들은 알 수 있었기 때문이다.

의사에게 밉보이는 것은 목숨을 담보해야 하는 두려운 일이었다. 불한당의 주먹보다 의사의 말 한마디를 더 무서워했으니까.

게다가 자본주의가 시작할 무렵이라 돈까지 쌓게 되니 누구도 의학과 의사의 막강한 권위에 토를 달지 못했다. 그 시작점은 지금으로부터 불과 백오십여 년 전의 일이며 당시의 권위가 전통이 되어 지금도 전해오고 있다.

의학과 의사, 그리고 딜레마

현재 사람의 수명은 고대 그리스에 비하면 거의 두 배가 길어졌다. 인류 문명사에서 놀라운 이 변천은 빛나는 의학 발전의 덕택일까? 과학적 잣대로 해석해보면 그렇지 않다. 인간의 평균 수명을 늘리는 데 의학은 기여한 바가 거의 없다고 해도 과언이 아니다. 식사, 위생, 생활 방식 등이 훨씬 더 큰 영향을 미쳤다는 것이 정설이다.[36] 만일 가난한 나라에 경제적인 지원을 해서 그 나라 백성들의 수명을 늘리라는 계획을 지시받았다고 하자. 당신은 항생제 사용과 같은 의학 도구에 투자하겠는가? 아니면 위생이나 생활 방식에 투자하겠는가? 당신이 역사의식이 있고 과학 논리로 훈련된 사람이라면 우선 상하수도 시설 등 생활 방편에 먼저 관심을 기울여야 한다.

과학으로서 의학도 있지만 구원으로서의 의학도 있다.

인류 수명에 기여하였든 그렇지 않았든 오늘 이 순간 당신 앞에 누워 있는 어느 가엾은 사람의 고통을 해소해주고 질병을 제거해주며 위로해주는 행위 말이다. 한 생명에게 희망을 전해주는 일 말이다. 의사는 의학을 바라볼 때 과학으로서의 그것과 구원으로서의 그것을 항상 함께 살펴보아야 한다. 이것은 의사의 사회적 역할에서 오랜 딜레마이기도 하다.

의학과 의사 그리고 자본주의

칼 마르크스가 이를 갈며 분노하고 저주하던 자본주의는 그의 예상과 달리 사람들의 의식주 해결은 물론 민주화 확산 등을 촉발하여 우리 삶을 보다 풍요롭게 했다.[37] 그러나 역사를 통해 감히 단언하건 데, 생물, 화학, 물리가 의학의 수족이라면 자본주의는 의학의 골수에 가깝다. 자본의 보좌 없이 의료 행위가 이루어질 수 있을까? 얼마 되지 않는 돈이 없어 생명의 끈을 놓아버리는 경우는 없을까? 자본주의와 의학의 관계 이면에 있는 긴밀한 협조를 혹시나 당신이 알게 된다면 무척 놀랄 것이다.

> 지금 자본주의는 브레이크가 파열된 기관차처럼 폭주하고 있다.[38] 자본주의의 등에 올라탄 의학은 본의 아니게 함께 갈 길을 잃어버릴 수 있다.

이 위기를 어떻게 극복해야 할까? 의사라는 직업은 어떤 전문가 정신(professionalism)을 흔들림 없이 지켜야 할까? 의학에는 해리슨(Harrison), 사비스톤(Sabiston), 윌리엄스(Williams), 넬슨(Nelson)[39]도 중요하지만, 그런 이유에서 애덤 스미스(Adam Smith)와 막스 베버(Max Weber)는 절실하다.

의학의 형제인 과학은 어떤가? 수많은 과학자, 기술자들의 눈물겨운 헌신으로 빛나는 발전을 보인 결과가 하나뿐인 지구별을 파괴한 주범으로 밉보이고 있다. 과학이 길을 잘못 들어선 것은 아닐까? 과학이 어떻게 이 난관을 극복할지는 당연히 이하의 고민이기도 하나.

과학과 자본주의 그리고 그들의 긴밀한 동반자인 의학은 개인과 집단의 '보이지 않는 손'의 무분별한 탐욕이 더 이상 인류의 미래를 위한 생존 동기도 동력도 되지 못한다는 사실을 알아야 한다.

의학은 앞으로 어떤 삶을 살아야 할까? '정의란 무엇인가?'40)는 의학에서는 과연 어떤 의미를 갖는 것일까?

제2장 인간관계를 통해 해법을 찾다

인생은 짧고 의술은 길다.
기회는 순식간에 지나가고, 경험은 오류가 많으며, 판단은 어렵다.

― 히포크라테스 ―

의학은 인간과 인간관계를 연구하는 학문이다. 이것은 명제이며, 여기에 의학의 솔루션이 있다. 의학의 길은 외롭고 힘들다. 스승과 동료가 없다면 어떤 학문적 테크닉도 바람 앞의 촛불처럼 순식간에 기운을 잃을 수 있다. 선배 조상들에게서 어려움을 참고 견딜 수 있는 용기와 지혜를 얻을 수 있다.

:: 의과대학은 '인간관계 연구소'다

미국 최초의 의과대학은 1765년 펜실베이니아 대학에 설립되었으며, 1800년까지 추가로 설립된 의학부는 킹스 칼리지(컬럼비아 대학교)와 하버드뿐이었다. 이 무렵, 미국인들은 특유의 장사꾼 기질을 발휘했다. 의사들이 사립강습소를 속속 개설한 것이다. 19세기에 걸쳐 100여 곳의 사립 의학전수학교가 난립하였다. 그러나 여기서 벌어지는 의학 교육이란 수업을 듣고 교과서를 읽어 오는 수준이었지 초보적이나마 연구실 장비라도 갖춘 곳은 극히 드물었다.

1847년 설립된 미국의학협회는 의학 교육에 대해 쌓여가는 고민을 해결할 목적으로 1906년 미국 의과대학에 대한 전수(全數) 조사를 실시하였다. 결과는 초라했다. 그래도 만족할 만한 수준을 보인 곳은 연구 종합대학이라는 순수 독일식 모델을 따라 근래에 설립된 존스홉킨스 대학교 부설 의과대학 하나뿐이었다.

같은 시기 풍부한 재정을 가졌던 카네기재단도 엉망진창이던 의학 교육을 체계적으로 개선하고 싶어 했다. 1908년 저 유명한 에이브러햄 플렉스너(Abraham Flexner)를 책임자로 임명하여 의학 교육기관 155곳을 철저히 조사하고 개선책을 연구하도록 지시하였다. 플렉스너는 의학 교육은 과학적 근거 위에서 이뤄져야 한다는 잣대를 정해두고 대학들을 평가했다. 결과는 역시 비참했다. 조건을 만족하는 대학이 거의 전무한 지경이었다.

1917년 '바지 입은 증기기관차' 밀턴 윈터니츠(Milton Winternitz)가 존스홉킨스 대학을 떠나 예일 대학 병리학 교수로 부임하였다.[41] 힘이 넘치던 그가 3년 만에 의대 학장이 되자 그의 야망은 불을 뿜기 시작했다. 윈터니츠에게 의학은 사회과학이었다. 당시 의학은 한창 꽃피우던 과학기술의 진보에 힘입어 병든 신체기관의 해석에 주된 관심을 보였지만, 윈터니츠는 사회경제적 환경 속에서 삶을 영위하는 인간과 인간관계 전반을 연구하는 것이 의과대학 본연의 역할이라고 통찰하고 있었다. 의학을 주변 학문과 엮고 싶어 했다. 인문학과 자연과학이 융합한 모습으로 교육 체계를 갖추는 것이 의과대학이 나아가야 할 바람직한 방향이라는 확고한 신념을 가지고 있었다.

작은 키에 지치지 않는 아이디어 생산자였던 밀턴 윈터니츠는 의학이 과학의 원칙을 준수해야 하지만, 언젠가 과학 연구가 의학을 집어 삼켜버릴 수도 있다는 두려움을 예측하고 있었다. 그는 의학의 관심을 침상에 누워 있는 환자에게로 되돌리는 방향으로 의과대학의 비전을 가다듬고 있었다. 의사가 '의사 기술자'가 될까 무척이나 두려워했다. 사회학, 심리학, 경제학, 법학, 교육학 등 모든 학문 분야의 힘을 의학과 합쳐 환자들이 온전한 인간으로서 연구와 치료의 대상이 되도록 만들고 싶었다. 물론 문학, 철학, 역사도 추가하고 싶었다.

일 중독자였던 그의 비전에 공감한 많은 동문들과 시민단체들의 적극적인 후원에 힘입어 기부금이 모였으며 의과대학 건물이 건설되어 1931년 개관식이 열렸다. 예일 대학교 의과대학 이름을 건물 2층 상단부 양쪽으로 튀어나온 날개 중 한곳에 아로새겼다.

인간관계 연구소(Institue of Human Relations)

그러나 의과대학 각 학과의 교수들은 냉담했다. 그때나 지금이나 그들의 습성은 마찬가지로 그들은 분열했으며, 새 건물의 땅따먹기에

해 지는 줄 몰랐다. 윈터니츠를 무식하고 고집 센 독재자로 몰아붙였다. 자신들의 공간과 영역을 눈곱만큼도 다른 부서와 다른 학과와 공유하고 싶어 하지 않았다. 윈터니츠의 꿈은 그렇게 무너져 내렸다.

80여 년이 지난 지금 의학의 면모를 살펴보면 윈터니츠의 안목은 정확했다. 의학의 과학화가 확대되면서 의학의 비인간화는 점점 더 심해지고 있다. 윈터니츠의 꿈처럼 인문, 사회, 철학, 역사, 경제, 문학 등 수많은 종합대학의 활력 넘치는 생기를 의학에 불어넣지 않는다면 윈터니츠가 그렇게 염려한 것처럼 의사는 '의사 기술자'로 전락할 것이다. '인간관계 연구소', 현대를 살아가는 의사들이 성찰의 머리맡에 새겨두어야 할 또 하나의 경구다.

의사는 질병만이 아니라 사람 전체를 보살피는 데 헌신해야 한다. 인간이 처한 상황은 셀 수 없이 다양하다는 사실을 항상 염두에 두어야 한다. 이러한 자각은 다시 초심으로 돌아가 환자의 침상 곁으로 다가갈 때 얻을 수 있다. 오늘날 컴퓨터와 검사결과지에 정신이 팔려 의사들이 환자와 접촉하는 폭과 깊이는 너무나도 제한되어 있으며 점점 축소되고 있다.

만일 의사들이 깊이 있는 인문학적 소양을 연마한 뒤 환자에게 다가간다면, 양자 간의 소통은 지금보다 더 심오하며 우아하기까지 할 것이다. 인간의 지혜는 제한된 삶의 경험에 의해 한정된다. 의학이 자신의 영역을 넓히고 깊게 하는 길은 문학, 역사, 철학 등 인문의 생기를 의학에 불어넣는 것이다.

최근 우리나라 의과대학에서도 의료인문학교실이 신설되고 문학, 윤리학, 의학사의 과목 개설이 늘어나고 있다. 생명을 살리고 지키는 일도 중요하지만 삶의 마지막 순간까지 사람을 돌보는 데 대한 관심도 높아지고 있다. 멀어지기만 했던 환자와의 대화를 다시 시작하고 있다.

의학이 인문사회, 경제경영, 역사철학의 날개를 달아야 하는 이유가 여기에 있다. 과학자로서는 물론 사회학자로서 교육자로서 목회자로서 의사가 갖추어야 할 신념과 수행해야 할 책임을 새롭게 인식할 시점이 되었다.

:: 의학은 불확실성을 다루는 학문이며, 그래서 어렵다

B.C. 400년경, 공허한 의학 논쟁을 무던히도 싫어하고, 관찰하고 직접 경험하기를 좋아하고 이를 교육한 사람이 의학의 아버지로 불리는 히포크라테스다. 진료에 관한 그의 경구들이 후세에 정리되어 전해오는데 <아포리즘(The Aphorisms)>이 그것이다.[42] 그는 도덕적 교훈을 후세에 남기려는 목적이 아니라 그저 병자를 돌보는 일이 어떤 일인지를 진솔하게 말해주고 싶었다. 자신이 경험한 의술의 내밀한 특성이나 한계를 들려주고 싶었다.

> 인생은 짧고 의술은 길다.
> 기회는 순식간에 지나가고, 경험은 오류가 많으며, 판단은 어렵다.

의사는 의학을 배우고 익히기 이전에 자신의 인간적 한계와 의학의 현실적 불확실성을 먼저 이해해야 한다. 히포크라테스가 첫 번째 아포리즘에서 말하고자 하는 것이 바로 의술의 가장 핵심적인 요지이다.

인생은 짧고 의술은 길다

현대 인간의 수명이 고대 그리스에 비해 거의 두 배나 늘어났지만, 의학 지식을 모두 통달할 만큼 오래 살 수 있는 사람은 없다. 한 사람의 인생을 철저히 헌신하여도, 의학을 좁게 세분화해 높은 완성도를 지향하더라도, 작은 한 분야의 온전한 의술을 익히기에도 의사의 인생은 너무나 짧다. 최선을 다해 숙련의 과정을 밟지만 병자를 돌보는 보다 충분한 것, 보다 완전한 것을 익히기에는 삶이란 너무도 짧다. 히포크라테스는 어쩔 수 없는 한계를 명확히 보여주었다. 의술은 어려운데 인생은 너무 짧다고. 의학은 사람과 인간관계의 모든 것을 다루는 학문으로 너무나 방대하고 오묘한 대상이라 경외심이 필요하다는 대선배의 통찰이다.

기회는 순식간에 지나가고

병의 진단과 치료에는 타이밍이 있다. 응급한 질병뿐 아니라 모든 병은 적절히 치료할 수 있는 절호의 기회가 정말 잠시뿐이다. 최근 의학의 발전으로 치료가 이루어질 찬스가 조금씩 길어지고는 있다지만, 조기 발견이 이루어지도록 여건을 조성하는 것이 그래도 가장 좋은 치료 방법이다. 한 템포만 늦어도 돌이킬 수 없다. 의사는 질병의 초기 발병 단계에서 일찍 정답을 말할 수 있는 희미한 단서라도 찾기 위해 고군분투해야 한다. 그것이 의사의 임무이다. 기회는 순식간에 지나간다. 지식과 경험을 극대화하여 실전에 돌입하지 않는다면 그 순식간을 놓치기 십상이다. 퀴즈 쇼에서 뻔한 답도 잘 떠오르지 않는 것은 시간을 정해놓고 답해야 하는 긴장감 때문이다. 의학은 더한 긴장감이 있는데 답을 말해야 할 시간이 정해 있을 뿐더러 타인의 생명이 관련되기 때문이다.

경험은 오류가 많으며

의학의 수행은 과학기술의 발전에 의사의 경험을 보태 완성한다. 그래서 의사의 경험은 중요하다. 하지만 의사는 자신의 경험이 빗나갈 수 있다는 사실을 한시라도 잊어서는 안 된다. 특정한 환자의 현재 상황은 의사가 평생에 걸쳐 경험한 환자들의 사례에서 배운 어떤 것과도 다를 수 있기 때문이다. 프랑스의 석학 볼테르(Francois Marie Arouet Voltaire)의 말을 들어보자.

> 우리를 괴롭히는 질병은 우리들 각자의 얼굴 모양만큼이나 제각각이다.

경험은 잘못 해석되고 틀리게 기억될 수 있어 오용되거나 남용될 수도 있다. 의사들이 신앙처럼 의지하는 통계도 마찬가지다. 많은 질병을 접한 경험을 모아놓은 것이지만 통계치가 무력한 경우는 비일비재하다. 어느 특정한 개인이 특정한 배경을 가지고 앓고 있는 특정한 질병을, 특정하게 경험한 의사가 특정한 상황 속에서 진단하고 치료하는 것이 진료 현장이다. 통계는 상대적 가능성에 대한 견해라는 의미 그 이상도 이하도 아니다. 그래서 의학은 불확실하고 불안정한 학문이다. 서울대학교 의과대학 처메섭 교수의 이야기를 들어보자.[43)]

의학 판단에서 피할 수 없는 불확실성은 아이러니컬하게도 의학의 발달과 함께 더욱 커지고 있다. 양전자방출단층촬영기(PET) 검사, 유전자 검사와 같은 고급 기술이 발달할수록 진단은 세분화되고 신약이 개발될수록 의료현장에서 불확실성은 오히려 증대되고 있다. 암이라는 진단도 조직검사에 의해서만 분류되는 게 아니라 새로운 검사기법의 도입으로 더 세분화되고, 그에 따른 치료법도 다양해지고 있다. 임상시험에서 20% 효과를 보인 치료제의 경우 효과를 보이는 20%에 속할지, 효과는 없고 부작용만 발생하는 80%에 속할지 여부를 사전에 정확히 예측할 수 없다. 의학적 판단의 불확실성 때문에 당황하는 환자와 오해를 받는 의료진이 있는 반면 이런 점을 악용해 이익을 취하는 사이비 의료의 영역도 넓어지고 있다. 앞으로 의학이 더 발전하더라도 의학 판단에서 불확실성 문제를 완전히 극복할 수는 없다.

플라시보 효과(placebo effect), 편도 제거 수술, 유방암 검진 등을 꼼꼼히 들여다보면 의학에는 불확실성과 불완전성이 넘쳐난다.[44] 의학의 불확실성을 알고 있다면 의사는 자신의 경험에 겸손할 것이며, 환자가 그 불확실성 때문에 얼마나 불안을 느끼고 있는지 알게 될 것이다.

그럼 과학은 어떨까? 노벨물리학상 수상자인 리처드 파인만(Richard Feynman)이 들려주는 과학의 불확실성에 대한 명쾌한 비유를 들어보자.[45]

(현재 우리가 믿고 있는 어떤 과학적 진실, 즉 규칙은) 아직까지는 관찰이라는 그물망에 걸러지지 않은 채 '꽤 쓸 만한 추측'으로 남아 있지만, 시간이 지나고 그물망의 코가 예전에 쓰던 것보다 점점 작아지면, 다시 말해 관찰의 정확도가 점점 더 높아지면, 때론 그 규칙도 그물망에 걸러질 수 있다. 규칙은 그저 추측일 뿐이다.

과학의 가장 중요한 특징 중 하나는 관찰을 통해 검증된 규칙이라 하더라도 얼마든지 틀릴 수 있다는 사실이다. 뉴턴이 아인슈타인에 의해 뒤집어지고, 또 아인슈타인은 언젠가 누군가에 의해 무너질 것이다. 그것이 과학의 불확실성이다. 그래서 과학자들은 불확실성과 의심을 다루는 데 익숙해져 있다. 과학이 이러할진대 의학이야 말해 무엇 하겠는가! 의사는 의학의 불확실성과 의심을 다루는 데 익숙해져야 한다.

판단은 어렵다

기회는 순식간에 지나가고, 준비된 지식과 경험은 쓸모없는 경우가 허다하다. 게다가 의학은 불확실성으로 얽혀 있다. 그러니 판단이 어려울 수밖에.

어렵다.

의사들이 흔히 내뱉는 말이다. 의학 판단의 어려움은 시간의 긴박함과 제한으로 최고조에 달한다. 사실에서 이끌어낸 의사의 추론 방식, 병에 대해 환자가 보이는 감정적 반응, 의사와 환자가 어떤 상황에서 대면하는가의 문제, 그리고 의사가 알아야 할 환자의 스토리 등어느 것 하나 만만한 게 없으며 이것들이 얽히고설키게 되면 판단은커녕 해석조차 어려워진다.

좀 다른 생각도 해보자. 의사에게 위로 받고 싶어 하는 환자의 그것보다 의사들이 환자에게 받고 싶어 하는 감정적 보상이 더 큰 것은 아닐까? 의사는 과장된 감사의 표시를 탐욕스럽게 갈망하고 스스로의 자아상에 끊임없이 광을 내고 싶어 하는 욕망에 사로잡혀 있지는 않을까? 그래서 돌봄보다는 치료하고 해결하고 싶어 하는지도 모른다. 그래서 해석도 판단도 어려운 그 와중에도 의사의 마음이 더 급해지고 우왕좌왕하는 것은 아닐까?

이것이 히포크라테스가 그의 첫 번째 아포리즘에서 들려주고 싶었던 의학과 의사의 명확한 한계 상황이다. 과학 기술이 백 년이라는 짧은 시간 안에 불쑥 웃자라 버린 지금도 늘 음미해야 할 소중한 경구이다.

:: 의학의 불안정성과 한계를 극복하는 비결

히포크라테스가 지적한 비탄에 찬 한계 상황을 극복하여 짧은 시간 안에 의학의 정수(精髓)에 접근하고 경험적 학습을 효과적으로 이끌어주는 비결이 있다. 경험을 극대화하고 오류를 최소화하는 비밀스러운 기법이 있다.

> 병원 임상 실습을 시작하기 위해 준비한 난생처음 입어보는 양복과 빳빳하게 다려진 가운에 기분이 한껏 부풀어 있을 그 무렵이었다. 어머니가 '이상하게도 소변이 자주 마렵고, 한 번 볼 때 너무 양이 많은 것 같다'고 했다. 당뇨병일까? 가까운 동네 내과로 갔다. 큰 문제는 없었다. 그런데 증상은 점점 심해진다. 시내에 용하다는 내과를 두 군데나 찾아 진료를 받았지만 증상은 호전을 보이지 않았다. 임상 실습 첫날 처음 메어보는 넥타이로 거울 앞에서 우물쭈물할 때였다. '여기 뭔가 만져지는 것 같다'는 어머니의 이야기를 들은 것은. 늙은 여자의 쪼글쪼글한 뱃가죽을 누르자 오른쪽 아랫 부위에 주먹만 한 덩어리가 만져졌다. 아찔한 현기증을 느꼈다. '뭔가 덩어리가 오줌보를 눌러 소변이 자주 마렵다고 하셨구나!' 나의 임

상 실습의 첫 환자는 어머니였으며, 첫 출근을 환자와 함께했다. '난소 악성 암.' 최종 진단이 이루어지기까지는 많은 시간이 걸리지 않았으며 수술 날짜가 조속히 잡혔다.

내가 십 개월여 동안 태아로 머물렀던 그 배 속을 보던 일, 수술 중 암 덩어리를 들고 병리과로 가서 긴급 판독을 받던 일, 수술장을 나오면서 어머니가 하신 '춥다'던 첫마디 말, 항암제를 투여받고 밤새도록 죽을 듯이 토하는 그녀의 등을 두드려주던 일, 머리가 모두 빠져버려 비구니처럼 뽀얀 머리와 창백하고 야윈 모습으로 햇살 드는 창가에 앉아 있던 늙은 여자를 보던 일, 항암제 치료 주기에 맞추어 반복하는 입원에 다시는 병원에 가기 싫다고 짐승처럼 울부짖던 노파를 달래고 협박했던 일, 5년 생존율[46]을 기다리던 초조한 순간 등이 지금도 가끔 영화처럼 떠오르며 피부에 닿을 것처럼 느껴진다. 25년이 지난 지금도 어제처럼 눈에 선하다.

실습이 끝나고 의사국가시험을 준비하던 어느 가을날 산부인과학을 공부하다가 나는 임상 의학의 놀라운 비밀을 알아챘다. '난소 악성 암'과 관계된 지식은 따로 외우지 않아도 될 정도로 이미 내 지식은 물론 경험 속에 체득되어 있었다. 그때 알게 되었다. '모든 환자를 내 자신이나 내 가족처럼 관찰하고 돌보는 의사가 된다면, 그 지식과 경험은 절대 잊어 먹지 않을 것이다. 그 지식은 넓고 깊어질 것이며 그 경험은 뼈에 사무쳐 지울 수 없을 것이다.'

이것은 윤리와 도덕과 종교의 관점에서 의학을 말하고자 하는 것이 아니고, 의학의 불확실성을 극복하여 의학 공부의 높은 성취를 이루는 테크닉을 말하는 것이다. 지금도 색연필만 준다면 '난소 악성암'의 현미경 사진을 그릴 수 있다. 그 수많았던 산부인과의 지식들을 깡그리 잊어버린 지금도. 의학의 정수, 그중에서도 핵심은 인간에 대한 연민이다. '사람을 긍휼히 여길 줄 아는 마음이 있어야 좋은 의사가 된다'[47]는 이야기는 성스러운 인류 도덕은 차치하더라도 의학의 가속적 학습을 위한 핵심 기법을 알려주는 것이다. 의학은 여기서 출발하고 여기로 귀결한다. 히포크라테스의 염려와 비탄을 극복하는 비결이 여기에 있다.

> 의학을 배우고 체득하여 적용하는 긴 과정에서, 늘 잊지 말아야 할 일관된 사고의 기법은 인간에 대한 관심과 연민과 긍휼이며, 의학을 효과적으로 배우고 체득하기 위한 가장 뛰어난 도구이다.

:: 우정 그리고 스승, 영혼을 돌보다

우정은 끼리끼리 도와주어 삶을 보다 풍족하게 꾸밀 수 있는 장식이라기보다, 힘든 시간을 참고 견딜 수 있도록 지켜주는 버팀목이다. 생명을 위협하는 추위를 달래주는 한줌의 온기에 가깝고, 탈진할 정도의 무더위를 식혀줄 한줄기 바람에 가깝다. 의학의 불확실성을 극복할 수 있도록 도와주는 사람도, 의학의 빠른 발전을 뒤따라 잡는 힘겨움을 함께할 사람도 동료다. 부정을 자제시키는 사람도 그들이다. 삶의 재미와 행복감도 그들을 통해서 이루어진다. 헤르만 헤세의 말을 들어보자.

> 인간이 육체를 가진 이상 애정은 언제나 필요하다. 그러나 영혼을 깨끗하게 하고 성장하게 하는 데는 우정이 필요하다.

2,000년마다 기이한 혜성이 지구별에 다가오면 그때마다 이 아름다운 별을 이끌고 갈 위대한 인물들이 한꺼번에 태어났다. B.C. 500년 고대 그리스를 지나간 지 꼭 2,000년 후, 이 특별한 혜성이 이탈리아의 피렌체 위를 아주 가깝게 지나가자 레오나르도, 브루넬레스키, 브

루니, 기베르티, 도나텔로 등 거인들이 태어나 인류 역사의 물줄기를 돌연하게 바꿔놓았다.[48] 그런데 이 꽁지별이 계산을 잘못하여 18세기 중엽 우리나라 서울 머리맡을 아주 가깝게 지나간 적이 있었다.

종로에 있는 백탑[49]은 초가집과 기와집이 빼곡히 들어찬 서울에서 가장 뚜렷하게 보이던 대리석 탑이었다. 박지원, 이덕무, 박제가, 유득공, 이서구 등 별스러운 사람들이 모여 서로 위로하며 사귀고, 끊임없이 공부하고 인내하면서 18세기 학문과 예술을 꽃피웠던 바로 그곳이다. 정조가 함께하고, 정약용이 뒤를 잇던 그 시대였다. 박제가가 쓴 <백탑에서의 맑은 인연>을 들어보자.[50]

> 내 나이 18세 때 박지원 선생이 문장에 뛰어나 당세에 이름이 높다는 소문을 듣고 탑 북쪽으로 선생을 찾아 나섰다.
> 내가 찾아왔다는 전갈을 들은 선생은 옷을 차려 입고 나와 맞으며 마치 오랜 친구라도 본 듯이 손을 맞잡으셨다. 드디어 지은 글을 전부 꺼내어 읽어보게 하셨다.
> 그 무렵 이덕무의 사립문이 그 북쪽에 마주 서 있고, 이서구의 사랑이 그 서편에 솟아 있었으며, 수십 걸음 떨어진 곳에 서상수의 서재가 있었다. 또 거기서 북동쪽으로 꺾으면 유금, 유득공의 집이 있었다.
> 나는 한번 그곳을 방문하면 돌아가는 것을 잊고 열흘이고 한 달이고 머물렀다. 지은 시문과 짧은 글이 곧잘 책을 만들어도 좋을 정도가 되었으며, 술과 음식을 찾으며 낮을 이어 밤을 지새우곤 했었다. 아내를 맞이하던 날 저녁이었다. 장인 댁의 건장한 말을 가져다 안장을 벗기고 올라타고는 삼경을 알리는 북소리가 울린 뒤에도 여러 벗의 집을 두루 심방하고 탑을 빙 돌아 나왔다.

서얼 출신으로 출세의 길은 절대 불가능하였던 기남자(奇男子)[51] 박제가, 아홉 살 위로 역시 서얼 출신이라 앞길이 깜깜했던 가난한 책벌레 이덕무, 두 살이 많고 듬직하고 말이 없었던 또 다른 서얼 유득공, 네 살 아래로 서자는 아니었고 유일한 사대부집 자손이었지만 서얼 형들을 졸졸 따라다니던 이서구, 일곱 살 위였지만 박제가와 친구였고 이덕무의 처남이었던 또 다른 서얼 백동수, 이들의 형이자 스승이기도 했던 대범한 천재 박지원 그리고 즉위하자마자 규장각을 설치하고 그곳의 실무를 담당하는 검서관으로 비전 없던 서얼들을 파격적으로 기용한 정조. 이들의 만남은 꽁지별의 방문이 아니라면 도저히 해석할 수 없는 참으로 기이한 인연이다.

조선 후기 사회에서 서얼은 천대받는 신분이었다. 감히 아버지를 아버지라 부르지 못하는 존재였다. 양반, 양민, 서얼 유직자, 서얼 무직자, 천민으로 신분이 정해져 있어 서얼은 양민의 아래로 천민에 가까웠다. 양반도 아니고 천민도 아닌 이도저도 아닌 경계인이었다. 끼리끼리 어울릴 수밖에. 그들이 나누었던 우정이 어떠했는지 박제가의 말을 들어보자.[52]

> 천하에서 가장 친밀한 벗으로는 곤궁할 때 사귄 벗을 말하고, 우정의 깊이를 가장 잘 드러낸 것으로는 가난을 상의한 일을 꼽습니다. 벗이란 술잔을 건네며 도타운 정을 나누는 사람이나 손을 부여잡고 무릎을 가까이하여 앉는 자를 의미하는 것만은 아닙니다.
> 말하고 싶은 것이 있어도 입 밖으로 꺼내지 않는 벗이 있고, 말하고 싶지 않은 것이 있으나 저도 모르게 저절로 입 밖으로 튀어나오는 벗이 있습니다. 이 두 부류의 벗에서 우정의 깊이를 짐작할 수 있습니다.

정조는 할아버지 영조가 척신들의 손에서 벗어나기 위해 얼마나 힘겨워했는지, 피눈물을 머금고 아들 세자를 뒤주에 가둬 굶겨 죽였는지를 똑똑히 목격하였다. 신하라고는 하지만 그들의 정치적 야망

앞에서는 종실의 평안이나 인간적인 정은 아무런 소용이 없다는 것을 뼈저리게 느꼈다. 정조가 즉위하자 친인척을 처단하라는 상소가 빗발쳤지만 가까운 집안이라는 이유를 들어 정조는 참았다. 정조는 꿈이 있었다. 이들의 대안 세력으로 절개와 청론을 지닌 사대부를 주목했다. 그들은 학식과 덕망을 지닌 성리학이 키워낸 시대의 엘리트들이었다. 정조는 젊거나 서얼이거나 가리지 않았다. 사실 할아버지 영조가 후궁 소생이었으므로 영조와 정조는 서얼의 고통을 누구보다 잘 알았고 동병상련의 심경도 가지고 있었다. 즉위하자마자 창경궁 후원의 정경이 가장 아름다운 위치에 규장각을 설치하고 '손님이 와도 일어서지 말고 공부하라'는 엄명과 함께 엘리트들을 전진 배치하였다. 1779년 규장각에 검서관 직제를 신설하고 서얼이 관계 진출이 가능하도록 하교하였다.53)

인재의 등용에 어떤 제한도 있어서는 안 된다. 고루 등용하라.

수만 명 서얼의 지원서를 받고 심사하여 '앞으로 규율을 어기면 서얼이 적자들을 능멸한 죄로 다스리겠다'는 협박성 전제 조건이 달리기는 했지만 서얼이 관계에 진출하게 되었다. 이때 백탑 아래서 고락을 함께하던 이덕무, 박제가, 유득공이 또 다른 서얼 서리수와 함께 검서관으로 등용되었다. 장안의 이름난 서얼들이 함께 모인 것이다. 백동수도 무과에 합격하여 장용영에서 관직생활을 시작하였다.

검서관은 서적의 잘못된 곳을 수정하고 베껴 쓰는 직책으로 관품은 높지 않으나 임금을 가까이 모실 수 있는 명예로운 자리였다. 전혀 불가능하였던 일이 가능하게 된 것이다. 아무런 희망이 없었던 세월 동안 그들이 갈고 닦았던 학문과 소양을 이제야 세상이 알아준 것이다. 이덕무가 입궐 전 관복을 입고 인사를 드리자 아버지가 울면서 말했다.

밝은 세상을 만나 네가 이제야 빛을 보는구나!

그들은 운 좋게도 밝은 세상을 만났을 뿐이며, 이런 날이 오리라 예상한 것은 아니었다. 말단 관직이 열려 있지 않은 것은 아니었지만 서얼이 입궐하여 임금을 모신다는 것은 상상을 초월하는 일이었다. 백탑 위로 역사적인 혜성이 지나가자 기적이 일어났다.

박제가

사람들은 하나같이 박제가는 됨됨이가 글러 먹었다고 했다. 도무지 위아래도 모르고, 조금이라도 잘못된 것을 보면 누구에게나 눈을 부라리며 따지고 들고, 술상을 뒤엎지를 않나 술만 마시면 안장 없는 말을 타고 종로를 누비고 달리니 누가 좋아했겠는가?

옳고 그름에 따라 고개를 들고 숙여야지, 집안이나 신분, 벼슬 같은 그 사람의 껍데기만 보고 고개를 숙이겠습니까?

사람들의 비난이 더욱 거세진 것은 청나라에 대한 박제가의 남다른 관심 때문이었다. 당시 선비들은 만주족이 세운 오랑캐 청나라를 무시하고 한족이 세운 명나라를 간절히 흠모했기 때문에, 청나라 신문물을 동경하는 박제가를 오랑캐의 괴수로 몰아붙였다. 그의 물소처럼 튀어나온 이마, 칼날처럼 일자로 치켜 올라간 짙은 눈썹, 녹색 눈동자를 보건데 틀림없이 오랑캐의 피가 흐른다고 수군대곤 했다. 청나라가 중국의 주인이 된 지가 어언 백 년이 넘어가고 있었던 때다.

박제가는 형제들과 배가 달랐다. 형제와 어울릴 수 없고 어머니가 아버지의 반려자가 될 수 없음을 철이 들기 전부터 뼈저리게 깨닫고 있었다. 열한 살이 되던 해 아버지가 세상을 뜨자 그와 어머니는 본가를 나와 이리저리 전전하며 어렵게 살았다. 떳떳하지 못한 처지에 가진 것조차 없었으니 어머니가 할 수 있는 일이라고는 남의 집 삯바느질뿐이었다.[54]

> 혼자되신 후로는 드실 음식이 없었고, 해진 솜옷이나마 몸을 제대로 가리지 못하신 채 새벽닭이 울 때까지 쪼그리고 앉아 남의 집 삯바느질을 하셨다.

어머니는 하나밖에 없는 아들의 행색이 초라해 보이지 않도록 박제가의 차림새에 각별히 신경을 썼다. 옷은 늘 단정하게 손질되어 횟대에 걸려 있었다. 박제가가 골목길을 걸을 때는 도포 자락에서 사각사각 소리가 들릴 정도였다. 어머니는 혼자서 살림을 꾸려 가느라 밤잠을 이루지 못하였지만, 그 짐을 덜어드리기 위해 박제가가 할 수 있는 일이라곤 아무것도 없었다. 어머니의 녹색 눈동자는 늘 슬픔을 담고 있었고, 그녀를 닮은 박제가의 눈동자는 늘 분노를 담고 있었다.[55]

> 운녕이란 게 어니 별것인가요? 운녕은 나를 마음대로 하려 드는데, 나라고 운명을 마음대로 못하겠습니까? 단단히 얽어매어 놓은 사

슬 한 겹이라도 내 반드시 풀고 말 것입니다.

어린 시절 박제가는 언제나 입에 붓을 물고 다닐 정도로 글씨 쓰기를 좋아했다. 모래 위에도 썼고 허공에 대고 쓰는 연습도 했다. 흰색 담벼락은 박제가의 글씨 연습으로 검은 벽이 되었다. 부친이 준 종이로 손가락 두 개 크기의 작은 책을 만들어 마음에 새길 글귀가 있으면 적고 한데 묶어 나름 책을 만들었다. 책들이 나무 상자를 가득 채울 정도가 되었다. 박지원이 박제가를 평가하기를 나이 열아홉에 문장에 능통했다고 격찬했다.[56] 추사 김정희는 16세에 박제가의 제자가 되었다.

가뭄이 들어 굶어죽는 사람이 길에 널리자 정조는 눈물을 흘리며 농업을 획기적으로 개선할 농서(農書)를 널리 구했다. 이때 지방의 현령으로 봉직하고 있던 박제가가 농서를 바치는데 그 유명한 『북학의(北學議)』가 그것이다. 이때 함께 보낸 상소문에 다음과 같은 글이 있다.[57]

엎드려 올립니다.
신은 이 산골 고을의 백성들이 사는 모습을 관찰해보았습니다. 백성들은 화전을 일구고 나무를 하느라고 열 손가락 모두 뭉툭하게 못이 박혀 있지만 입고 있는 옷이라고 해야 십 년 묵은 해진 솜옷에 불과하고, 집이라고 해야 허리를 구부정하게 구부리고서야 들어가는 움막에 지나지 않습니다. 방 안에는 연기가 가득하고 벽은 바르지도 않았습니다. 먹을 것을 보면 깨진 주발에 담긴 밥과 간도 하지 않은 나물뿐입니다. 부엌에는 나무젓가락만 달랑 놓여 있고, 아궁이 앞에는 질항아리 하나가 놓여 있을 뿐이었습니다.
이제 농업을 장려하고자 하신다면 반드시 농업에 해가 되는 것을 먼저 제거하고 그 다음에 다른 조치를 논의하는 것이 좋습니다. 첫 번째로 유생을 도태시키는 일입니다. 과거시험을 치르는 데 시험장에 나오는 자가 거의 십만 명이 넘습니다. 이 무리의 부자, 형제들은 비록 과거시험에 응시하지는 않았지만 그들 역시 농업에 종사하지 않기는 일반입니다. 농업에 종사하지 않는 것에만 그치지 않고 농민들을 머슴으로 부리는 자들입니다. 조금이라도 자신의 능력을 자신하는 자라면 모두 과거로 달려들고, 그렇게 되면 부득불 농사는 어리석은 자나 남에게 부림을 받는 머슴에게 맡겨질 뿐입니다. 사정이 이렇게 되자 처자식을 몰아다가 들녘에서 농사를 짓게 하니, 소 먹이고 밭을 경작하는 일의 반 정도가 규중 아낙네 몫입니다. 또 풀을 베고 방아 찧는 일은 모두가 아녀자의 책임입니다. 그로 인해 피폐한 고을의 작은 마을에는 다듬이 소리가 거의 들리지 않습니다. 그 결과 온 나라 사람은 입을 옷이 없어 몸을 가리지도 못할 지경입니다.

실상은 농사를 가장 심각하게 망치는 것이 유생입니다. 이 무리들이 나라 인구의 과반수를 차지한 지가 백 년 정도가 되었습니다. 삼가 죽음을 무릅쓰고 글을 올립니다.

불쌍한 무지렁이 백성을 생각하는 애틋한 마음이나 문제의 원인을 판단하는 박제가의 시선은 미세하면서도 구체적이라 섬뜩하다. 당시 전국의 유생들이 이 사실을 알았다면 박제가는 돌에 맞아 죽었을 게 분명하다. 이어진 글에서 농사를 짓는 데 수레를 사용해야 한다고 건의하였으며, 전문가를 양성하고 중국의 신문물을 즉시 배워 활용해야 한다고 목 놓아 건의하였다.

그가 늘 거칠고, 싸움만 하는 드센 사람이었던 것은 아니다. 예민한 감수성과 발랄한 재기가 넘쳐 명문으로 꼽히는 그의 글 일부를 읽어보자.[58]

얄팍한 돌조각을 골라서 몸을 횡으로 하여 시내 가운데를 향하여 던졌다. 돌은 물껍질을 벗기면서 세 번도 뛰고 네 번도 뛰어 나간다. 느린 놈은 두꺼비처럼 물속에 빠지고, 가벼운 놈은 제비처럼 차며 나간다. 어떤 놈은 수면에 대나무를 그리면서 마디마디 이어가고, 또 어떤 놈은 동전을 차곡차곡 쌓으며 뒤를 좇는다. 조각을 한 뾰족한 뿔도 같고, 층층한 물결이 탑도 같다. 이것은 아이들의 놀이인데 '물수제비뜨기'라고 부른다.

간결하면서도 서정적인 <묘향산 기행>은 그의 나이 20세에 쓴 글이다. 박제가, 이덕무, 유득공, 이서구가 함께 지은 시집이 청나라에 소개되자, 네 사람은 조선 시문의 사대가라고 칭송받았다. 그가 마음결이 무척 여리고 고운 사람인 것을 백탑의 친구들은 알고 있었다.

이덕무

이덕무는 박제가보다 아홉 살 연장이었지만 두 사람은 백아와 종자기처럼 진실로 서로를 이해하는 우정을 평생 간직했다. 이덕무가 자신을 소개한 글을 읽어보자.[59]

목멱산 아래 어리석은 사람 하나가 살았다. 말씨는 어눌하고, 성품은 졸렬하고 게을러 세상일을 알지 못하였으며, 바둑이나 장기 같은 잡기는 더더욱 알지 못하였다. 남들이 욕을 하여도 변명하지 않았고, 칭찬을 하여도 잘난 척을 하지 않았으며, 오직 책 보는 일만을 즐거움으로 삼았기에 춥거나 덥거나 배고프거나 병드는 것에도 전혀 아랑곳하지 않았다.
어릴 때부터 스물한 살이 될 때까지 하루도 선인들의 책을 손에서 놓은 적이 없었다. 동에서 서쪽으로 해 가는 방향을 따라 빛을 받아가며 책을 읽었다. 행여 지금까지 보지 못했던 책을 대하게 되면 번번이 기뻐서 웃고는 했기에, 집안사람들 누구나 그가 웃는 모습을 보면 기이한 책을 얻은 줄 알았다. 이에 사람들이 그를 가리켜 '책에 미친 바보'라 불렀지만 그 또한 기쁘게 받아들였다.

이덕무의 삶의 주제어는 서얼, 가난, 책이었다. 할아버지가 서자였기에 집안이 서얼이라 박제가와 달리 부모 형제가 같이 살았지만, 관직에 나갈 수 없는 한계는 마찬가지였다. 지독한 가난으로 한 끼 해결이 급했지만 그의 학식은 시대를 뛰어넘었다.

서얼은 본가의 적자가 아니니 물려받을 재산도 없고, 벼슬길에 나가지 못하니 살림을 꾸려갈 녹봉도 받지 못하고, 그렇다고 시장에라도 가서 좌판을 벌여 놓고 장사도 할 수 없었다. 양반 사회에 끼워주지도 않으면서 그렇다고 장사꾼 밥벌이도 비웃으며 허락하지 않았던 시대였다. 글을 깨우쳐 뜻을 펼칠 수도 없고 땀 흘려 일할 수도 없이 그저 가난을 대물림할 수밖에 없는 운명이었다.

그러나 한계 상황에 부닥치면 부닥칠수록 이덕무는 책을 읽었다. 신비로운 영혼이 아닐 수 없다. 평생 동안 읽은 책이 거의 2만 권이 넘었고, 손수 베낀 문자가 수백 권이 되었다. 직접 저술한 서적만 십여 종이 된다. 혹독한 삶 속에서도 그는 말한다.[60]

군자는 몸가짐과 마음 쓰는 것을 어린아이나 처녀같이 해야 한다.

정조가 검서관을 모집할 때 이덕무는 단연 최고 수준의 학문 세계를 보였다. 정조와 나눈 많은 대화, 정조가 그를 아끼는 마음을 살펴보면 그의 공부가 얼마나 철저히, 계산 없이 성숙되어 있었는지를 알 수 있다. 그것도 무려 40년 동안이나. 당시 수명으로 보자면 거의 생을 마감할 시점에 가까운 나이인데 이때까지 이덕무는 자기 수양과 연마를 게을리하지 않았던 것이다. 입궐한 후 임금이 문제를 내고 신하들이 답을 맞히는 관리 평가에서 무려 열 번이나 최고점을 받았다.

도덕과 예절이 무너지는 현실을 개탄하여 작은 예절의 소중함을 일깨우기 위해 『사소절(士小節)』이라는 빼어난 저서를 남기기도 했다.[61] 그는 문장을 지을 때 화려한 기교를 부리기보다 조리가 있고 이치가 잘 통하게 하는 데 많은 노력을 기울였다. 대궐을 출입한 지 15년 동안 이덕무가 다른 사람과 차별하여 더 친절하게 보살펴 주는 사람이 있다거나 뇌물을 받는 일은 동료나 주변사람들이 감히 상상할 수도 없었다.

배고픔은 견디기 힘든 고통이었다. 이덕무의 어머니는 영양실조에 폐병을 얻어 세상을 떴다.[62]

> 지금도 슬픈 생각이 들어 가만히 귀를 기울이면 아직도 어머니의 기침 소리가 은은하게 귀에 들리는 것만 같다. 황홀하게 사방을 둘러보아도 기침하시는 어머니의 그림자는 찾을 수가 없다. 이에 눈물이 얼굴을 적신다.

가난한 집에 시집갔던 그의 누이도 영양실조와 폐병으로 어머니의 뒤를 따랐다. 피눈물을 흘리며 누이에게 바치는 제문을 들어보자.[63]

> 1776년 6월 3일, 폭우가 쏟아지며 캄캄해졌다. 전날 저녁부터 아침까지 온 식구가 모두 밥을 굶었다. 네가 이를 알고는 기쁘지 않아 상을 찡그리니, 이 때문에 병이 더 극심해졌다. 아이를 집에 돌려 보내자 갑자기 네가 숨을 거두었다.
> 어두운 흙구덩이에 차마 어찌 옥 같은 너를 묻으랴. 아, 슬프도다!

배고픔과 함께 또 하나의 고통이 덮쳤다. 추위였다. 무너질 듯한 집은 비바람을 가리지 못할 정도였기에 배고픔과 함께 추위는 그의

큰 고통 중 하나였다.[64]

> 을유년 겨울 11월 공부방이 추워 뜰아래 작은 띳집으로 거처를 옮
> 겼다. 집이 몹시 누추하여 벽에 언 얼음이 뺨을 비추고 방구들의
> 그을음 때문에 눈이 시었다. 바닥은 들쭉날쭉해서 그릇을 두면 물
> 이 엎질러지곤 했다.
> 어린 아우와 함께 석 달간 이 속을 지켰지만 글 읽는 소리가 그치
> 지 않았다. 세 차례나 큰 눈을 겪었다. 매번 눈이 오면 이웃에 키
> 작은 늙은이가 꼭 대빗자루를 들고 새벽에 문을 두드리며 혀를 끌
> 끌 차면서 혼자 말하곤 했다. "불쌍하구먼! 연약한 수재가 얼지는
> 않았는가!" 눈을 쓸어 둥글게 세 무더기를 만들어놓고 가곤 하였
> 다. 나는 그 사이에 이불 속에서 옛글 서너 편을 벌써 외우곤 했다.

추운 겨울 새벽 입김을 불며 공부하는 두 젊은이와 이를 안타까워
해 남의 마당까지 쓸어주는 키 작은 노인의 애틋한 걱정, 그 걱정을
귀로 들으면서도 이미 몇 구절의 좋은 글을 읽고 있는 젊은이들. 어
느 겨울날은 홑이불만 덥고 자자니 몹시도 추워 『논어』를 병풍처럼
늘어세워 외풍을 막고, 『한서』를 이불 위로 물고기 비늘처럼 잇대어
덮고서야 겨우 얼어 죽지 않았다고 적고 있다.

이덕무 역시 어린 시절부터 총명했던 모양이다. 박지원의 이야기
를 들어보자.[65]

> 하루는 집안사람들이 아이를 잃어버려서 난리가 났는데 저녁때가
> 훨씬 넘어 관아 뒤의 풀 더미 속에서 아이를 찾았다. 벽에 적힌 옛
> 글을 보는 데 정신이 팔려 날이 저무는 줄도 몰랐다고 한다. 어른
> 에게 글을 배울 때는 반드시 자획과 글자의 뜻을 자세하고 분명하
> 게 익혔는데, 혹시라도 이해되지 않은 부분이 있으면 갑자기 욱곤
> 하였다. 아이들과 정신없이 놀 때에도 남들 몰래 벽에다 해시계를 그

려놓고 시간이 되면 반드시 일어나 서재로 가서 단정히 앉아 책 읽기에 여념이 없었다.

정조는 특별히 그를 아꼈다. 이덕무의 책 읽는 소리가 좋아 큰 소리로 읽을 것을 주문하고, 검서관으로서 책의 수정 보완만 말고 자신의 저작을 남길 것을 권고하기도 했다.

아무도 알아주는 이 없고, 알아줄 기약도 없는 그 막막함 속에서 배고픔과 추위를 견디며 자신의 갈 길을 의심 없이 갔던 그의 믿음이 섬뜩하리만큼 놀랍다. 충주로 내려가는 길에 썼다는 명문 <눈 덮인 칠십 리 길을 지나며>의 일부를 읽어보자.66)

눈이 오자 산속 샛길이 가장 먼저 하얘졌다. 먼 곳에 있는 소나무는 검푸른 빛인데, 그중 푸릇푸릇한 빛깔이 흰빛으로 물들었으니 이것이 가까운 곳에 있는 소나무임을 알 수 있었다. 말라버린 수숫대가 밭 가운데 늘어서 있는데, 눈발이 바람을 끼고 사냥하듯 몰아치니 쏴아쏴아 하며 휘파람 소리를 내었다. 수숫대의 빨간 껍질이 거꾸로 쓰러져 이리저리 끌리자 눈 위에 저절로 초서로 글씨가 쓰였다. 나무들이 떼 지어 죽 늘어서 있는 곳에는 짝지은 암수 까치 대여섯 혹은 일고여덟 마리가 한가로이 앉아 있었다.

유득공

유득공은 박제가보다는 두 살 위였고 이덕무보다는 일곱 살 아래였다. 박제가와 생일이 음력 11월 5일로 같고, 어려서 아버지를 여의고 삯바느질하는 홀어머니 밑에서 어렵게 자란 것도, 외아들이란 것도 같았다. 물론 그도 서얼이었다.

그러나 유득공의 얼굴은 늘 밝았고 웃음이 얼굴에서 떠나지 않았다. 커다란 체구에 목소리도 시원시원하였다. 유득공이 다섯 살 때 아버지가 돌아가시자, 어머니는 외아들과 시아버지와 나이 어린 시동생들을 삯바느질로 먹여 살렸다. 대가족을 이끈 셈이다. 어린 유득공이 잠결에 몇 번이나 눈을 떠봐도 어머니는 늘 그림같이 앉아 부지런히 바늘을 놀리고 계셨다.

> 유득공이 열두 살쯤 되던 어느 날, 집안에는 밤늦도록 등불이 환했다. 유득공은 글을 읽고 어머니는 바느질을 하고 있었다. 이때 불상사가 있었다. 한쪽 구석으로 책을 가지러 가던 유득공이 그만 등잔을 넘어뜨린 것이다. 한창 바느질을 하던 비단 치맛감에 등잔 기름이 묻어 얼룩이 졌다. 다 지은 저고리에도 기름이 튀었다. 며칠 밤의 고생도 아깝지만, 사대부의 비단옷을 물어낼 능력이 없었다. 유득공은 주저앉아 울고 싶었지만 숨이 턱 막혀 눈물도 나오지 않았다. 어머니는 이왕 엎질러진 거 어쩌겠느냐고 말씀하셨지만 유득공은 어머니의 말씀에 더 가슴이 아팠다. 다음 날 어머니는 옷감을 맡긴 집으로 가서 앞으로 할 바느질값으로 비단 값을 대신하기로 머리를 조아려 승낙을 받았다.[67]

어머니는 유득공을 나무라거나 꾸짖은 적이 없었다. 이런 어머니의 배포를 닮은 것이 유득공이었다. 가난한 서얼 집안이었지만 유득공이 일찍부터 서당에 다니며 글을 배운 것도 어머니의 용단이었다.

유득공은 치밀한 사람이었다. 책을 보다가도 기억해두어야 할 부분은 반드시 꼼꼼히 기록해두었다. 이렇게 쓴 글씨들은 다시 용도에 따라 분류하여 그의 보물단지인 글상자 속으로 들어갔다. 어머니가 만들어주신 형형색색의 자투리 옷감으로 만든 글상자에는 유득공의 각양각색의 지식들이 보관되어 있었다. 특히 유득공이 좋아하고 관심을 둔 부분은 조선의 역사, 조선 사람의 생활에 관한 내용이었다. 당시 자료들은 대부분 중국 사람이 보고 기록한 것이라 늘 마음에 차지 않았다. 자기 나라의 역사를 자기 민족이 제대로 기록하지 않는데 남의 나라에서 성의껏 써줄 턱이 없다는 한탄을 입에 달고 살았다. 그래서 조선에 관한 글은 특별히 모으고 모았다. 글상자가 작아지면 나무 궤짝에 보관하기도 했다. 깨끗하게 정돈된 유득공의 방에는 각종 상자가 겹겹이 쌓여 있었다.

유득공은 문헌뿐만 아니라 조선 땅 구석구석을 직접 돌아다니며 자료를 모았다. 이덕무와 함께 박지원을 모시고 고구려의 옛 도읍지인 평양과 고려의 도읍지인 개성을 방문한 적도 있었다. 연암과 이덕무는 집으로 돌아가고 유득공은 또 부여, 공주, 경주로 향했다. 이때 기록한 자료를 모아 『이십일도회고시(二十一都懷古詩)』를 완성하였고, 어린아이들을 위해 알기 쉬운 회고시를 다시 쓰기도 했다.[68] 사신을 따라 중국을 다녀온 후 자료를 모아 쓴 책이 그 유명한 『발해고(渤海考)』와 『사군지(四郡志)』이다. 한반도를 벗어난 그의 역사관은 뒷날 사학계에 큰 영향을 미쳤다. 이덕무, 박제가와 함께 검서관으로 임명되었다.

우정 이후

이들의 정신적인 스승은 연암 박지원이었다. 백탑 아래에서 일거수일투족을 함께하며 격려하고 위로하던 친구이기도 했다. 서얼은 아니었지만 어려서 박지원의 문하생으로 글을 배우고 이덕무에게 문장을 배우며 막내 동생처럼 졸졸 따라다닌 이가 이서구다. 사대부의 적자 출신이었지만 이서구도 슬픔이 있었다. 그의 나이 다섯 살 때 어머니를 여의고 열두 살까지 외가에서 지내다가 아버지에게 왔다. 그러나 몇 년 뒤 아버지는 귀양살이로 중병을 얻어 세상을 떠났다. 백탑의 동지들은 외로운 동생 이서구를 끔찍이 아껴주었다.

18세기가 끝날 무렵, 이제 혜성의 기운은 그 힘을 잃어가고 있었다. 박제가의 아내가 죽고 몇 달 뒤 이덕무가 죽었다. 박지원이 이덕무의 죽음을 기리는 글을 썼다.[69]

> 그 친구가 저세상으로 떠난 뒤 나는 울먹이면서 이리저리 방황하면서 혹시 그와 같은 사람을 만날 수 없을까 했지만 찾을 수 없었다.

정조가 500냥을 하사하고 신하들이 십시일반으로 돈을 모아 아버지만큼 꼼꼼한 아들 이광규를 다시 검서관으로 임명하여 이덕무의 문집을 완성했다. 18세기가 끝나자 정조가 세상을 떠났다. 그리고 시대의 천재들 이가환, 이용휴, 이승훈, 정약전, 정약용 등은 모진 고문으로 죽거나 유배지로 떠났다. 박제가도 사돈의 옥사에 휘말려 유배지로 떠났다. 규장각도 축소되고, 장용영은 해체되었다. 박지원과 박제가는 같은 해 세상을 떠났다. 유득공마저 세상을 떠났다. 이서구는 이들이 떠나가자 모든 관직을 버리고 시골에서 숨어 살았다. 모든 스토리가 끝났다.

혜성의 기운은 다했고 스토리는 끝났지만 세상이 끝난 것은 아니었다. 박제가, 이덕무, 유득공 그들이 얼마나 탄복할 학식을 갖추고 있었으며 그들이 얼마나 헌신적으로 직분을 다하였기에 이덕무의 아들 이광규, 박제가의 막내아들 박장암, 유득공의 아들 유본학과 유본예는 아버지들의 뒤를 이어 다시 검서관이 되었다. 이덕무의 어린 손자 이규경은 할아버지를 쏙 빼닮은 학식으로 천하에 이름을 떨쳤다.

연암의 손자 박규수는 할아버지와 아버지의 영향으로 실학사상에 눈을 떴으며 현종, 철종, 고종에 이르기까지 고위 관직에 머물렀다. 박규수의 집 근처에는 김옥균, 홍영식, 박영효가 살고 있었다. 박규수의 사랑방은 할아버지 집처럼 늘 손님으로 들끓었다.

스승

서얼과 친구들이 백탑을 돌며 우정을 나눌 무렵, 경기도 광주 땅에 또 한 명의 '귀인'이 태어났다. 이십 년을 공부하고, 이십 년을 입궐하여 정예 엘리트 교육을 받고 정조를 모시고 국가에 봉사하였으며, 그리고 이십여 년을 유배지에서 보내고, 다시 이십여 년을 책과 보낸 인물. 정조와 함께 거대한 삶의 궤적을 그린 서얼 친구들이 있었다면 그는 정조와 함께 또 하나의 삶의 궤적을 그렸다. 정조가 위대했다고도 하지만 한편 행복했다고도 하는 이유다. 그가 일곱 살 때 지은 <산>이라는 시다.[70]

작은 산이 큰 산을 가리는 것은
거리의 멀고 가까움이 다른 까닭이라네.

정약용은 15세 무렵 시대의 천재 이가환과 매부 이승훈을 통해 성호 이익의 유고를 읽고 그의 학문에 깊이 공감하였다. 이때부터 정약용은 민생을 위한 경세의 학문에 뜻을 두게 되었다. 과거에 합격하자 정조는 그의 답안지에 매료되어 정약용을 자주 불렀다. 정조가 직접 지시하여 완성한 것이 정조의 천추의 한이 서린 수원성이며 이 프로젝트의 하나부터 열까지를 모두 이룬 사람이 정약용이다. 복합 도르래 거중기(擧重器)를 이용하여 재정과 인력 낭비를 줄인 것은 너무나도 유명하다.

정조의 명을 받아 암행어사를 수행하면서 민생의 피폐한 현장을 눈으로 보고 느끼며 분노했다. 그의 학문 세계가 늘 백성과 함께 한 것도 이때의 영향이 컸다. 정약용의 나이 39세에 정조가 세상을 뜨니 이때부터 먹구름이 정약용의 친가 외가를 가리지 않고 엄습하였다.

일가친척은 모두 죽거나 귀양 가는 처참한 지경이었다. 정약용은 구사일생으로 목숨은 건졌으나 형 정약전과 함께 유배를 가는 처지가 되었다. 이날부터 무려 18년간을 전남 강진의 유배지에서 벗어나지 못했다. 다산초당을 짓고 지역에 있는 열여덟 명의 어린 제자들을 가르치며 그의 탁월한 저작의 대부분을 이 시기에 집필하였다. 참으로 기이한 영혼이다.

강진 유배 중 맏이 정학연이 아버지를 뵈러 왔다. 형의 인편으로 정약용은 어린 아들 학유에게 편지를 보냈다.[71]

네가 양계를 한다고 들었다. 닭을 치는 것은 참 좋은 일이다. 하지만 닭을 기르는 데도 우아한 것과 속된 것, 맑은 것과 탁한 것의 차이가 있다. 진실로 농서를 숙독해서 좋은 방법을 골라 시험해보렴. 빛깔에 따라 구분해보기도 하고, 횃대 위치를 달리해보기도 해서 닭이 살찌고 번드르르하며 다른 집보다 번식도 더 낫게 해야지. 또 간혹 시를 지어 닭의 정경을 묘사해보도록 해라. 이것이 글 읽는 사람의 양계니라. 만약 이익만 따지고 의리는 거들떠보지 않는다거나, 기를 줄만 알고 운치는 몰라 이웃 채마밭의 늙은이와 더불어 밤낮 다투는 자는 바로 셋집 사는 마을의 못난 사내의 양계인 게다. 너는 어떤 식으로 하려는지 모르겠구나. 기왕 닭을 기른다면 모름지기 백가의 책 속에서 닭에 관한 글들을 베껴 모아 차례를 매겨 <계경(鷄經)>을 만들어보는 것도 좋겠구나. 육우의 『다경(茶經)』
이나 유득공의 『연경(烟經)』처럼 말이다. 속된 일을 하더라도 맑은
운치를 얻는 것은 모름지기 언제나 이것을 예로 삼도록 해라.

일상의 특정 사물을 바탕으로 다산의 학문하는 방법이 잘 표현되
어 있다. 세상일에는 속된 것이 없으니 속된 일을 하더라도 이렇게
우아하게 학문하듯이 하라는 조언이다. 임상 의사가 환자를 진료할
때도 매우 요긴하게 사용할 수 있는 학문의 방법론이다.

- 어떤 일을 하더라도 속되기보다는 우아하게 하라.
- 기초 정보를 모아라.
- 다각도로 실험하라.
- 관찰하고 기록하라.
- 진보하라.
- 일을 즐겨라.
- 이익은 차선이다.
- 모든 자료를 모으고 경험을 보태 전문 서적으로 남겨라.

다산 정약용은 강진 유배 18년 동안 무려 500여 권의 저작을 남긴
불가사의한 학자다. 열악한 환경, 가족과의 긴 이별, 친인척의 참화와
이에 대한 억울한 심정을 가슴에 담고도 지금까지 회자되는 방대하
면서도 탁월한 저술이 이때에 대부분 이루어졌다. 아들에게 일러준
방식뿐만 아니라 자료 정리와 학문적 체계를 이루는 수많은 방법을
개발하고 활용하기도 했다. 한양대학교 정민 교수가 쓴 『다산 선생
지식경영법』(김영사, 2010)에 다산의 공부하는 방법에 관한 많은 테
크닉이 소개되어 있다.

유배를 떠나면서 마지막으로 볼 때 이제 두 돌을 막 넘기던 막내아

들 농아가 이듬해 겨울 홍역을 앓다가 마마로 번져 생일날 땅에 묻혔다. 어려운 시기에 멀리 떨어져 어린 자식을 보내야 하는 아버지는 '네 모습은 깎아놓은 듯 예뻤다'며 통곡했다. 훗날 천연두를 치료하는 방법을 정리한 『마과회통(麻科會通)』을 지은 것도 일찍 보낸 아들에 대한 미안함과 질병으로 쓰러지는 불쌍한 백성들을 염려했기 때문이다. 『마과회통』을 지을 때도 중국의 유명 의서를 모두 참고하고, 우리나라의 각 지역에서 전해오는 비방들을 총망라하여 책을 꾸몄다. 다산 특유의 지식을 정리하고 활용하는 방식으로 책을 지었다.

1801년 겨울 유배지 강진에 도착하던 첫날, 땅 끝 마을은 유난히 추웠다. 천주학쟁이 죄인이 벌 받아 귀양 왔다고 소문이 퍼져 누구도 제집에 들이려 하지 않았다. 이리저리 기웃거리던 정약용은 동문 밖 허물어져 가는 주막집에 들었다. 주막 노파가 불쌍히 여겨 머물게 허락한 것이다. 말 거는 이도 없고 말 붙일 이도 없이 세월만 갔다. 다시 일 년이 지나 1802년 겨울, 다산은 주막집 봉놋방에서 미니 서당을 열었다. 귀양 온 죄인이지만 서울에서 온 큰 선생님이라고 소문이 났기 때문이었다.

어느 날 공부를 파할 무렵 정약용은 며칠 전부터 서당에 나온 무뚝뚝하고 덩치가 큰 소년 하나를 불러 세웠다. 눈빛이 선하면서도 강직해 보였기 때문이었다. 공부를 열심히 해서 큰 인물이 되어 이름을 드높이고 집안을 일으켜 세우며, 나라에 보탬이 되는 사람이 되라고 격려하였다. 쭈뼛거리던 더벅머리가 얼굴을 붉히며 기어드는 목소리로 여쭙는다.[72)]

선생님. 그런데 공부를 잘하기에는 제게 세 가지 문제가 있습니다. 첫째는 너무 둔하고, 둘째는 앞뒤가 꼭 막혔으며, 셋째는 분별도 답답합니다. 저 같은 아이도 정말 공부를 잘할 수 있을까요?

아이들 중 나이도 들어 보이고 말귀도 밝은 것 같아 붙잡아 격려의 말을 전했는데, 자기는 문제가 많은 사람인데 과연 공부가 가능하겠느냐고 물은 것이다. 머리도 나쁘고, 앞뒤가 꽉 막혔고, 사리 분별력도 모자란단다. 다산의 놀라운 답변을 들어보자. 그가 얼마나 학문적이며, 논리적이며 또한 어린 소년을 대하는 스승의 예를 갖추는지를.

> 그렇구나. 내 얘기를 좀 들어보렴. 배우는 사람은 보통 세 가지의 문제가 있다. 그런데 너는 세 가지 중 하나도 없구나!

시골 벽지의 소년이 서울서 오신 선생님께 자신의 부족한 세 가지를 말씀드리니 선생님이 생각하는 세 가지는 따로 있는데 너는 그중 하나도 가진 것이 없다고 엉뚱한 답을 한 것이다. '오히려 너는 공부를 잘할 체질이구나!' 더벅머리는 눈이 휘둥그레졌다.

> 내가 오래 공부하고 가르쳐본 바로는 다음 세 가지가 공부하는 데 문제란다.
> 첫째는 민첩하게 금세 외우는 것이다. 이런 아이들은 가르치면 한 번만 읽고도 바로 외우지. 정작 문제는 제 머리를 믿고 대충 소홀히 넘어가는 데 있단다. 완전히 제 것으로 만들지 못하지.
> 둘째, 예리하게 글을 잘 짓는 것이다. 이런 사람은 질문의 의도와 문제의 핵심을 금세 파악해낸다. 바로 알아듣고 글을 빨리 짓는 것은 좋은데, 다만 재주를 못 이겨 들떠 날리는 게 문제다. 자꾸 튀려고만 하고, 진중하고 듬직한 맛이 없지.
> 셋째, 깨달음이 재빠른 것이다. 대번에 깨닫지만 투철하지 않고 대충하고 마니까 오래가지 못한다.
> 내 생각에 공부는 바로 너 같은 사람이 해야 한단다.

둔하다고 했지?

송곳은 구멍을 쉬 뚫어도 곧 다시 막히고 만다. 둔탁한 끝으로는 구멍을 뚫기는 쉽지 않지만 구멍이 뻥 뚫리면 절대로 막히는 법이 없다.

융통성이 없다고 했지?

여름 장마철의 봇물처럼 막힌 물은 나아가지 못하고 제자리만 돌 뿐이지만, 삽으로 봇물을 터트리면 그 성대한 흐름을 아무도 막을 수 없지.

답답하다고 했지?

처음에는 누구나 공부가 익지 않아 힘들고 버벅대지만 꾸준히 연마하면 나중에는 반짝반짝 윤이 나게 된단다.

구멍을 뚫으려면? 부지런하면 된다. 막힌 것을 틔우려면? 부지런하면 된다. 윤이 나게 연마하려면? 부지런하면 된단다.

열다섯 제자는 스승의 이 말씀을 마음에 새기고 뼈에 새겨 61년 동안을 가슴에 품고 살았다. 18년 동안 발목 복사뼈에 세 번이나 구멍이 날 만큼 공부에 몰두한 스승에 비해 자신의 복사뼈는 너무 건강하다며 부끄러워했다. 낮에는 밭을 갈고 밤에는 열심히 공부했다. 관 뚜껑을 덮을 때까지 마음을 다해 공부하라는 스승의 가르침을 저버리지 않았다. 흑산도에 전해진 그의 글을 보고 스승의 형 정약전은 "월출산 자락에 이런 문장이 나다니!"라고 찬탄해 마지않았다.

한 사람이 자라 인물이 되는 데 스승의 역할은 너무나 크다. 스승의 책임있는 조언은 너무나 결정적이다. 학문의 기초를 잡아주고 개인의 꿈을 실현 가능한 비전으로 도와주는 사람이 스승이기 때문이다. 2,500년 이상 도제 방식의 교육 체계를 유지하고 있는 의학교육에서도 스승의 영향력은 너무나 강력하다. 지식과 경험을 축적시키고 확장시켜 줄 뿐만 아니라, 신념과 꿈을 넓히고 유지하도록 노와주기 때문이다. 무엇보다도 눈을 뜨고 깨어 있도록 끊임없이 자극한다.

스승과 동료는 한 인물이 인생을 살면서 겪지 않을 수 없는 좌절과 외로움의 비바람을 병풍처럼 막아주고 수많은 슬픔과 고통으로 무너질 듯 흐느적거리는 마음을 뼈대처럼 단단하게 지탱해준다. 스승과 동료는 인생의 동반자이자 참으로 소중한 삶의 관계이다. 배고플 때, 추울 때, 앞날이 깜깜해 갈 길이 보이지 않을 때 시간을 견디며 시대를 꿈꾼 그들을 떠 올려보라. 그들의 육신은 떠난 지 오래지만, 그들의 정신은 시퍼렇게 살아 있다.

제3장 변화를 통해 내일을 꿈꾸다

궁하면 변하라, 변하면 통한다, 통하면 영원하리라.[73)]

- 주역 -

가치 있는 생존을 원한다면, 시대는 끊임없는 혁신을 통해 변화할 것을 요구하고 있다. 혁신은 동물의 피부를 모두 벗겨 새롭게 태어난다는 말이다. 보다 가치 있는 생존을 위해 반드시 시도해야 하는 혁신과 변화는 그래서 자신의 목숨을 걸어야 할 만큼 어렵고 위험하다.

:: 피부를 벗기는 고통으로 패러다임을 바꾼다는 것은

'북쪽 깊은 바다'에 물고기 한 마리가 살았는데, 그 이름을 곤이라 하였다. 그 크기가 몇천 리인지 알 수 없었다. 이 물고기가 변하여 새가 되었는데, 이름을 붕이라 하였다. 그 등 길이가 몇천 리인지 알 수 없었다. 한 번 기운을 모아 힘차게 날아오르면 날개는 하늘에 드리운 구름 같았다. 이 새는 바다 기운이 움직여 물결이 흉흉해지면, 남쪽 깊은 바다로 가는데, 그 바다를 예로부터 '하늘 못'이라 하였다.

장자(莊子)는 '인간은 변화할 수만 있다면 실존적 한계를 초월할 수 있는 무한한 가능성이 있다'고 선언한다.[74] 물고기 곤은 하늘을 나는 붕새가 되는 엄청난 변화를 이루어, 바람을 기다렸다가 여건이 충분할 때 큰바람을 타고 남쪽 바다 천지로 간다.

한편, 혁신의 혁(革)은 가죽이라는 뜻이다. 동물의 가죽을 완전히 벗겨놓은 모습이 革이다. 따라서 혁신은 피부를 벗겨 통째로 변화한다는, 즉 새롭게 태어난다는 의미이다. 그러나 온몸의 피부를 벗기는 고통이나 생명의 위협이 없으면 완전한 변화가 불가능하다는 의미로도 해석할 수 있다. 변화는 꿈이자 생존의 의무이며, 혁신은 고통이자 위험이다.

변화(變化, transformation)
[명사]
1. 사물의 성질, 모양, 상태 따위가 바뀌어 달라짐.

혁신(革新, innovation)
[명사]
1. 묵은 풍습, 관습, 조직, 방법 따위를 완전히 바꾸어서 새롭게 함.

한 개인이나 조직의 현재를 알고 미래를 예측할 수 있는 잣대로 실력, 비전, 문화를 들 수 있다. 여기에서 문화는 개인이나 조직의 습성이나 행동 방식이다. 문화는 실력이나 비전과 함께 끊임없는 변화를 통해 더 높은 수준으로 진화해가야 한다. 그러나 개인은 물론 조직의 습성에 변화를 가해 궤도를 수정하는 혁신은 집단이 수행하는 가장 어려운 업무 중 하나다.

1980~1990년대 미국의 대형병원들은 환자 사망률을 공개하기로 처음으로 합의했다.[75] 각 병원은 평가가 시작되자 변화를 시도하느라 난리가 났다. 지금까지 공개하지 않았던 각 병원의 환자 사망률은 그 병원의 실력을 나타내는 객관적이고 중요한 지표라는 것을 너무나 잘 알고 있었다. 그러나 공개적인 선의의 경쟁을 통해 각 병원의 내부 역량을 높이고 그 결과 환자들은 더 높은 수준의 진료를 보장받으리라던 평가 취지는 시간이 흐르면서 크게 뒤틀리기 시작했다.

병원들은 사망률을 낮추기 위해 상태가 위중한 중환자를 진료하지 않으려 했다. 양질의 진료를 기대했던 중환자들은 오히려 문전박대를 당했고 갈 곳을 잃어버렸다. 병원들은 새로운 임상실험이나 난치병 진료를 중단하려고 했다. 위험한 질병을 다루는 것은 환자 사망률이나 높이는 위험한 진료로 받아들였다. 진료의 질을 높이려던 기대에 찬 개혁 의지는 역설적으로 대형병원들을 고만고만하고 안정적인 환자나 진료하는 차별성이 없는 병원들로 평준화시켜 버렸다.

평가 시스템을 이용해 변화를 꾀하는 방식의 치명적인 부작용의 실례이다. 평가는 진료 프로토콜을 표준화된 방식으로 유도하여 의료 과실을 줄일 수 있는 여긴 코싱에는 도움이 되었지만, 긱 병원의 차별성을 없애고 진취적인 진료를 봉쇄해버리는 부작용을 낳은 것이다.

우리가 개인이나 조직의 변화를 시도할 때는 그 변화가 가져올 분명한 가치뿐만 아니라 개인이나 조직 고유의 가치관을 훼손하거나 성장 역량을 훼손하지는 않을지 다각도로 심사숙고할 필요가 있다. 무분별한 평준화 작업은 남과 다른 차별화를 이루고 분야의 최고가 되려는 불꽃같은 열정에 찬물을 끼얹을 수 있다.

변화와 혁신은 중요하다. 개인이나 조직의 미래 생존이 달려 있기 때문이다. 물고기 알이 큰 물고기가 되고, 그 물고기가 하늘을 나는 거대한 붕새로 진화해가는 과정이 변화이다. 그러나 피부를 벗기는 고통과 위험을 동반하는 혁신 없이 변화는 없다. 하지 않을 수 없으나 쉽지 않고 위험을 동반하는 일, 그것이 변화와 혁신이다.

패러다임(paradigm)
[명사]
1. (생각, 인식의) 틀
2. 어떤 한 시대 사람들의 견해나 사고를 근본적으로 규정하고 있는 테두리로서의 인식의 체계. 또는 사물에 대한 이론적인 틀이나 체계.

자신이 살아왔던 과거와 연결되어 현재에 형성된 관점의 틀을 바꾸는 것은 누구나 쉽지 않다. 우리는 이 관점의 틀을 개인이나 집단의 패러다임이라고 한다. 미국의 과학사학자이자 철학자인 토머스 쿤(Thomas Kuhn)이 1962년 발표한 『과학혁명의 구조』에서 처음으로 사용한 용어인 패러다임은 한 시대의 사회 전체가 공유하는 이론이나 방법, 문제 인식의 체계를 뜻한다. 그것의 옳고 그름을 떠나서 말이다. 토마스 쿤은 과학 발전을 예로 들면서 하나의 패러다임이 영원히 지속될 수는 없고 항상 생성, 발전, 쇠퇴, 대체되는 과정을 되풀이한다고 설명하였다. 자연과학에서 출발한 용어가 이제는 다양한 학문 분야뿐만 아니라 사회 현상, 심지어 개인의 태도에 대해서도 흔히 사용하는 일상용어가 되었다.

한 개인이 주어진 조건이나 상황에서 생각하는 방식이나 조직을 지배하는 고정관념이라는 뜻으로 패러다임을 사용하기도 한다. 패러다임의 가장 중요한 속성은 새로운 가치를 위해 그것은 항상 변해야 한다는 것이다. 이를 패러다임 시프트(paradigm shift)라고 한다. 변화가 어렵다는 것은 패러다임을 전환하기가 여간 어려운 일이 아니라는 뜻이다. 그러나 전환한다면 어떤 일이 벌어지는지 스티븐 코비(Stephen Covey)의 경험담을 들어보자.[76]

일요일 아침, 뉴욕 지하철은 전쟁터처럼 붐비던 평소와 달리 유난히 조용하였다. 지하철을 탄 사람들은 신문을 읽거나 눈을 감고 생각에 잠기는 등 나름대로 마음의 평안을 즐기는 분위기가 평화롭기까지 하였다.
늘 그렇듯이 평화는 곧 산산조각이 났다. 미식축구 선수처럼 큰 덩치에 험상궂은 인상의 한 젊은 남자와 그의 자녀들로 보이는 떼거리의 아이들이 지난 역에서 우르르 탔기 때문이다. 겨우 걸음마를 하는 아기부터 머리를 땋아 묶은 큰 아이까지 네 명이나 되었다. 아이들은 괴성을 지르며 이리저리 뛰어다니고 신을 신은 채 의자 위에 올라가는 등 지하철이 신기한 듯 광란을 벌이고 있었다.
프랑켄슈타인같이 생긴 그가 마침 내 옆에 앉았는데 남자는 두 손을 모으고 의자에 기대앉아 눈을 감고 목을 뒤로 젖힌 채 이 난장판에 대해 도대체 아무런 신경도 쓰지 않았다. 아이들은 앞뒤로 뛰어다니고, 물건을 던지고, 심지어 어느 신사가 읽고 있는 신문을 낚아채기도 했다. 수염을 깎지 않아 더욱 험상궂어 보이는 그는 간혹 콧김만 내쉴 뿐 대꾸 없는 부처처럼 앉아 있었다.

나는 화가 나서 견딜 수 없었다. 아이들이 공중도덕을 어기는데 자기는 무감각하게 앉아서 아무런 책임도 느끼지 못하는 조폭 인상의 그를 도무지 이해할 수가 없었다. 모든 승객이 이맛살을 찌푸리기 시작했다. 나는 더 이상 참을 수 없었다. "아이들이 퍽 활발하군요?" 나는 속삭이듯 말했다. "음…… 아…… 예." 조폭은 한참을 뜸을 들인 후 한쪽 눈만 찔끔 뜨고는 귀찮다는 듯이 몇 마디 내뱉고는 금세 눈을 감았다. 좀 더 시간이 지나자 나의 인내심은 완전히 무너져 내렸다. "아이들이 저렇게 많은 사람들에게 폐를 끼치고 있답니다. 아이들을 좀 조용하도록 할 수 없겠습니까? 그것이 아버지의 도리가 아닐까요?" 그제야 조폭은 두 눈을 멀거니 뜨고는 입맛을 다시면서 마치 이제 처음으로 알았다는 듯 아이들의 노는 꼴을 물끄러미 바라보았다.

한참 시간이 흘렀다. 그놈이 알아듣기도 쉽지 않은 가는 목소리로 웅얼거렸다. "미안합니다. …… 저도 뭔가 조치를 취해야겠다고 생각합니다. 그런데 그게 쉽지 않군요." 자기 자식을 간수하는 게 쉽지 않다니? 혹시 정신이 어떻게 된 놈 아니야? 그가 전형적인 조폭의 낮게 깔리는 쉰 목소리로 또 중얼거렸다. "저희들이 탔던 역 앞에 있는 병원에서 막 나오는 길입니다. 한 시간 전에 저 아이들 엄마가 암으로 죽었습니다. 저는 앞이 캄캄해서 무엇을 어떻게 해야할지 모르겠고 혼동 속에 있습니다. 그래서 아이들이 저렇게 폐를 끼치고 있는 것도 알지 못했습니다."

상황이 바뀐다는 것, 패러다임이 바뀐다는 것은 순식간이며 충격적이다. 어렵긴 해도 바뀔 수만 있으면 패러다임 시프트는 세상을 다르게 보게 하는 원천이며, 이후의 생각과 행동, 즉 미래가 바뀐다. 인상 험한 남자의 애간장을 끊는 고통이 우리 모두의 마음으로 공감되어 우리가 가졌던 짜증과 분노, 멸시를 순식간에 대체해 버렸다. 저 어린아이들은 이제 누가 돌봐줄 것인가? 이 어수룩한 사내는 빨래나 밥은 할 줄 알까? 아이들의 숙제는 도와줄 수 있을까? 아니 아이들이 몇 학년 몇 반인지 알고나 있을까?

스티븐 코비는 패러다임이란 우리가 마음속에 가지고 있는 지도라고 표현했다. 사람들의 주관적인 가치관으로 이것은 사실이라고 생각하는 것을 말한다. 패러다임은 태도나 행동보다 더 중요한데, 왜냐하면 패러다임으로 인해 자신이 취할 행동이 결정되기 때문이다. 삶이나 사안에 대한 개인이나 조직의 프레임이라고 할 수도 있다. 이 패러다임을 시프트한다는 것은 쉽지 않지만, 변화가 일어난다면 새로운 세상이 열리게 된다.

급변하는 시대는 개인이나 조직이 패러다임을 시프트할 것을, 그것도 반복적으로 할 것을, 끊임없이 요청하고 있다. 부정적이고, 타율적이며, 수동적인 태도에서 긍정적이고, 자기 주도적이며, 능동적인 자세로 관점을 변화하는 것은 그래서 중요하다. 아인슈타인이 말했다.

> 우리의 문제를 불러들인 바로 그 사고방식을 가지고 그 문제를 해결한다는 것은 불가능한 일이다.

우리는 무엇을 깨닫고, 어떻게 패러다임을 전환할 것인가?

:: 가치 있는 생존, 성공을 위한 조건들

우리 모두가 꿈꾸는 '좋은 의사'란 어떤 의사를 말하는가? 의사의 사회적 역할은 크게 두 가지로 나누어볼 수 있다.

지금 이 시간 눈앞에 도착한 환자를 최선을 다해 돌보는 것이 그 첫 번째이다. 환자인 나의 질병을 잘 경험하고 있어 정확한 진단에 빠르게 접근할 수 있으며, 한 치의 오차 없이 치료 과정을 수행해내고 질환이 가지는 한계를 뛰어넘을 수준으로 치료가 가능하며, 명확한 설명을 통해 내가 병을 받아들이고 진단과 치료를 위한 다양한 의학적 선택을 결정할 수 있도록 도와주며, 내 삶의 스토리에 대한 이해는 물론 연민까지도 가지고 있는 의사가 훌륭하다고 말할 수 있다. 즉 백성들을 성심과 성의를 다해 돌보는 것이다.

두 번째 의사의 사회적 역할은 한 국가 나아가 인류의 생명 보존과 건강 유지에 기여할 수 있는 거시적인 역할을 감당하는 것이다. 진리를 탐구하고 질병의 원 뿌리를 캐어내 보다 질 높은 인류의 삶을 이끌어내는 데 기여하는 것이다. 난치성 폐암의 치료를 위한 적절한 약물을 개발하여 환자들이 쉽게, 값싸고, 효과적으로 이용할 수 있게 한다면 이는 의사의 사회적 역할을 잘 수행하였다고 할 수 있다.

공자는 '아침에 도를 들으면 저녁에 죽어도 좋다(朝聞道 夕死可矣)'고 했다. 깨달음은 어렵고, 그래서 제대로 한 번이라도 깨닫기만 하면 그날 목숨을 버려도 좋을 굳은 신념으로 공부하기를 독려했다. 그러면 우리가 진리를 얻게 된다면 저녁에는 죽어도 좋을까? 학문을 이루겠다는 굳은 의지는 필요하겠지만, 사실 이 말은 틀렸다. 우리는 아침에 깨달음을 얻으면 저녁에는 저잣거리로 나가 이 진실을 일반 대중을 위해 교육하고 적용해야 한다. 깨달음을 사람의 곁으로 가 활용하는 것 이것이 모든 학문하는 사람의 자세이며 의학도 예외는 아니다. 사서(四書)의 하나로 가장 먼저 읽기를 권하는 『대학(大學)』에는 제일 첫 장에 학문하는 목적이 나와 있다.

큰 학문의 길은 밝은 덕을 밝히는 데 있고, 사람을 새롭게 하는 데 있으며, 마침내 지극한 선에 머무는 데 있다(大學之道 在明明德 在親民 在止於至善).

학문은 위로는 끊임없이 진리와 지혜를 구현하고, 아래로는 절실히 중생을 구제하는 숭고한 목적이 있다는 뜻이다. 이 땅의 모든 학문 세계의 아름다운 지향점이며, 따라서 의학의 정수이며 '좋은 의사'가 되기 위해 반드시 바탕에 깔아야 할 초석(礎石)이다. 부처나 예수는 깨달음의 과정보다 백성들이 함께 깨달을 수 있도록 교육하고 설득하는 과정을 더 길고 더 처절히 보냈다.

의사의 두 가지 역할은 인간에게 헌신한다는 미션에서 출발하고 있다. 그래서 많은 사람들로부터 오랜 시간 동안 존경과 사랑을 받았다. 즉 의사가 '좋은 의사'가 된다는 것의 의미는 많은 다른 사람들로부터 존중과 그리움의 대상이 되는 것을 말한다.[77] 사람 심성의 가장 큰 욕망 중 하나는 잊히지 않는 것이며, 좋은 모습으로 오래 기억되는 것이다. 누구나 언젠가는 사망할 운명을 타고났다면 우리는 현세에서는 물론 먼 훗날까지 그립도록 기억되기를 원한다.

사회적으로 높은 지위를 얻고, 돈을 모으며, 남에게 친절히 대하는 것은 지위와 돈과 품성의 높은 수준을 획득하여 낮은 수위를 얕잡아 보고 권력을 휘두르려는 욕심이 아니라, 보다 많은 사람들에게 기여하여 사랑받고 기억되고 싶은 것이다. 이 아름다운 지구별에서 우리가 떠난 후에도 오랫동안 그리움으로 기억될 수 있다는 것은 사람이 받을 수 있는 최대의 축복이다. 더욱이 의학 발전의 진보 과정에서 창의적인 벽돌 한 장을 얹어 기여할 수 있다면 인간 생명체 하나로서 더없는 영예가 아닐 수 없다.

미션(mission)

[명사]

1. (경영) 해당 조직(개인)의 정체성(identity)을 결정하는 것.
2. (경영) 우리는 혹은 나는 누구인가? 왜 존재하는가?에 대한 답을 찾는 것.
3. (경영) 장기적이고 포괄적인 방향의 설정.

비전(vision)

[명사]

1. (경영) 해당 조직(개인)이 향후 5년~10년 후 달성하거나 이루어야 할 조직원 개인이나 공통의 목표.
2. (경영) 단 한 개의 지향점이며, 세부 목표들을 가진다.
3. (경영) 단기적이고 보다 명확한 특정 과제의 완수.

미래의 가치 있는 생존, 즉 성공이란 무엇인가? 하버드 대학의 하워드 가드너(Howard Gardner)의 정의[78]를 근거로 '자기가 좋아하는 일을 하고, 그중에서도 자기가 가장 잘하는 일에 종사하며, 일의 결과가 지역사회, 국가, 인류에 긍정적 도움을 주는 경우'로 요약할 수 있다. 그렇다면 새로운 과학의 시대에, 정보 공유의 신시대에, 치열한 범세계적 경쟁의 시대에 가치 있게 살아남는 방법은 무엇일까?

하워드 가드너는 미래의 가치 있는 생존을 위한 5가지 미래 마인드(five minds for the future)[79]를 다음과 같이 제시하였다.

첫째, 해당 분야에서 전문가로 훈련돼야 하며, 10여 년의 시간이 소요될 것이다. '1만 시간의 법칙'[80]이 필요하다. 가까운 미래에 일상 업무의 대부분은 기계가 감당할 것이다[81].

하나 이상의 분야에 통달하지 못하는 사람은 높은 수준을 요하는 직장에서는 결코 성공할 수 없으며, 그의 일은 저급한 업무에 한정

될 것이다.

둘째, 홍수처럼 쏟아지는 정보를 종합하고 활용할 능력을 갖추어야 한다. 해당 분야의 전문가로 훈련되어 있어 좋은 정보와 나쁜 정보를 구별할 줄 알고, 나쁜 정보에 휘둘리지 않고, 무한정 공급되고 있는 좋은 정보를 종합하여 활용할 줄 알아야 한다.

종합하는 능력을 갖지 못한 사람은 정보에 압도당할 것이며, 전문적인 문제에 부딪혔을 때 현명한 결정을 내리지 못한다.

셋째, 창의의 능력을 갖추어야 한다. 해당 분야의 전문가로서 무한 제공되고 있는 정보를 종합 활용하는 능력을 바탕으로 창의의 능력을 가져야 한다. 정보를 독점하고 기득권을 활용하여 지식의 권력을 누리던 시대는 지나갔으며, 초가속의 과학 발전을 거듭하고 있는 시대적 상황에서는 창의적 활동만이 미래의 성공을 보장한다.

창의하는 능력이 없는 사람은 컴퓨터가 그 자리를 대신 차지할 것이다.

넷째, 존중하는 마음을 바탕으로 공동체 의식이 무엇보다 중요한 시대가 될 것이다. 고도를 높이고 있는 비행기에 함께 타고 있기 때문에 지구 상의 모든 문제는 나의 문제이며 우리의 문제라는 공동체 의식과 타인의 입장과 다른 문화에 대한 배려, 존중의 정신이 필요하다.

존중하는 마음이 결여된 사람은 타인에게 존중받을 자격이 없으며,

일터와 공동체에 해를 끼칠 것이다.

다섯째, 윤리성이 더욱 요청되는 시대가 될 것이다. 모든 정보는 서로 엮여 공유되고 즉시 활용되기 때문에 비윤리적인 조작이나 오류는 인류 전체에 심각한 손해를 끼칠 수 있으며 위험에 빠뜨릴 수도 있다. 과거라면 지역 사회나 한 국가에 한정될 사건이 지금은 범지구적인 영향을 끼치고 있다.

> 윤리성이 결여된 사람들은 예의 바른 일꾼이나 책임감 있는 시민
> 이 살지 않는 세계를 만들 것이다. 우리는 누구도 그런 황량한 행
> 성에서 살고 싶어 하지 않는다.

여기서 한 가지 중요한 사실은 임상 의학은 수학이나 물리학과는 다르다는 사실이며, 종교학이나 법학과 근접해 있다. 수학은 인생의 절정기가 20대, 물리학은 30대라고 하는데 엄격한 학문적 논리를 뛰어난 재능으로 해석하고 지평을 넓혀갈 수 있기 때문이다. 임상 의학이나 법학, 종교학은 인생의 절정기가 40대 이후라고 한다. 기초적인 지식과 실전적 경험을 바탕으로 창의의 결과물을 창출할 뛰어난 재능을 발휘하기에는 10년 이상 지적 역량을 높이는 시간이 필요한 학문이라는 뜻이다. 따라서 초보 의학 연구자는 상대적으로 호흡을 길게 가지고 멀리 보는 습성을 들이는 것이 중요하다. 이때 필요한 것이 개인의 심층 역량을 설계하고 가다듬는 것이다.

:: 도덕성과 책임, 삶을 성공으로 이끄는 최강의 동력

> 청렴은 천하의 큰 장사라고 할 수 있다. 까닭에 욕심이 큰 사람은
> 반드시 청렴하려고 한다. 사람이 청렴하지 못한 것은 그 지혜가 모
> 자라기 때문이다. 그러므로 예로부터 지금까지 무릇 지혜가 깊은
> 선비는 청렴을 교훈으로 삼았으며 탐욕을 경계하지 않은 사람이
> 없었다.

청렴은 어떤 것을 가지거나 차지하고 싶어 하는 지나친 욕심을 없
애 성품과 행실을 높고 맑게 한다는 뜻이다. 청렴에 대한 다산 정약
용의 조언은 참으로 실용적이다.[82] 청렴을 인륜 도덕의 원칙으로 설
명하려 하지 않고, 오히려 탐욕보다 더 큰 욕심으로 설득한다. 보다
원대한 꿈을 이루고자 한다면 먼저 지혜로운 계산이 필요한데 이것
이 청렴이라고 했다. 세상의 고수들은 누구랄 것도 없이 청렴으로 어
두운 앞길을 밝혀 나갔다.

서울대학교 교육학과의 문용린 교수는 도덕성은 개인이나 사회의
가장 강력한 미래 경쟁력이라고 말한다. 인간이 배양할 수 있는 어떤
스펙보다 더 우선해야 하는 것은 도덕성이며, 기초 덕목인 정직, 약속,
용서, 책임, 배려, 소유 등에 대한 질적 향상을 추구하라고 강조한다.[83]

존스홉킨스 대학의 프랜시스 후쿠야마(Francis Fukuyama) 교수는 그
의 명저 『트러스트(trust)』[84]에서 강대국의 가장 중요한 특징 중 하나
는 그렇지 않는 나라에 비해 국민들 상호 간의 높은 신뢰감이라고 통
찰했다. 인간관계에서 도덕적 기초 덕목들이 성숙하게 자리 잡을 때
개인은 물론 조직이나 사회의 경쟁력은 한층 업그레이드된다. 지식과
기술의 표피 역량이 아무리 크고 화려하게 갖춰지더라도 수면 아래

에 자리 잡고 있는 도덕성을 바탕으로 한 신뢰에 작은 균열이라도 생기면 개인이나 조직은 비오는 날의 모래성처럼 허무하게 무너질 것은 뻔하다.

- 영국인들이 가장 존경하는 직업(BBC 라디오4, 성인 7,000명 조사)[85]
  1위 의사, 2위 간호사, 3위 교사, 4위 소방대원, 5위 응급 의료요원
- 미국인들이 가장 존경하는 직업(해리스 여론조사기관, 성인 1,020명 조사)[86]
  1위 소방관, 2위 의사, 3위 간호사, 4위 과학자, 5위 교수
- 한국 젊은이들이 가장 존경하는 직업(채용정보업체 사람인, 20대와 30대 2,095명 조사)[87]
  1위 기업 CEO, 2위 교사, 3위 사회복지사, 4위 소방관, 5위 과학자
- 한국 대학생들이 가장 존경하는 직업(전문구인구직포탈 알바몬, 대학생 1,202명 조사)[88]
  1위 사회복지사, 2위 소방관, 3위 교사, 4위 기업인, 5위 환경미화원

각 나라의 사람들은 그들이 처한 사회적 환경과 문화의 차이에 따라 존경하는 직업이 다양하다. 그들이 존경하는 직업의 공통적인 특성이라면 사회적 헌신과 신뢰라고 말할 수 있다. 어느 나라든 순위에 관계없이 의사가 항상 수위에서 존경받는 직업이지만 우리나라는 사뭇 다르다. '성공한 직업'을 꼽으라면 의사가 수위를 차지하겠지만 존경받지는 못하고 있다. 우리나라의 의사들은 사회적 헌신과 신뢰를 소홀히 한 것일까? 고려대학교 의과대학 안덕선 교수의 진단을 들어 보자.[89]

서양의학은 최소한 800년 동안 갈고 닦은 프로페셔널리즘을 통해 직종 내 자율 규제가 충실히 작동하고 있으며, 의사의 사회적 책임과 헌신에 대한 깊은 성찰이 전통적으로 유산되고 있다. 우리나라

에서 의사의 프로페셔널리즘이 기틀을 마련하기에는 한계가 있다. 서양의학이 도래된 지 불과 100년, 유교 문화권에서 자율적 규제가 갖는 한계, 일본 강점기에 잘못 이식되어 출세와 신분 상승의 도구로 활용되었던 의학, 경직된 위계질서 문화 등 다양한 요인들이 있다. 이러한 한계 상황에서 나날이 변천하는 의학기술을 도입하고 따라잡고 적용하는 데 불철주야 노력했지만, 그래서 경제 발전과 민주화와 함께 의학 발전이 상당 수준 선진화되었지만, 책임이나 헌신을 논의할 여력이나 여건을 마련하지는 못했다.

의학 테크놀로지는 서구 유럽을 따라잡았지만 의학의 문화적 풍토는 거의 한 세대가 뒤진다고 개탄했다. 의사의 프로페셔널리즘, 즉 전문가 정신의 회복과 개선에 대하여 아주대학교 의과대학 임기영 교수는 다음과 같이 해법을 제안하고 있다.[90]

과학은 눈이 없고 철학은 과학의 눈이라는 전제를 바탕으로 인문사회의학 교육을 보다 강화할 때 의학의 가치관이 형성되고 이에 따라 올바르게 행동하도록 도움을 줄 수 있다. 의과대학과 병원은 프로페셔널리즘에 우호적인 조직 문화를 형성해야 하며, 임상 교수나 임상 의사들이 의료 전문가 정신을 실천하는 행동을 직접 보여주어야 한다. 프로페셔널리즘 교육과 함께 전반적인 조직 문화를 개혁해 나가는 실천적 노력이 반드시 병행되어야 효과적인 결과를 불러일으킬 것이다.

한편, 사소한 잘못이 예기치 않은 중대 오류를 불러올 수 있다. 도덕성을 유지하는 것과 규범을 깨뜨리는 차이에서 이는 중요한 교육적 의미를 시사하고 있다.

1969년 스탠퍼드 대학의 필립 짐바르도(Philip Zimbardo) 교수팀이 흥미로운 실험을 했다. 치안이 허술한 골목길에 비슷한 모양을 가진 두 대의 자동차를 내버려두었다. 두 대 모두 보닛을 열어두었는데, 한 대는 고의적으로 일부 창문에 약간 금이 가도록 손상을 입혀두었다. 보닛만 열어놓은 자동차는 일주일 뒤에도 아무런 변화가 없었지만, 유리창을 손상시켜 둔 자동차는 10분 만에 배터리가 없어졌고, 연이어 타이어 4개가 전부 없어졌다. 그 뒤 낙서와 파괴, 오물 투기 등이 일어났고 일주일 뒤 자동차는 완전히 파괴되었다. 그 유명한 깨진 유리창(broken window) 이론의 시작이었다.[91]

약속을 지킨다, 먼저 한 약속을 우선적으로 지킨다는 규칙은 자동차나 건물의 유리와 같아서 한 번 금이 가면 걷잡을 수 없는 수준으로 파괴되며 범죄적 수준으로 증폭될 수 있다. 지키지 못할 약속을 하거나 약속을 취사선택하는 것은 명백한 거짓말이다. 약속은 먼저 한 약속부터 지켜야 한다는 것이 사회적 믿음이다. 개인이나 조직이 이득을 따져 약속을 골라서 선택하게 되면, 원칙에 금이 가게 되어 가치관의 왜곡이나 붕괴를 불러일으키고 개인이나 조직의 낮은 신뢰성을 유도하게 된다. 의사와 환자, 의사와 의사, 의사와 조직 사이의 신뢰도는 관계의 기본이자 관계의 힘이다.

> 손해를 보더라도 지키는 것 그것이 약속이며, 잃는 것이 있더라도
> 지키는 것 그것이 정직이다.

맹자가 온다는 소식을 들은 양혜왕은 너무 기뻤다. 요즈음 전쟁을 붙었다 하면 판판이 지기만 하니 양혜왕은 잠을 이룰 수 없어 늘 입맛이 썼다. 이때 몸을 낮추고 후한 예물을 갖춰 초청했던 그가 온다니 뛸 듯이 기뻤다. 때는 전국시대(戰國時代)로 이 나라가 저 나라를 잡아먹고 저 나라가 또 다른 나라를 침탈하는 약육강식의 피비린내

가 온 세상에 진동하던 때였다. 소문으로만 듣던 시대의 고수(高手)를 만나 몇 가지 지혜를 듣는다면 나라를 보존하고 백성을 지킬 수 있을 것이다. 왕으로서 이보다 더한 기쁨이 어디 있겠는가? 양혜왕은 맹자가 궐 밖에 당도했다는 소식에 버선발로 뛰어나가 두 손을 맞잡으며 말했다.[92)

"선생님께서 천 리를 멀다 하지 않으시고 찾아 오셔서 많은 조언을 주시겠다니, 장차 우리나라와 백성들은 많은 이익을 볼 수 있을 것 같습니다. 너무 감사합니다."
기쁨에 겨워 복받쳐 흐느끼는 왕을 빤히 쳐다보던 맹자가 말했다.
"이익이라니요? 왕께서는 이익에 관심이 많으신가요?"
첫 상봉의 황홀경에 맹자가 찬물을 끼얹자, 양혜왕은 겸연쩍은 듯 입맛을 다셨다.
"저의 이익이 아니라…… 나라의 이익을 말하는 것입니다. 나라가 안전하면 백성들이 편안한데…… 이보다 더한 이익이 어디 있겠습니까? 어느 나라든 왕으로서 이보다 더한 광명이 어디 있겠습니까?"
외면하듯 먼 산을 한참이나 쳐다보던 맹자가 두 눈을 반짝이며 말했다.
"왕께서 어떻게 하면 내 나라를 이롭게 할 수 있을까라고 하신다면, 궁궐의 많은 신하와 장수들도 어떻게 하면 내 집안을 이롭게 할 수 있을까 궁리할 것이며, 성 안의 백성들도 어떻게 내 한 몸을 이롭게 할 수 있을까 두 눈을 이리저리 희번덕일 것입니다. 이제 위아래가 각자의 이익을 위해 다투는 판국이 되니, 그리하면 나라가 위태로워집니다. 그들은 다 빼앗지 않으면 만족하지 않기 때문입니다. 하니, 왕께서는 이익보다는 인의(仁義)를 앞세워야 합니다."

하나의 이익은 반드시 다른 이익에 대한 욕망을 낳게 되고 타인의 이익과 틀림없이 부딪히게 된다. 그래서 이익을 추구하는 것은 눈덩이처럼 커져 갈 분란의 씨앗을 뿌리는 결과라는 것이 맹자의 통찰이다. 그래서 맹자는 조언한다. 눈앞의 이익보다는 인(仁)과 의(義)에 충실하는 것이 바람직하다고.

인(仁)은 두(二) 사람(人)의 관계를 말한다. 사람과 사람 사이의 도리를 지키는 것을 말하며, 인간관계를 올바르게 정립하는 것을 말한다. 의는 사람 개인의 도리를 말하며 도덕성과 품성의 격을 말한다. 맹자는 개인이나 국가나 외부로는 인의 수준을 높이고, 내부로는 의(義)의 질을 높인다면, 그 사회는 높은 신뢰감이 형성되어 태평성대를 이룰 것이며, 조잡한 현실적 이익보다는 훨씬 더 높은 이득을 끝내 얻을 수 있을 것이라고 꿰뚫어보았던 것이다.

눈앞의 이익에 연연해하지 않고 인의를 바탕으로 멀리 나의 꿈을 향해 전진하는 사람이 가장 먼저 가져야 할 마음가짐은 무엇일까? 경영학의 아버지 피터 드러커(Peter Drucker)의 말을 들어보자.

> 성공의 열쇠는 책임이다. 책임 있는 존재가 되면 진지하게 일에 몰두하게 되고 자신이 성장해야 할 필요성을 인식하게 된다.

나의 고귀한 꿈이 나를 더 높은 곳으로 인도할 것이다. 그러면 그 꿈이 지시하는 높은 그곳으로 이동하도록 하는 동력은 무엇일까? 피터 드러커는 그것을 책임 의식이라고 하였다. 책임은 나에게 주어진 임무를 수행한다는 의미를 넘어서, 나의 가치 있는 생존, 즉 꿈의 성취로 이끄는 원동력이다. 거꾸로 생각해보자. 도덕성보다 능력이 우선시되고, 개인이나 집단이 책임감보다는 사적 이익에 몰입하는 세상을 떠올려보라. 현재 우리가 처한 많은 고민과 난제들이 모두 여기에서 출발하고 있다는 것을 쉽게 알 수 있을 것이다. 거짓말, 편법, 표절, 횡령, 성 추문, 모함 등. 피터 드러커는 다시 힘주어 말한다.

신이 당신을 쳐다보고 있는 것처럼 책임감 있게 일해야 한다.

2부

의학, 역량을 일깨우다

제4장 성장의 차이와 역량의 역할

자기계발이란 능력을 쌓는 것만이 아니라 인간으로서 성장해 나가는 것이다.

―피터 드러커―

좋은 스승이 있고 여건만 된다면 소유할 수 있는 지식과 기술과 경험보다 빙산의 수면 아래에 자리 잡고 있는 심층 역량이 당신의 미래를 결정짓는 훨씬 더 강력한 동력이다. 포지티브 성장을 꿈꾼다면 물밑에 위치한 괴력(怪力)의 역량을 주목해야 한다.

:: 왜 누구는 '좋은 의사'가 되고, 왜 누구는 그렇지 않은가?

여기 A와 B 두 사람의 의사가 있다. 1993년 의과대학에 동기생으로 입학하였으며, 어느덧 갓 마흔을 넘긴 노련한 임상 의사가 되었다. 두 사람은 같은 도시에서 같은 내과의사로 개원을 하고 있다.

A의 진료실에는 환자들이 늘 붐빈다. 환자들은 장시간 기다리는 불편함도 마다하고 질병의 고통에서 벗어나고 싶고 하나뿐인 건강에 대한 조언을 구하려 애를 태우고 있다. 환자와 가족의 좋은 평판은 물론 지역의 동료 의사들도 깊은 신뢰를 A에게 보내고 있다. 만족스러운 고마움이 오렌지 주스 박스와 함께 쏟아져 들어온다. A는 나날이 보람을 느낀다.

B는 반대다. 환자가 띄엄띄엄 찾는 닭장 같은 곳에 앉아 있자니 하루가 지루하기만 하다. 얼마 전에는 최선을 다했다고 생각했는데 환자는 오진이었다고 고소를 해 법적 소송이 진행 중이다. 진료하기가 두렵다. 의대에 입학할 때 명의가 되겠다고 다짐하였고 학창시절과 전공의 수련의 지겹고 힘들던 과정에서도 수백 번 다졌던 좋은 의사가 되겠다던 초심은 이제 졸업앨범의 사진처럼 낡고 아련한 추억이 되었다. B는 혼란스럽고 당혹스럽다.

A와 B, 의학 실력의 차이 때문은 아닐까? 의사는 누가 뭐래도 병을 진단하고 치료하는 실력이 뛰어나야 환자와 동료의 신뢰를 얻을 수 있으니까. 그러나 A와 B는 의과대학 학업성취도가 모두 높은 수준이었다. A와 B는 대학수학능력시험 점수가 전국 상위 0.5% 이내에 들었고, 의과대학 입학 성적도 늘 상위 10%에 들어 우수했다. 의과대학에서 치른 수많은 시험의 성적과 의사국가시험의 성적은 입학 당시수능성적과 의미 있게 상관관계를 보이면서 두 사람은 함께 승승장구했다. 두 사람은 대학을 졸업할 때까지 빠른 성장을 보이는 비슷한성장곡선(growth curve)을 보였다.

성격이 많이 달랐을까? A와 B는 온순하고 과묵하며, 그렇지만 할 말도 하는 스타일이었다. 학창 시절 동아리 활동도 열심이었으며, 특히 남에 대한 배려나 협동심, 애교심이 유난히 강한 모습으로 기억된다. 행동거지가 난하지는 않았지만 그렇다고 유머도 모르는 꼭 막힌 타입도 아니었다. 두 사람의 태도나 재능은 마치 쌍둥이처럼 닮았다고 모두 입을 모았다.

그런데 비범한 이 두 사람이 의사 자격증을 움켜잡고 전공의 수련 과정이라는 의사로서 '본격적인 사회생활'을 시작하면서 성장곡선은 지금까지와는 달리 서로 다른 방향을 향해 요동치기 시작했다. 학업 성취도가 사회성취도와 연관성을 갖지 않는 것처럼 보이기 시작한 것은 이 무렵부터였다.

누구도 해결할 수 없는 난치병을 내가 해결한다는 야망을 품고 A와 B는 같은 과로 전공의 수련 과정에 들어갔다.
환자를 진료하고 돌보는 주치의로 A는 하루를 견디기도 벅찼다. 미세한 실수라도 일어나지 않도록 전전긍긍했으나 실수가 없을 수는 없었다. 빗발치듯 쏟아지는 과중한 업무와 한시도 한눈을 팔 여유가 없는 긴장감으로 착오가 발생하지 않을 수 없었다. 그런 현실이 힘이 들었다. A는 그럴수록 다시 한 번 오감의 안테나를 곧추세웠다. 한 번 한 실수는 다시 반복하지 않기 위해 실패의 이유를 곱씹어보고 침을 삼키듯 받아들였으며 '왜 이런 어처구니없는 일이 발생한 걸까? 한 번 더 확인하지 않았던 것이 문제군. 그래 아직은 수련 중이고 틀려도 진료팀에서 돌봐주고 있어 그래도 다행이야. 조금만 더 부지런을 떨어보자!' 자신에 대한 성찰을 통해 새로운 각오를 반복해서 다졌다. A는 진료 중 조그마한 실수라도 일어나면 날짜, 사건, 이유, 개선책으로 구성된 '나의 불명예'라는 리스트를 만들었다. 불과 몇 달이 흘렀지만 어느덧 A는 한 번 저지른 실수는 다시는 뀌시 않게 뇌었으며 진료팀에서도 그를 믿고 높은 차원의 업무를 맡기기 시작했다. 운동을 꾸준히 하면 근육이 강해지 듯 숙련의 자긍심이 지식과 기술의 축적과 함께 무럭무럭 자라나 고 있었다. A는 고달픈 수련 과정에서도 점점 나아진다는 뿌듯함 이 빗속에서 더욱 번창하는 대나무처럼 자라고 있었다. 나침반의 바늘처럼 미세한 좌우 떨림이 반복되기는 했으나 좋은 의사가 되 겠다는 꿈의 방향은 늘 한 곳을 바라보고 있었다. 계단식이기는 했 지만 성장곡선의 상승이 뚜렷이 관찰되고 있었다.

B도 힘이 들기는 마찬가지였다. 작은 실수에도 뜻 모를 좌절감이 마음 깊은 곳에서 일어나 개펄처럼 발목을 잡았다. 진료 팀의 꾸중 도 싫었지만 무엇보다 자신에 대한 실망이 컸다. 진료 여건의 불합 리한 점과 열악한 환경에도 몸서리를 쳤다. 타인의 눈이 두려웠으 며, 어떤 형태이든 새로운 업무를 배당받는 것이 죽기보다 싫었다. 하루를 시작할 때마다 오늘 다시 실수가 일어날 것 같다는 확신이 들었다. '어차피 안 되는 것은 아닐까? 의사가 되기에는 나의 재능 에 뭔가 문제가 있어. 나는 진료를 하는 의사인데 왜 별별 환자의 온갖 수발을 다 들어야 하지?' 절망의 메아리가 하루에도 몇 번씩 온몸을 휘감았다. 언젠가 한 번은 실수를 인정하기에는 너무 자존 심이 상해 순간적으로 거짓말을 했다가 환자가 곤경에 빠졌다. 진 료팀으로부터 엄한 질책을 받았다. 환자와 가족이 양해하지 않았다 면 법적 소송으로 이어질 뻔한 일이었다. 누구보다도 놀란 사람은 B 자신이었다. 몸과 마음은 시간이 지날수록 촛농처럼 흘러내리고 있었다. 무력감을 자주 느꼈고 우울한 기분이 안개처럼 꾸역꾸역 밀려들었다. B의 성장곡선은 정체와 내림을 반복하는 형태로 관찰 되었다.

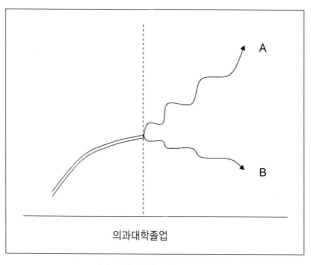

의과대학졸업

의사 A와 의사 B의 성장곡선

　쌍둥이처럼 똑같이 재능이 뛰어나다고 누차 확인된 A와 B에게 의과대학을 졸업하자 갑자기 무슨 일이 일어난 걸까? 앞서거니 뒤서거니 장래를 촉망받던 두 사람에게 과연 무슨 일이 벌어진 걸까? 두 사람은 왜 현실 생활에서 각기 다른 '반응'을 보이고, 성장의 급격한 변화가 일어나는 것일까? 그것을 알 수 있고 계발(啓發)할 수 있다면 포지티브 성장을 보장받을 수 있을까? '보이지 않는 손'이 있어 B가 A의 곡선을 따라잡기란 불가능할까?

　극단적인 A와 B의 성장 차이는 임상 의사에게만, 진료 상황에서만 일어날 수 있는 결과는 아니다. 우리 삶의 과정 어디에서나 관찰할 수 있는 삶의 단면이라고 말할 수 있다. 인간은 누구나 음으로든 양으로든 성장을 멈추지 않으며, 그 당시의 성장을 저해하거나 촉진하는 요인이 있다.

A와 B의 성장 상황은 인간이 사회생활에서 문제를 직면할 때 '반
응하는 두 가지의 패턴'이다.

혹시 A와 B의 케이스가 지나치게 예외적이거나, 일반화하기에는
편견이 많이 포함된 착시 현상은 아닐까? 이 점에 관한 좀 더 과학적
인 증거를 찾아보자.[93]

근래에 노벨의학상을 수상한 미국 학자 25명의 출신 대학 목록을
살펴보자. 당연히 초일류 대학 출신이 대부분을 차지할 거라는 가
정하에. 그러나 하버드나 예일 출신도 있지만 이름도 처음 들어보
는 대학 출신들이 훨씬 더 많다. 해밀턴 대학, 케이스 기술 대학,
홀리크로스 대학, 게티스버그 대학, 헌터 대학 등. 같은 조건으로
노벨화학상 수상자의 출신 대학을 살펴보자. 마찬가지로 하버드나
스탠퍼드 출신도 있지만, 롤린스 대학, 르린넬 대학, 베레아 대학,
아우스버그 대학 등 잘 알려지지 않은 대학 출신이 훨씬 더 많다.

노벨상이 반드시 사회성취도의 극단을 보이거나 자기 만족감의 최
고점을 보여주는 지표는 아닐 수 있다. 그러나 그만한 잣대도 없다고
전제한다면 우리는 몇 가지 사실을 알 수 있다. 고등학교 시절 그렇
게 뛰어난 학생이 아니라 하더라도 얼마든지 노벨상을 받을 만큼 높
은 사회성취도를 보일 수 있다. 최우수 성적으로 최우수 대학에 입학
하는 경우뿐만 아니라 적당히 우수한 학생들이 적당한 대학에서 공
부하여도 노벨상을 수상할 수 있다. 해석하자면 어떤 사람이 적정 수
준의 능력만 갖추고 있다면, 사회성취도에는 학업성취도 이외의 뭔가
다른 변수가 물밑에서 움직이고 있다.

과연 이 변수는 무엇일까? 왜 능력이 유사한 의학도 A와 B가 본격
사회생활을 만나 판이한 의사 A와 B로 성장곡선의 급격한 변화를 보

이는지 그 요인을 찾아보자. 이는 한 개인의 성취와 실패를 살펴보는 더 이상의 의미를 갖는다. 왜냐하면 의사는 많은 사람에게 직접적이고 돌이킬 수 없는 영향을 미치는 특별한 직업이기 때문이다.

:: 지식과 경험을 담을 심층 역량을 계발하라

역량(competency)은 경영학 용어로 사용하여 왔고, 최근에는 교육학 등 다양한 학문 분야에서는 물론 일상에서도 자주 쓰는 용어가 되었다. 정의에 따라 다소 차이를 보이지만 역량이란 '우수 성과자에게서 관찰되는 행동 패턴'이나 '일을 할 때 우수한 성과를 창출해내는 데 필요한 요소들의 집합체'로 요약할 수 있다. 의사 B보다는 의사 A에서 관찰되는 특성이라고 할 수 있다.

역량과 함께 비슷한 용어로는 능력(capacity, ability)이 있다. 의사 자격증은 능력이 될 수 있다. 돈을 벌 가능성이 높고 사회적으로 많은 기득권을 보장받을 가능성이 높다. 그러나 의사 자격증은 역량이 된다고 말하지는 않는다. 의사 자격증은 있지만, 왜 누군가는 보다 가치 있는 일을 하고 보다 높은 사회성취를 창출하는 의사로 활동하며, 왜 누군가는 그러하지 못한지를 구분할 수 있는데 이때 성취도가 높은 사람의 특징적인 행동 패턴 혹은 상황 요인을 역량이라고 부를 수 있다. 유사한 조건에서 의사 자격증을 취득한 A와 B가 왜 다른 성장 곡선을 보이는가? 그런 차이가 일어나도록 무엇이 어떻게 작동하는가? 역량의 차이라고 말할 수 있다.

역량[94]은 1970년대 초 하버드 대학의 사회심리학자인 맥클랜드(David

McClelland)가 처음 소개한 개념이다. 지능보다는 역량이 사회적 성취도를 더 잘 반영해준다는 판단이다.

지식 내용이나 학문적 적성을 평가하는 시험은 직업 수행도나 성공적인 삶을 예측하지 못한다. 따라서 재능보다는 역량을 측정하는 것이 바람직하다.

스펜서(L. Spencer)와 스펜서(S. Spencer)는 단순 지능을 넘어서는 역량을 5가지 유형으로 분류하였다. 지식(knowledge), 기술(skill), 동기(motives), 특질(traits), 자아 개념(self-concept). 이들 역량을 그림으로 나타내자면 빙산의 수면 윗부분과 아랫부분으로 나눌 수 있다.

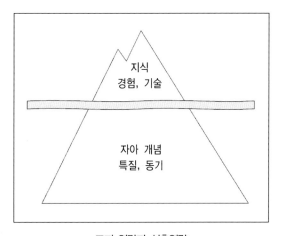

표피 역량과 심층역량

흥미로운 사실은 지식이나 기술은 빙산의 표면에 위치하고 있어 눈으로 확인할 수 있고 상대적으로 쉽게 계발이 가능하지만, 자아개념이나 특질, 동기는 빙산의 심층부에 위치하고 있는 태도나 가치관이라 금방 눈에 띄지 않으며 단기간에 계발하거나 평가하기가 쉽지 않다는 점이다.

의사 A와 B가 성장곡선의 급격한 개인차를 보인 것은 수면 아래에 위치한 역량과 관계가 깊다. 수면 위의 역량인 지식과 기술은 반드시 사회성취도와 일치하는 것은 아니라고 증명되어 있기 때문이다. 따라서 우리는 물밑의 역량에 주목할 필요가 있다. 눈에 잘 띄지 않고 계측이 어렵기는 한데 성장곡선의 뚜렷한 개인차를 결정하는 중요한 요인이기 때문이다. 의사 A와 B는 비슷한 용량의 지식과 기술 역량을 가졌다고 볼 수 있다. 본격 사회생활로 접어들면서 일에 대한 태도나 가치관, 동기 등에서 개인적인 차이가 잠복되어 있었고, 이 빙산 아래의 요인들이 본격 사회생활과 만나 '반응'하면서 성장곡선의 각기 다른 변곡점이 발생했다고 볼 수 있다.

임상 의학은 전공 분야의 지식과 수기 축적을 위해 적어도 마흔까지는 눈코 뜰 새가 없는 것이 일반적인 성장 과정이다. 전공의 5년과 군복무 그리고 개원이나 봉직 등을 겪으면서 임상 경험을 쌓아가는 동안에 마흔의 연령이 되어서야 '아는 것을 안다고 하고 모르는 것을 모른다'[95]고 할 수 있는 수준이 될 수 있다. 전화만 울려도 깜짝 놀라는 병, 도무지 회복될 줄 모르는 무좀 등 직업병이 굳은살처럼 자리잡고, 밥 빨리 먹기, 1분 안에 잠들기 등 생활의 달인 수준의 기예를 익히게 된다. 짐승처럼 보내는 이 험난한 과정에서 전문 지식과 기술을 넘어서는 역량의 강화를 위해 자기계발에 신경을 쓴다는 것은 시간적으로나 마음의 여유로나 쉽지 않다.

시간도 없지만 의사들은 자기계발이 필요하지 않다는 착각을 하고 있는지도 모른다. 인술이라는 의학을 다루려면 당연히 심층부 역량인 동기 부여는 이미 강렬한 동력으로 잘 자리 잡고 있으리라, 뛰어난 지능이 있으니 자기 개념이나 특질, 가치관 등도 자연스럽게 잘 형성되어 있고 숙성되리라, 오랜 세월이 흘러 사물의 진상을 분별하고 아는 능력이 생기면 저절로 능숙해지는 역량이리라, 그렇게 생각하고 있는지도 모른다.

그러나 의사 A와 의사 B의 차이에서 보듯, 의사들이 다른 직업인에 비해 인간에 대한 애정이나 관심이 보다 높다고 하더라도, 심층부 역량이 충실히 준비되어 있다고 보기는 어려우며 훈련받은 적도 없으며 나이가 들면서 저절로 형성되는 요소들도 아니다. 심층부 역량은 출발점에서 특히 중요한데 개인의 관점으로 고정되어 버리며, 인생의 지향하는 바에 관한 문제이기 때문이다.

의사들이 의과대학에 입학할 때 꿈꾸는 공통된 희망은 '좋은 의사'가 되는 것이 아닐까? 슈바이처, 장기려, 이종욱, 이태석 등을 본받아 높은 의학적 성취를 이뤄 힘들어하는 많은 사람들이 혜택을 받을 수 있다면 하는 꿈 말이다. 단언하건대 임상에서 좋은 의사는 사람을 관찰할 줄 알고 인간과 소통할 줄 아는 자질을 토대로 이루어진다. 여기에 지식과 경험을 열정적으로 축적하는 것이 의학적 성숙의 지름길이다. 열정 또한 사람에 대한 애정과 연민을 연료로 지속한다. 따라서 의사들은 다른 어떤 조직의 종사자보다 사람과 인간관계에 대한 이해를 깊게 하고 높여줄 자기계발이 필요하다. 신체든 마음이든, 습성이든, 인간의 강점이든 혹은 한계이든 인간과 관계된 모든 것은 의학 성장의 젖줄이다.

최근 신경심리학, 사회과학 등의 발전에 힘입어 인간 본성과 인간관계에 대한 탁월한 사회과학적 연구 결과들이 많이 소개되고 있다.

이들을 참고하여 자신의 심층 역량을 설계하고 가다듬을 수 있다면 성장곡선에서 틀림없이 포지티브 전환을 맞이하게 될 것이다.

∷ 관점을 바꾸고 생각을 달리하여 성과를 창출하고, 소통하라

현실을 만날 때 '반응'하는 태도를 결정짓고 성장 곡선의 변화를 촉발해 미래를 향한 방향과 높이와 거리를 결정하는 강력한 에너지원이 심층 역량이다. 우리가 가진 심층 역량들을 살펴보고 다시 배치하고 정비를 서두를 시점이 되었다.

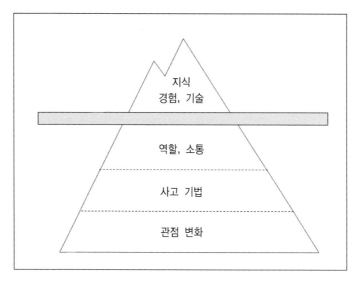

표피 역량과 심층 역량의 구체적인 요인들

먼저 우리의 고정된 관점을 바꿀 필요가 있다. 끈적이며 달라붙는 콜타르처럼 우리를 붙잡아두려는 기존의 관점을 확인하고 수정, 보완, 삭제할 필요가 있다. 부정적이고, 폐쇄적이며, 수동적이고, 타율적인 관점들을 긍정적이고, 개방적이며, 능동적이며, 자기 주도적인 삶의 관점으로 변화해야 한다. 지능지수로 평가하던 학창 시절은 이제 끝났다. 사회생활은 완전히 다른 게임이다. 학교생활이 숨바꼭질이라면 사회생활은 프로야구 수준이다. 이 시합에 어울리는 역량과 관점이 필요하다.

생각하는 기술을 키워야 한다. 급변하고 있는 시대 환경과 더욱 치열해지는 경쟁 상황에서 당연히 창의적인 사고 기법에 익숙해져야 한다. 의학이 얼마나 불확실하고 불안정한 학문인지 인식하고 이를 극복할 사고 능력을 키워야 한다. 높은 도덕성을 장착하고 의사가 갖는 사회적인 리더십, 프로페셔널리즘을 배양해야 하며, 업무를 효과적으로 처리할 테크닉을 갖추어야 한다. 명의(名醫)가 되는 핵심 기법인 사람을 만나 진심으로 소통하는 방법을 익혀야 한다.

> 심층 역량을 올바르게 설정하면 두 가지가 가능해진다. 빙산의 수면 윗부분인 지식과 기술과 경험이 능률적으로 숙련된다는 것과 꿈을 향한 일관성 있는 지향과 이를 뒷받침할 인내가 가능해진다.

심층 역량을 동력으로 인식하고 정비하는 것은 삶을 효과적이고 지혜롭게 살아가는 테크닉이다. 기반이 튼튼한 건물이 무너지지 않듯 인생도 체계적으로 설계된 건물처럼 합리적인 설정이 필요하다. 시행착오를 거쳐 모든 것을 갖추기에는 인생은 너무 짧다. 꿈이 있고, 갈

길이 있더라도 발에는 돌부리가 걸리고, 강물을 건너야 하며, 어두운 밤을 홀로 견뎌야 하는 것이 인생이다. 한 길을 꾸준히 걷기에는 많은 유혹과 훼방이 그림자처럼 따라붙는다. 일관성 있게 난관을 넘어 멀리 높이 날아갈 수 있는 에너지가 심층 역량이다. 시간을 넘어서 시대를 꿈꾸는 자는 눈에 보이는 지식과 기술의 양보다 심층에 위치한 역량의 크기와 힘이 남다르다.

제5장 관점을 바꾸어 세상을 달리 보다

오든 변화는 달콤하다.

―아리스토텔레스

심층 역량은 우리의 성장을 지배하는 강력한 힘이다. 삶에 대한 심층 관점의 중요성을 인식하고, 일상생활에서 방식을 바꾸어 '반응'해보기만 해도 현실이 변하고 삶의 결과가 달라질 수 있다.

:: 지능지수를 잊고 다중지능을 일깨우라

지능지수와 사회성취도 그리고 다중지능

1921년, 지능지수가 한창 장안의 화제가 될 무렵, 스탠퍼드 대학의 패기에 찬 젊은 심리학자 루이스 터먼(Lewis Terman)은 IQ에 대한 자신의 믿음을 확인해보고 싶은 거대한 야망에 불타고 있었다. 표준형 스탠퍼드-비네 검사를 직접 만들기도 했던 그는 지능지수를 신앙처럼 받들고 있었다. 정부 관료와 록펠러 재단을 설득하여 막대한 자금이 준비되자 그는 평생에 걸쳐 진행한, 인류사에 길이 남을 어마어마한 연구를 시작하였다.[96][97]

> 우선 캘리포니아 주의 모든 초등학교와 중학교에 조사팀을 파견했다. 해당 학교 교사의 추천을 받아 똑똑한 아이를 무려 25만 명이나 추려냈다. 이들에게 총 3회의 IQ 검사를 실시하여 지능지수가 140이 넘고 200에 가까운 학생 1,470명을 뽑았다. '귀인(貴人)' 천재를 가려내기 위한 험난한 과정이었다. 그러나 진짜 험난한 과정은 지금부터였다.
> 터먼은 자신의 이름을 따서 터마이트(Termites)로 이름 붙인 이 천재들을 수십 년 동안 철저히 추적 관찰하였다. 학업성취도, 결혼, 질병력, 정신건강 기록, 직업 변화, 승진 등을 빠짐없이 기록했다. 터마이트 중 국가 발전에 기여할 최고의 영웅적 엘리트가 반드시 나올 것으로, 터마이트는 뛰어난 사회성취도를 달성할 것으로 예측했다. 터먼은 이들이 사회적인 성공을 거두지 못하는 것은 백퍼센트 불가능하다고 너스레를 떨기도 했다.

그러나 루이스 터먼은 점점 초조해졌다. 시간이 흘러도 '귀인' 집단에서 위대한 업적을 이루는 사람이 눈에 띄지 않았다. 사회적으로 성공한 변호사, 물리학자, 공학자 등이 나타나기는 했으나, 그 비율은 평범한 아이 1,400명 중에 성공한 사람이 나오는 비율과 비슷했다. 전 국적으로 이름을 떨친 사람은 극소수에 불과했다. 터마이트 중에서 노벨상 수상자는 단 한 명도 나오지 않았다. 지능검사에서 140이 넘지 않아 첫 관문에서 제외하였던 학생 중에는 두 명의 노벨상 수상자가 배출되었다. '귀인'들은 성인이 되었을 때 대부분 평범한 직업에 종사하며 평범한 삶을 살아가고 있었다.

수십 년이 지나 루이스 터먼은 떨리는 목소리로 연구의 마지막 결론을 내렸다.

실제로 천재들은 천재로 남아 있지 않았다. 지능과 탁월한 사회적 성취 사이에는 그 어떠한 상관관계도 없었다.

최근의 심리학 보고서를 종합하면, IQ가 110만 넘는다면 그 사람이 뛰어난 업적을 남길 확률은 IQ의 높이와는 상관이 없다.[98] 무엇인가 다른 역량이 물밑에서 역동적으로 살아 움직인다는 것이 과학적 관찰의 결론이다.

알프레드 비네(Alfred Binet)가 개발한 IQ 검사는 언어 이해력, 어휘력, 수리력, 암기력의 기초 능력을 평가한다.[99] IQ 검사에서 높은 점수를 받은 아이들은 유사한 항목들로 평가하는 학업성취도에서 당연히 높은 점수를 받는다. 문제는 IQ 검사에 사용한 척도들은 인간의 지적 능력 중 극히 일부분만 확인할 수 있다는 사실이다. 따라서 폭넓은 능력을 요구하는 사회성취도로 검증이 넘어가면 IQ 검사치는 상관관계가 낮아지는 결과를 보인다. IQ 검사가 다른 성장곡선을 보인 의사 A와 의사 B를 조기에 식별해낼 수 있는 잣대가 될 수 있을까? 언어 이해력, 어휘력, 수리력, 암기력이 의사 A와 B의 성장변화와 결정적으로 상관할 것 같지 않다.

지능검사는 극히 일부분의 제한된 인간 재능을 검사하여 사람을 등급화하고 그들의 광범위한 성장을 제한하는 검사이다. 따라서 지레 사람을 특정 공간에 묶어버리고, 그 사람 또한 정해진 수위로 자신과 타인을 도장 찍어 버린다. IQ라는 저차원적인 잣대보다는 개인의 역량을 발견하고 육성할 수 있는 보다 고차원의 얼개가 필요하지 않을까?[100]

1983년 하워드 가드너는 명품 저작 『마음의 틀(Frames of Mind)』을 발표했는데, 인간의 능력이 7개의 독립적이고 자율적인 지능으로 구성되어 있다는 다중 지능(multiple intelligence) 이론을 주창했다. 최근에는 확정적인 여덟 가지와 아직 미흡하지만 상당한 근거를 가지는 한 가지를 합쳐 아홉 가지 지능으로 확장하여 설명한다.[101][102][103]

- 언어지능(Linguistic intelligence)
- 논리수학지능(Logical-Mathematical intelligence)
- 공간지능(Spatial intelligence)
- 음악지능(Musical intelligence)
- 신체운동지능(Bodily-Kinesthetic intelligence)
- 자연친화지능(Naturalist intelligence)
- 대인친화지능(Interpersonal intelligence)
- 자기성찰지능(Intrapersonal intelligence)
- 실존지능(Existential intelligence)

다중지능을 증명해주는 대표적인 예가 서번트 증후군(Savant syndrome)[104]

이다. 정신 지체나 자폐증 등을 가지고 있어 지능지수 검사 방식으로
는 성적이 크게 떨어지지만 한두 분야는 경이로운 수준의 천재적인
능력을 보이는 경우를 말한다. 각각의 지능이 독립적으로 존재함을
증명하는 명확한 증거이다.

지능지수와 다중지능의 차이를 장난감 레고(LEGO®)를 예로 들어
보자. 소수의 큰 조각들을 사용하기보다 다수의 작은 조각들을 사용
하면 우리는 훨씬 더 복잡한 구조물을 만들 수 있다. 작은 조각들을
활용할 때 훨씬 많은 선택의 가능성이 있기 때문이다. 마찬가지로 단
순한 잣대인 지능지수보다 다양한 변수와 그 변수의 조합이 복잡한
다중지능은 사람의 사고방식이나 행동 패턴에 보다 많은 해석을 제
시한다.[105]

하워드 가드너가 다중 지능을 처음 발표했을 때는 인간이 어떤 행
동이나 역할을 할 때 단 하나의 발달된 지능에 의존한다고 주장했다.
그러나 이후 연구에서 사람이 특정 분야에 뛰어나기 위해서는 여러
분야의 지능이 결합해서 시너지를 일으켜야 한다는 사실을 발견했다.
예를 들어보자.[106]

> 바이올린을 잘 연주하려면 음악지능은 물론 민첩한 연주를 위한 신
> 체운동지능, 청중과 함께 호흡하기 위한 대인친화지능, 최고의 연주
> 력을 갖추기까지 자기 조절이 가능한 자기성찰지능이 요구된다.

우리가 다중의 지능을 가지고 있다는 사실과 이들의 적절한 조합
이 시너지를 일으킨다는 것을 알고 이를 계발하는 것은 중요하다. 우
리는 지능의 다른 조합을 지니고 있기 때문에 우리는 서로 매우 다르

다. 이 사실을 인식한다면 내가, 우리가 직면하는 수많은 문제들을 해결할 가능성이 보다 높아질 것이다.

인성지능

사회적 성공은 자신이 가장 잘할 수 있는 지능을 가장 가치 있는 직업(영역 혹은 분야)에 사용하며 즐거움을 느끼는 것을 말한다. 특정 직업이나 분야에서 성공하기 위해서는 자신의 강점 지능과 다른 지능들의 적절한 조합이 그 직업에 어울리는 것이 가장 이상적이다.

> 지능지수 검사에는 다중지능에서 볼 수 있는 자기성찰지능과 대인 친화지능이 빠져 있다. 이 두 가지는 인성지능이며 성공의 필요조 건 지능이다. 그래서 인성지능이 빠진 지능지수 검사는 사회적 성 공을 예측해내지 못한다.

자기 분야에서 뛰어난 업적을 남기는 사람들은 자기 분야와 관련하는 강점 지능과 함께 공통적으로 자기성찰지능이 높다. 서울대학교 교육학과 문용린 교수는 자기성찰지능이 뛰어난 사람은 더 일관되고, 지속적으로 자신이 원하는 일에 몰두할 수 있다고 말한다.[107] 운동이 재미있어 그냥 하는 사람보다 내가 왜 이 운동을 해야 하는지 그 이유를 자주 고민하는 사람이 동기부여가 충실해 어려움을 만날 때 절망하지 않고 더 운동에 몰두할 수 있다는 뜻이다.

다중지능의 활용을 공자의 말을 빌려 해석해보자.[108]

> 알기만 하는 사람은 좋아하는 사람만 못하고, 좋아하는 사람은 즐

기는 사람만 못하다.

특정 분야의 지식과 경험의 축적은 그 영역의 강점 지능을 타고나 좋아하며 일하는 경우 극대화되며, 강점지능을 타고나 좋아하더라도 왜 이것을 해야 하는지 동기가 부여된 사람을 따라잡기란 쉽지 않다. 동기 부여가 충실한 사람은 반복적인 자기성찰을 통해 끊임없이 삶의 모닥불을 지피며 즐기기 때문이다.

성공하는 사람들이 공통적으로 가지고 있는 또 하나의 중요한 지능은 대인친화지능이다. 인간친화지능은 사람들의 차이점에 집중하는 능력이다. 사람의 기분, 기질, 동기, 의도의 차이를 간파하는 능력이다. 우리는 이 지능 덕분에 다른 사람이 숨기고 있는 의도와 욕구를 읽을 수 있고 대처할 수 있다.

자기성찰지능은 감정조절 능력이며, 대인친화지능은 리더십과 설득력이다. IQ 검사에는 빠져 있는 이 두 가지 인성지능이 성공적인 삶을 위해 반드시 필요한 것은 사회의 모든 가치는 인간관계에서 나오기 때문이다. 의학이 인간과 인간관계에 대한 학문이라면 인성지능은 필수적인 의학지능이다.

하워드 가드너는 자기성찰지능과 대인친화지능을 같은 지능의 양면으로 보고 있다. 어린아이가 3~4세가 넘으면 타인의 마음을 헤아릴 수 있는 기본적 능력인 마음이론(theory of mind)을 갖게 된다.[109] 이때 아이는 타인에 대한 개념을 이해하면서 동시에 자신에 대한 개념을 얻게 된다. 즉 타인의 입장을 이해하는 것과 나의 입장을 이해하는 것은 동일한 기능의 양면이다. 대인친화지능을 높이고 싶은가? 자기성찰을 반복하면 된다.

지능지수를 잊어라

의사 B는 좌절했다. 자라면서 두 번이나 실시한 지능지수 검사에서 140이 조금 넘는 점수를 받아 학급에서 가장 높았다. 부모는 천재의 수준이라고 칭찬하였고 친척과 이웃사람들에게도 널리 자랑했다. 아니나 다를까, IQ 점수에 비례하여 지금까지 치른 각종 시험들은 일관성 있게 높은 점수가 나왔다. 그런데 그렇게 정확했던 예측치가 병원에 들어와 업무를 수행하게 되자 풍랑을 만난 조각배처럼 휘청거리기 시작했다. 불쾌했다. 수없이 검증된 나의 우수성을 인정하지 못한다는 것은 업무 평가가 잘못된 것이라고 생각했다. 신이 부모를 통해 내려준 돌 판에 새겨진 계명 같은 나의 재능을 몰라준다는 것은 현실이 왜곡되어 있거나 엄청난 편견이 있다고 보았다.

의사 A는 초등학교 때 듣던 부모의 말이 떠올랐다. '평생을 살면서 시험이란 수천 번이 있을 것이다. 그러니 백점을 받는 것에 만족하지 마라. 열심히 노력해서 좋은 결과가 나오면 만족하고, 부족한 준비로 결과가 미진하다면 반성하고 다시 도전하면 된다.' 의사 A의 지능지수는 110이 조금 넘었지만 부모는 지능지수를 믿지 않는 눈치였고 아무런 반응도 보이지 않았다. 의사 A도 여러 과목의 공부를 해보고 친구를 사귀어보면서 역시 지능지수는 의미가 없다고 믿게 되었다. 결과는 항상 투자된 시간과 노력의 정도에 비례할 뿐이었다.

의사 A와 의사 B는 승승장구하던 성장곡선의 급격한 변화를 경험했다. 한쪽은 정체하거나 곤두박질치고, 한쪽은 한 걸음씩 극복해 나아가고. 이유는 지식과 기술을 넘어서 물밑에서 살아 움직이는 힘 때문이다. 그 첫 번째 심층 역량이 지능지수의 이해와 극복이다. IQ에 대한 관점을 전환하는 것이다. IQ에 관한 고정 관념을 버리고, 다중지능의 다이내믹한 틀과 조합을 받아들이는 것이다.

의사들은 IQ의 덕을 많이 본 집단이다. IQ가 좋았기 때문에 학업성

취가 좋았을 가능성이 높다. 학업 성적이 좋으니 의과대학에 들어왔
다. 그러나 이제 예비 게임은 끝났으며, 새로운 버전의 인생이 기다리
고 있다. 본 게임에는 IQ가 거의 영향을 미치지 못한다.

학교생활	사회생활
지능지수와 상관	일정 지능지수 이상이면 무관
학업성취도는 지능지수의 영향	사회성취도는 다중지능의 영향

→

IQ는 사회성취도와 무관하다. 사회성취는 심층 역량과 관계가 있
다. 지능에 대한 이해와 마음가짐을 전환한다면 심층 역량을 네거티
브 간섭에서 포지티브 에너지로 바꿀 수 있다. IQ와 관련된 고정되고
편협한 틀을 벗고, 다중지능의 확장하고 성장하는 틀을 갖는 것이 그
래서 중요하다. 지능지수는 사회성취도라는 미래의 발전을 위한 동력
이 되지 못할뿐더러, 고정되고 편협한 마인드세트[110]를 형성하여 가
시덤불처럼 당신의 발목을 잡는다. 자기 이해의 폭을 좁힐 것이며 타
인친화에 걸림돌로 작동하게 된다.

넓은 세상으로 나아가야 할 시점에는 높았던 지능지수와 학업성취
도를 버려야 한다. 낮았던 지능지수도 버려라. 수석을 했든 차석을 했
든 미련을 버려라. 잦은 재시험과 탈락의 고통을 겪었더라도 암울한
기억을 지워라. 어차피 학교 시험이란 단기 기억력과 짧은 이해력을
판단해본 것에 지나지 않으니까. 사회에서 성취도를 높이는 데 기억
력과 이해력은 초라한 도구에 불과하다. 우리가 아는 고수들의 많은
수가 비참한 어린 시절을 보낸 학습부진아였다.[111]

그는 네 살이 다 되도록 말을 못하고 7살까지 글을 읽지 못했다.

초등학교에 들어가서도 모든 면에서 너무 느렸다. 지적 장애가 의심스러워 부모의 근심은 커져만 갔다. 나쁜 기억력과 산만함, 불성실한 수업 태도를 보였다. 고등학교에서 퇴학을 당했으며, 대학 입학시험에도 떨어졌다. 겨우 들어간 대학에서 졸업은 하였지만 교수직은 구할 수 없어 조그마한 회사에 말단으로 취직했다. 어느 교수도 추천서를 써주려 하지 않았기 때문이다. 한 교수는 그가 지금까지 본 학생들 중 가장 게으른 녀석이라고 평했다. 그가 앨버트 아인슈타인이다.

우리 주변을 둘러보자. 과거의 학교성적이나 나아가 학연, 혈연, 지연 등 돌에 새겨진 가치들에 유독 집착하고 모든 사안의 판단 잣대로 삼는 사람들이 생각보다 많다. 이들의 공통된 특징은 과거 지향적이며 삶에 대한 투지나 적극성이 부족하다. 새로운 도전에 대한 용기도 부족하며, 기발한 창의성도 부족하다. 돌 판의 계명을 이용하여 남과 차별화하고 개인적인 이권이나 높은 자리에 대한 끝없는 탐욕에 집착한다. 그들이 꿈꾸는 세상은 아이큐처럼 사람들을 한 줄로 세우는 일목요연한 질서겠지만 인생은 그렇게 단조롭지 않다. 삶은 훨씬 더 역동적이며 심층적이다.

의학지능을 찾아라

의사가 되는 데 적합한 다중지능의 요소를 의학지능(medical intelligence)이라고 부를 수 있을 것이다. 어떤 지능이 도움이 되며, 어떤 조합이 필요할까? 당신이 의학을 전공한다면 이 점을 심사숙고해서 어떤 분야를 전공할 것이며, 나의 강점 지능을 어떻게 활용할 것인가, 나의 약점 지능을 어떻게 보강할 것인가 고민해보는 것은 당연하다. 의학

은 인간과 인간관계의 모든 부분을 다루는 학문이기 때문에 그 영역
이 대단히 넓으며 따라서 필요한 지능도 다양하다.

■ 의학의 모든 분야에서 필수적인 지능
· 자기성찰지능: 사회적으로 성공하는 사람들의 공통된 지능은 자
  기이해지능이다. 자신의 기질을 파악하고 통제하는 자기 조절 능
  력이기 때문에 장기적인 레이스를 통하여 최고의 숙련도를 갖추
  어야 하는 모든 직업에 필요한 지능이다. 의학은 오랜 숙련 기간
  이 필요하므로 이는 필수적인 지능에 속한다. 또한 사람에 대한
  이해를 높이는 인성지능이므로 필수적인 의학지능이다.
· 대인친화지능: 의학은 인간에 관한 학문이기 때문에 인간친화지
  능은 필수적이다. 사람을 만나서 수행하는 임상 의학 분야라면
  반드시 갖추어야 할 지능이다. 사람을 상대하는 직업을 가진 사
  람이 타인친화지능이 부족하다면 결과는 암울할 것이다. 의학의
  특정 분야로서 사람을 직접 대하지 않고 업무를 수행한다고 하
  더라고 사람의 혈액과 조직의 일부를 다루는 업무에서도 인간에
  대한 관심과 이해는 필요하다. 특히 의학은 여러 분야의 전문가
  들이 상호 협조하여 최종적인 성과를 창출하는 학문이므로 대인
  친화는 꼭 필요한 지능이다.
· 논리수학지능의 논리지능: 의학은 과학 결과물을 매개로 하는 학
  문이기 때문에 논리적인 사고를 요한다. 즉흥적이고 감정적인 판
  단은 왜곡된 편견을 불러일으켜 인간 개인이나 집단에 치명적인
  손해를 끼칠 수 있기 때문이다. 모든 의학 분야에 필수적인 지능
  이다.
· 언어지능: 의학은 사람과의 만남을 통해 이루어지는 학문이므로
  언어지능이 중요하다. 설명하고, 발표하고, 글을 써서 상대방을
  설득하는 능력은 임상 의학에서 필수적인 지능이다. 의학에서는
  직접 환자를 만나거나 대면하지 않고도 업무를 수행하는 분야가
  있지만 소통과 설득이 기본인 의학 일반의 입장에서 보자면 언
  어지능은 의학 연구자에게도 필수적이다. 의과대학부터 시작하
  여 임상의학을 거쳐 평생 함께 가야 할 기능 중 차 l는 환자와
  동료와 소통하는 기술이다. 수많은 논문작성이나 프레젠테이션

은 물론 언론 매체를 통한 환자나 일반인과의 소통은 너무나도 흔한 의사의 일상 업무이다.

■ 의학 대부분의 분야에서 활용가능성이 높은 지능

· 논리수학지능의 수학지능: 수학지능은 의학의 많은 부분에서 활용되기도 하지만 사실 임상 실제에서 반드시 필요한 사고 지능은 아니라고 볼 수도 있다. 수학적이고 물리학적인 지능이 반드시 필요한 학문도 있지만 그렇지 않은 학문도 있다는 의미이다. 방사선종양학과는 수학적이고 물리적인 기법으로 방사능을 유익하게 활용하는 대표적인 학문이다.

· 신체운동지능: 의학에서 손기술은 대단히 중요하다. 꼼꼼하고 철저한 일 처리는 공예 장인의 그것과 흡사한 능력을 필요로 한다. 심장이나 혈관을 다듬고 수정하는 흉부외과, 뇌의 정상부위 손상을 최소화하면서 질병 부위를 제거하는 신경외과, 성형은 물론 신체 재건을 기능적으로나 미학적으로 복원하는 성형외과 등 의학에서 많은 분야가 장인의 손기술을 필요로 한다.

· 공간지능: 인체의 기능을 이해하는 데 공간지각지능이 필요한 학문 분야가 있다. 영상의학과는 2차원적인 이미지를 3차원적으로 해석해내는 탁월한 재능이 필요하며, 정형외과의 신체 골격의 구조와 기능에 대한 안목은 단순히 구조를 설치 변경하는 목수의 재능을 훨씬 뛰어넘는 수준이다.

· 실존지능: 사람의 생명에 직접적인 영향을 주는 분야라면 실존지능은 의학 윤리의 문제, 의학 발전의 미래 지향점을 설정하는 문제 등에서 중요한 능력이 될 것이다. 정신과는 물론 종양질환, 심장혈관질환, 뇌질환, 신생아와 소아질환, 유전질환 등 극단적인 영역의 질병을 다루는 분야는 실존지능이 목회자의 수준으로 높이 형성되어 있어야 수행 가능한 학문이다.

■ 의학에서 특정 분야에서만 활용 가능한 지능

· 음악지능: 청력을 다루는 의학의 특정 분야는 높은 수준의 음악지능을 필요로 하지만, 반드시 필요하지는 않은 의학 분야도 있다. 그러나 개인적으로 높은 음악 지능은 의사가 험난한 현실을 극복하고 참아낼 수 있도록 위안을 주며 격려가 된다.

· 자연친화지능: 의학이 인간을 다루지만, 생명체를 다룬다는 점에서는 자연친화지능이 사촌처럼 가까울 수 있다. 동물과 식물에

대한 관심은 인간에 대한 친화력에 비해 다소 거리가 있을 수 있지만, 생명의 존중이라는 점에서는 공통적인 지능이다. 의학 연구에서 동물실험은 중요한 발전 도구이며 이들을 고귀한 생명체로 볼 수 있어야 한다.

의학을 평생의 업으로 삼고자 한다면 나는 어떤 지능에 탁월한 강점이 있고 호감을 느끼는지 고민해보아야 한다. 의사 A와 의사 B를 다시 돌이켜보자. 의사 B는 자기 조절력에서 잦은 한계를 보이고, 타인과의 만남에서 지나친 두려움을 보였다. 자기성찰지능과 대인친화지능이 뛰어나다고 볼 수 없다. 따라서 뛰어난 지식과 기술을 축적하더라도 심층역량에서 한계를 느낀다면 발전할 수 없고, 우수할 수는 있으나 탁월할 수는 없고, 성장 없이 고정된다. 자기성찰과 대인친화는 대단히 중요한 의사의 특질이다.

탁월한 논리성 또한 의학적 이해와 판단에서 중요하다. 심각한 질병으로 생사의 갈림길에 놓인 환자에게 일차적으로 필요한 것은 환자가 상황을 충분히 이해하고 최종 판단을 할 수 있도록 논리적으로 설득해 도와주는 것이다. 불안과 충격으로 벼랑 끝에 선 그에게 체계적이지 못한 공허한 위로는 도움이 되지 않는다.

언어지능은 상대방의 수준에 맞추어 이야기를 전하고, 남의 말을 귀담아 들어 내재된 의미를 파악하는 언어적 능력과 글로 이해를 도와주는 글쓰기 능력으로 나눌 수 있다. 모든 전문직의 공통적인 필수 재능에 해당하지만 의학에서도 환자와 소통은 물론 학문 발전이 빠르고 풍성하도록 도와주는 재능이다. 의학에서 높은 사회성취도를 보장해주는 중요한 능력이다. 의학은 이과(理科)라서 언어 지능과 무관하다고 생각할 수 있으나 이는 큰 오산이다. 의학에서 언어지능은 필수 기능이며 강점 지능이 되도록 능력을 배양해야 한다.

　수학지능, 신체운동지능에 근거한 손기술, 공간지각지능, 인간과 이 세상에 대한 어떤 관점을 유지하느냐를 도와주는 실존 지능은 의학의 특정 분야에서는 필수적인 도구로 작동할 수 있다. 손기술이 떨어지는 사람이 정교한 외과 수술이나 치밀한 내과 시술에 근무해야 한다면 벗어나고 싶어도 빠져나올 수 없는 악몽처럼 고통스러움이 반복될 것이다. 흥미가 떨어지는 것은 물론 기술 향상은 불가능하며 새로운 영감이 떠오를 리가 없다. 우선 사는 재미가 없다.

　전공과를 선택하거나 전공 분야를 선택하거나 전공 질환에 집중할 때 자신의 강점 지능과 약점 지능의 수준을 알아야 하며, 이는 의사 A를 만드는 심층역량에 해당한다. 부족하다고 느낀다면 근육처럼 이들의 재능 수준을 높이기 위한 발 빠른 인식과 꾸준한 성찰과 노력이 필요하다. 자신의 뛰어난 재능이 의학의 특정 분야에 연결될 때 가치 있는 일을 창의할 수 있으며 깊은 행복감에 빠질 수 있다.

타인의 다중지능을 파악하라

　나에게도 강점 지능과 약점 지능이 있듯이 타인에게도 마찬가지다. 다중지능을 파악하면 자신은 물론 타인을 이해하고 협력 체계를 구성하는 데 도움을 받을 수 있다. 동료가 특정 분야에 취약한 속성을 가졌다면 다른 특정 지능의 탁월함을 갖추고 있을 가능성이 높다. 또한 어떤 사람이 특정 지능에 탁월한 강점을 보이지만 자기성찰지능, 즉 자기 조절 능력이 부족하여 강점 지능을 충실히 활용하지 못한다는 사실을 발견할 수도 있다. 이때 당신의 뛰어난 자기 조절 능력을 그에게 보태준다면 서로 윈-윈이 된다. 함께하는 구성원의 가장 중요한 덕목은 타인의 성장을 도와주는 것이다.

다중지능은 개인의 심층역량을 이해하고 계발하는 데 도움이 될 뿐만 아니라, 타인의 능력을 이해하고 타인의 부족을 양해하며 타인을 보다 높은 수준의 협력자로 이끌 수 있다는 점에서도 중요하다. 의학은 다양한 업무부서가 협력으로 시너지를 일으켜 새로운 결과물을 창출하는 학문체계를 갖추고 있다. 개인은 물론 타인이나 집단의 특성을 파악하고 시스템을 구축하는 데 다중지능 이론만 한 게 없다.

> 유능한 리더는 사랑받고 칭찬받는 사람이 아니다. 그를 따르는 사람들이 올바른 일을 하도록 하는 사람이다.

:: 이과, 문과를 통해 답을 찾아라

우리나라에서 교육과 관련된 여러 가지 고민이 있지만 대표적인 것 중 하나가 이과(理科)와 문과(文科)의 구분이다.

고등학교 2학년이 되면 학생들은 이과와 문과로 나누어 제 갈 길을 간다. 진정한 공부의 시작이라고 부를 수 있는 대학이나 사회생활로 접어들면, '너는 이과(혹은 문과)이니 이건 몰라도 돼!', '나는 이과(혹은 문과)이니 이 점이 약하겠지 뭐!', '나는 문과 출신이니 계산이 늦고 어설픈 건 당연해!', '나는 이과 출신이니 글쓰기가 안 되는 건 어쩔 수 없는 거 아니야?', '너는 문과(혹은 이과) 체질이야!'

사람을 칭딤과 홍님으로 나누어 구분하며 이 선을 넘는 것은 신의 계시를 어기는 것으로 생각하고 있다. 더욱 놀라운 일이 벌어지고 있다. 입시 경쟁이 치열해 고등학교 학업을 중학교에서, 중학교의 학업을 초등학교에서 선행하여 학습하는 것이 인기가 된 모양이다. 어린 초등학생에게 주문한다. '너는 앞으로 이과(혹은 문과)를 가야 하니 지금부터 이과(혹은 문과)적인 문제에 관심을 높여!', '너는 이과에 가야 하니 수학이나 생물에 관심을 가져라. 역사는 좀 못해도 돼!', '너는 문과에 갈 것이니 책을 많이 읽어라. 수학은 잘 못해도 돼!'

우리가 다중지능에서 다룬 바와 같이 분명 언어지능이 있고, 수학논리지능이 따로 기능할 수 있다. 그래서 크게 대별한다면 다소 문과적인 스타일이 있을 수 있으며, 비교적 이과적인 타입이 있을 수는 있다. 그러면 물어보자. 경제학이 문과인가 이과인가? 대표적인 문과인데, 경제학에서 가장 중요한 학문적 도구는 수학과 물리학이다. 의학은 문과인가 이과인가? 대표적인 이과인데, 의학은 사람과 인간관계를 다루는 대표적인 사회과학인데 수학이나 물리가 이를 해결해주는가? 자본주의에 대한 이해 없이, 역사와 경제사에 대한 안목 없이 의학을 온전히 수행할 수 있는가? 주어진 커리큘럼을 수행하면 일정한 사회적 역할은 보장되겠지만, 새로운 것을 창의하고 의학의 멋진 신세계를 열어 보일 가능성은 지극히 낮아 보인다. 화학과 역사학을 모두 깊이 있게 전공한 서울대학교 동양사학과 김영식 교수의 이야기를 들어보자.[112)]

> 문과와 이과의 폐단은 인위적이고 임의적인 구분에서 그치지 않는다. 양쪽이 상대 쪽에 대해 극도로 배타적인 태도를 취한다는 점에서 문제가 더욱 심각하다. 실체가 없는 인위적 구분임에도 맹목적인 신앙에 가까운 경직된 배타성으로 학문을 구분 짓는다는 것 자체가 아이러니다.

이과의 분야들은 가치나 감정 혹은 상상력과는 상관없이 무미건조하고 기계적이며 맹목적이고, 정확하기만 할 뿐 인간과 사회의 다양한 문제들에 무감각하고 무능할 것으로 상대방은 생각하고 또한 자신들도 받아들인다. 문과의 분야들은 명확한 기준이 없이 잡다하고 부정확한 것으로만 보이고, 정확히 아는 것은 없이 능란한 말장난이나 부리는 얼렁뚱땅한 부류로 상대방은 생각하고 또한 자신들도 받아들인다. 상대에 대한 경외보다는 무지와 편견이 주를 이룬다.

본격 사회생활에서 문과와 이과의 경계는 실제로는 존재하지 않는다. 학문의 경계가 흐려지고 오히려 고의적으로 서로 융합하여 새로운 학문적 창조가 이루어지고 있다. 스티브 잡스를 보라. IT 기술에 인문학적 해석을 덧입혔지 않은가? 이런 마당에 문과와 이과의 맹목적인 구분은 학문의 깊이를 얕게 하고 학문의 순발력을 떨어뜨려 창의성을 훼손하는 결과를 낳고 있다. 창의성은 전혀 이질적인 두 속성이 융합하는 그 접점에서 생성되는데 말이다.

다중지능의 입장에서 살펴보자. 특정 강점지능이 있기는 하지만 다양한 지능들이 서로 적절한 조합을 통해 시너지를 일으키는 뇌의 특성을 고려하더라도 문과 이과의 구분은 이상하기 그지없다. 자기성찰지능은 문과 소속인가? 이과 소속인가? 사회적으로 성공하는 사람들이 공통적으로 가지는 이 지능을 어느 분과로 배당하여 위치시킨다는 것은 참으로 어불성설이다. 이 지능은 숫자나 기계를 다루든 음악이나 미술을 즐기든 반드시 갖추어야 할 자기 조절을 통한 개인 성장의 중요 역량이며 학문 발전의 중요 발판인데 말이다. 철학에 관심을 가진 학생이 수학을 배울 기회를 가지고, 물리학에 관심을 가진 학생이 경제학을 함께 공부하고, 경영학을 선택하고 싶은 학생에게 공학의 입문을 함께 배우도록 하는 다양한 교육과정이 필요하다.

그렇다면 의학은 어떠한가? 인간과 인간사회의 관계를 중심 영역으로 과학기술을 접목하여 발전하는 의학은 역사나 철학과는 거리가 먼 학문일까? 특히 임상의학에서 필요한 지능인 자기성찰지능이나 대인친화지능은 사회심리학적 이해의 깊이가 필요한데 이것이 문과적인 속성이라 필요하지 않을까? 편협하고 강압적인 문과와 이과의 분류는 의학에서도 심각한 걱정거리로 대두되고 있다. 고려대학교 의과대학 안덕선 교수의 이야기를 들어보자.[113]

> 우리나라 의학이 종합학문이 아닌 이과의 자연과학으로 된 것은 일본식 서양의학 교육의 산물이다. 식민문화에서 인문학은 조선인에게 이성의 깨달음을 초래할지 모르는 기피 과목이었고 인문학의 생략은 조선의 통치를 유지하기 위한 방편이었다. 고대 그리스에서는 자유 시민을 위한 교육(liberal arts)을 시행하여 인문학적 사유를 최소의 인간 능력으로 간주한 것을 비교해보면 그 심각성을 알 수 있다. 이과로 분류된 의학은 질병은 배우지만 질병을 담고 있는 사람에 대한 것은 배우지 않는다. 질환을 소유한 인간에 대한 관심을 앞세우는 인간적인 의학이 중요하다. 각 개인이 가지고 있는 언어, 문화, 역사, 철학, 예술, 종교의 특성을 이해해야 하며 이를 수용하고 대처방법이 각기 달라야 하는 것이다. 이를 극복하기 위해 인간과 인간관계를 탐구하는 학문이라는 의학 본연의 목적으로 돌아가야 한다.

문과와 이과의 인위적 구분, 여기에 엮여 강압적으로 배정된 의학의 이과 소속은 많은 편견을 불러일으키고 활동 범위를 제약하고 있다. IQ로 시작된 학업성취도 평가에는 인위적 구분이 도움이 될지 모르지만, 본격 사회생활에서는 마치 눈을 감고 먼 길을 떠나겠다는 신념을 가지는 것만큼 어리석은 일이다. 문과와 이과의 구분에서 탈피

해야 하며 관점을 바꾸어야 한다. 역사와 철학 등 인문학적 소양에 집중하고 이를 배양하지 않으면 의학 미래의 전망이 흐려질 것이다.

> 의학은 자기성찰지능과 대인친화지능은 물론 인간과 인관관계에 관한 풍부한 이해와 경험을 위해 철학, 역사 등 인문학적 안목을 필요로 하는 학문이다.

이것이 차가운 의학을 따뜻한 인간에게 온기 있게 전하는 하이브 리드형 미래 의학의 지향점이다. 과학의 철저하고 냉혹함을 사랑한 나머지 인문학의 부드러움과 애매모호함을 버린 결과가 인간성 상실 이라는 커다란 손실로 나타나고 있다. 이를 성찰하고 극복할 시점이 되었다. 최근 최대의 화두인 창의성은 서로 상반될 것 같은 두 특성, 즉 이과 사고와 문과 사상이 서로 충돌하고 논쟁하고 협의하고 섞임 으로써 가능해진다는 점을 명심해야 한다. 의학 교육을 올바르고 보 다 풍성하게 가꾸기 위해 최근 인문학 교육의 보강이 부상하는 이유 가 여기에 있다.

:: 마인드세트, 고착형에서 성장형으로 전환하라

> 먼 곳으로 항해하는 배가 풍파를 만나지 않고 조용히 갈 수는 없 다. 풍파는 언제나 전진하는 자의 벗이다.

니체의 말처럼 인생의 어느 시점엔가 반드시 만나게 될 고난과 실 패를 사람들은 어떻게 극복하며 그 방식은 무엇인지, 어떻게 좌절하고 그 과정은 어떠한지를 광적으로 매달려 연구한 학자가 있다. 당신의 신념 하나가 어떤 식으로 당신의 인생을 변화시킬 수 있는지 그녀는 평생에 걸쳐 연구했다. 그것이 마인드세트(mindset)다.114) 마인드세트는 사람이 특정 상황, 특히 극복하기가 어려워 보이는 상황을 만날 때 취하는 생각이나 태도를 말한다. 우리말로 하자면 어려운 일을 만나도 마음먹기 나름이라는 뜻이다. 스탠퍼드 대학 심리학과 교수인 캐롤 드웩(Carol Dweck)은 실패를 지적 성장을 위한 절호의 기회로 승화시켜 주는 인간이 갖는 마인드의 유형을 과학적인 탐구를 통해 찾아냈다.

다시 의사 A와 의사 B로 돌아가 보자. 캐롤 드웩의 이론에 따르면 의사 B는 고착형(fixed) 마인드세트를 가지고 있으며, 의사 A는 성장형 (growth or incremental) 마인드세트를 가지고 있다. 의사 A는 지적 기능과 같은 인간의 능력은 노력을 통해 근육처럼 강해질 수 있다고 믿어 난관과 실패를 극복할 수 있으며, 의사 B는 인간의 자질이란 돌에 새겨진 것처럼 변하지 않는 것이라고 생각하여 어려움을 겪게 되면 쉽게 좌절의 나락으로 떨어지게 된다. 여기서 놀라운 사실은, 마인드세트는 습관이 되어 고정되기도 하지만 특정 마음의 태도가 자신을 이끌고 있다는 사실을 인지하기만 해도 얼마든지 나쁜 형태의 마인드세트를 좋은 마인드세트로 개선할 수 있다는 점이다. 말을 갈아타듯이 바꿀 수 있다. 마인드세트를 바꿀 수 있는 방식도 고착된 것이 아니고 성장 가능한 형태를 취하고 있다.

성공지능(successful intelligence)의 창시자인 예일 대학의 로버트 스턴버그(Robert Sternberg)의 조언이다.115)

사람들이 전문적 기술을 성취하는 데 있어서 가장 중요한 요인은
고정되어 있는 어떤 능력이 아니고 목적이 분명한 노력이다.

마지막을 화려하게 장식하는 사람은 반드시 시작을 화려하게 한
사람은 아니다. 당신이 채택하는 관점은 당신의 삶을 영위하는 방식
에 지대한 영향을 끼친다. 당신을 목표치에 다다르게 해줄 수도 있고
소중하게 생각하는 가치를 달성하게 해줄 수도 있는 그것이 바로 당
신이 결정하는 관점 때문이다. 사사건건을 대하는 마인드세트가 그래
서 중요하다.

■ 고착형 마인드세트
· 자질은 돌에 새겨져 있듯 고정되어 있다고 믿는 굳은 신념.
· 다른 사람들에게 나 자신을 반복해서 입증해 보여야 한다는 절
  박감. 나는 일정한 지능, 개성, 도덕성을 갖고 있어 그것들이 건
  전하다는 것을 반드시 증명해 보여야 한다는 절박감. 다른 사람
  의 눈에 기본적인 결함이 있는 것으로 비치면 좋지 못할 것이기
  때문에 빈틈을 보이면 안 된다는 강박증. 엉뚱한 시간 낭비.
· 타고난 자질인 총명함을 보여야 한다는 긴장감. 포커페이스의 삶.
· 모든 상황은 평가의 대상이라는 초조감. 바보, 실패자, 퇴짜로 보
  이면 안 된다는 강박적 초조감.
· 한 인간을 영원히 지배하는 '보이지 않는 손'에 대한 두려움.
· 결함을 극복하려 하지 않고 숨기려고 함.
· 나의 성장을 도와줄 사람을 멀리하고, 나의 자긍심을 높여줄 친
  구나 파트너를 선호함.
· 새롭고 모험적인 것은 두렵고, 이미 검증된 것만 추구함.
■ 성장형 마인드세트
· 자질은 노력을 통해서 언제든지 향상될 수 있다는 믿음.
· 사람은 저마다 재능이나 적성, 관심이 다를지라도 누구나 응용과
  경험을 통해 변화하고 성장할 수 있다는 태도.
· 다른 사람에게 나의 존재를 드러내 보이려고 노력할 필요가 없다.

포커페이스를 짓지 않아도 된다.
- 나를 확장하려는 열정에 집착.
- 실패를 만났을 때, 험난한 시기에도 성장하도록 돕는 마인드세트.

아무것도 아닐 것 같은 미세한 마인드세트의 차이는 최종 결과로 가보면 하늘과 땅만큼 극단적인 차이를 낳는다. 구체적인 예를 들어 보자.

이른 새벽, 나는 포근한 봄바람을 온몸으로 느끼며 출근했다. 오랜만의 충분한 수면으로 온몸이 날아갈 듯 가뿐했다.
병동으로 들어서자 담당 환자가 밤새 고열과 반점, 가려움으로 고생을 했다고 잔뜩 화가 난 표정으로 불평했다. 속이 쓰렸다. 회진 중 담당 교수는 3일 전 중지하기로 한 항생제가 아직도 들어가고 있으며, 약물에 의한 열과 반점으로 판단하니 항생제를 빨리 끊으라고 지시했다. 빈틈없는 일 처리는 임상 의사의 필수 자질이라는 지적도 받았다. 우울했다. 오후에 입원한 환자의 척수액 검사를 하는데 평소 같으면 한 번에 해치울 것을 다섯 번이나 시도하여 겨우 성공했다. 환자와 보호자가 이런 무식한 의사라는 표정으로 째려보았다. 부끄러워 도망치고 싶었다. 퇴근길에 병원 앞 골목에 세워둔 자동차에 주차위반 딱지가 벌겋게 붙어 있었다. 화가 났다. 대학부터 단짝이던 친구에게 이 기막힌 날을 하소연이라도 하려고 전화를 했다. 받지 않았다. 문자가 왔다. '오랜만에 데이트 중이니 나중에 연락할게. 잘 지내.' 아! 평생 우정을 함께하자던 놈이……

나는 지금 어떤 기분인가?

의사 B의 이야기를 들어보자. '퇴짜당한 느낌이 들지', '완전한 실패자야', '내 인생 이럴 줄 알았어!', '난 낙오자야!', '무가치하고 우둔하다는 생각밖에 없어. 모든 사람이 나보다는 나아', '지저분한 존재야!' 의사 B는 오늘 일어난 일들을 자신의 능력과 가치에 대한 직접적인 척도로 판단하고 있다. 내 인생은 비참하고, 보이지 않게 내 삶을 조정하는 그 무엇이 나를 전혀 사랑하지 않고, 세상에는 나를 미워하는 사람뿐이다. 인생은 원래 불공평하고 모든 노력은 쓸모가 없고, 멋진 일은 나에게 결코 일어나지 않으며, 나는 이 세상에서 가장 재수 없는 존재다.

의사 B는 전형적인 염세주의자인가? 지나치게 자긍심이 낮은 사람인가? 절대 그렇지 않다. 그 힘든 병원 일을 위해서 의사 B는 이른 아침 콧노래를 부르며 출근하지 않았던가? 실패에 직면하지 않았을 때 의사 B도 자신이 낙천적이고 밝고 매력적인 존재라고 생각한다. 그런데 일상의 실패가 닥칠 때 의사 B는 그 실패를 어떻게 극복할까? '모든 것을 잘하려고 그렇게 많은 시간과 노력을 기울일 필요는 없어', '아무것도 하고 싶지 않아', '침대에 파묻혀 잊어야지', '그저 술이 최고야!', '잊기 위해선 그저 먹어야 돼', '아무나 붙잡고 마구 소리를 지르고 싶어!', '아! 벽장으로 숨고 싶어', '실컷 울었으면 좋겠어', '그나마 내가 할 수 있는 일이 과연 무엇인가?'

의사 A의 이야기를 들어보자. 기분은 울적했지만 이런 생각을 해보았다. '항생제를 적절히 끊지 않은 것은 사흘 전 저녁에 환자의 처방을 충실히 점검하지 않아서 그래. 일찍 퇴근해 오랜만에 친구를 만난다는 마음에 너무 서두른 것이 실수야. 어젯밤에 환자가 얼마나 놀라고 고생스러웠을까? 미안하다고 말해야지. 그래도 무지막지한 교통사고로 입원하여 내가 삼일 밤을 꼬박 새워 목숨을 건진 환자가 아닌가? 이해하실 거야!', '교수님은 나의 많은 능력과 헌신을 누구보다 잘 알고 계시지. 맞아! 의사에게 비틈없는 일 처리는 무엇보다 중요한 사질이지. 아직은 레지던트 1년차잖아. 3년이나 남았는걸', '척수액 검사는 2회 시도해서 성공하지 못할 때는 선임자에게 부탁해야 한다는 원칙을 내가 어긴 거야. 욕심이 무리를 낳은 거지. 진료는 잘 짜인 프로토콜인데 나의 과욕이 환자 분을 힘들게 했군!', '평소 딱지를 잘 붙이지는 않지만 골목길 소방도로에 함부로 차를 대는 것은 옳지 않아. 뛰어난 전문가가 되는 것도 중요하지만 공중도덕을 잘 지키는 사람이 되라고 귀가 따갑게 말씀하시던 아버지가 생각나는군', '그래 친구도 드디어 데이트를 하는군. 축하 문자를 보내줘야지. 자식, 근사한 레스토랑에서 촛불을 켜고 데이트하는 것이 꿈이라더니 잘됐어! 괜히 전화를 해서 방해가 된 건 아닌지 미안하군', '그래! 누가 죽었나? 차가 박살이 났나? 친구가 배신을 했나? 대재앙이 일어난 것도 아니잖아? 힘내자고!' 윈스턴 처칠이 말했다.

연은 순풍이 아니라 역풍에 가장 높이 난다.

환자에게 피해를 주고, 기초적인 법규를 위반하고, 친구나 연인에게 퇴짜를 맞고도 즐거울 사람은 없다. 이런 일들을 기분 좋게 받아들이고 쉽게 훌훌 털고 일어날 정도라면 오히려 심성의 교감을 중시하는 의사가 되기에는 너무 무딘 성질의 소유자다. 그렇지만 성장형 마인드세트를 가진 사람은 자신에게 어떤 딱지나 퇴짜가 붙어도 두 손 두 발을 함부로 들지 않는다. 괴롭기는 마찬가지이지만 그 난관과 정면으로 맞닥뜨리고, 심사숙고하며, 도전에 응수하며 전진해 나간다. 반면 고착형 마인드세트는 미세한 실패에도 모래성처럼 한꺼번에 무너져 내린다.

현재의 마인드세트는 미래에 대한 긍정적인 요소들을 향상시켜 주기도 한다. 고착형 마인드세트의 사람들은 자신의 능력에 대해 그릇된 평가를 내리고 있으며, 반대로 성장 마인드세트를 가진 사람들은 놀라울 정도로 자신의 실력에 대하여 정확한 평가를 내리고 있다.[116) 이 말은 만일 당신이 성장형 마인드세트를 가지고 스스로를 계발할 수 있다면, 당신은 긍정적인 마인드뿐만 아니라 지금 자신의 능력에 대한 정보를 비교적 정확하게 알게 된다는 의미이다. 자신에 대한 정보가 정확해야 성장도 가능해진다. 반대로 고착형 마인드세트를 가진다면 모든 정보를 좋은 정보 아니면 나쁜 정보로만 판단하게 되고, 불가피하게 왜곡과 편견이 개입되어 미래는 과장될 것이며 무엇이든지 좋은 쪽으로만 해석하려고 할 것이다.

우리 주변에 고착된 마인드세트에 깊이 빠져 있는 누군가를 떠올려보자. 그가 자신의 능력을 입증하기 위해 어떤 식으로 노력하는지, 그가 잘못을 저지르거나 실수를 할 때 얼마나 엉뚱하게 반응하는지도 떠올려보자. 마찬가지로, 주변에서 성장형 마인드세트에 익숙한 누군가를 떠올려보자. 인간의 자질은 계발될 수 있다고 믿는 사람 말이다. 그가 장애물이나 실패에 부닥쳤을 때 어떤 방식을 취하는지, 그가 자신을 계발하고자 어떤 노력을 하는지를 생각해보자. 이런 상상을 통해 우리는 우리의 마인드세트를 점검하고 우리의 성장을 포지티브 곡선으로 변화시킬 수 있다.

의사 B는 떨렸다. 처음으로 학회에서 하는 발표였다. 청중은 모두 낯설고 학회장의 휘황한 불빛은 주눅 들기에 딱 적합했다. 식은땀이 등을 타고 흘렀다. '아! 내 능력의 시험대에 서 있군.' 해당 분야 전문가들의 독수리처럼 매서운 눈빛이 얼굴에 느껴져 볼이 빨그레해졌다. 다리가 후들거렸다. '나는 내성적이라 전국 규모의 발표에는 어울리지 않아.' '교수님은 아직 레지던트 1년차인 내게 왜 이런 어려운 일을 시킨 거야.' 슬라이드의 글씨가 두 겹으로 보이기 시작했다. 현실이 아니고 꿈속이기를 바랐다. 목이 잠겨 소리가 나오지 않았다.

의사 A도 떨렸다. 처음으로 학회에서 하는 발표였다. 식은땀이 등을 타고 흘렀다. 의사 A는 크게 심호흡을 두 번 했다. '그래! 한 달 동안 열심히 연습한 만큼 최선을 다해보자!', '그래 실수하면 어때, 발표 내용이 중요한 것이지 형식은 연륜이 쌓이면서 배우면 되는 거야!', '수개월 동안 이 분야의 질병을 공부하고 고민했으니, 이 내용에 대해 배울 만큼 배웠다고!', '교수님 말씀처럼 우리가 제일 많이 알고 있는 지식이니 한 수 가르쳐줘야지. 그러나 겸손하게!', '이 자리에는 평생 한 분야만 연구한 전문가들이 있어. 최선을 다해 발표한 후 고수들의 피가 되고 살이 되는 귀한 조언을 들어보자.' 전문가들의 눈빛이 얼굴에 쏟아졌다. 아랫배에 힘을 주고 마이크 높이를 조정하고 청중을 둘러보는 여유를 부려보았다. '병원에서 얼마나 많은 발표의 시간을 가졌던가? 얼마든지 높은 수준의 발표가 가능해!' 의사 A는 9시 뉴스를 시작하는 앵커처럼 냉정하지만 부드러운 목소리로, 정확하지만 겸손이 넘쳐나는 발음과 톤으로 발표를 시작했다. 청중은 쥐죽은 듯 조용히 귀 기울이고 있었다.

고착형 마인드세트를 인식하여 성장형 마인드세트로 갈아탈 수도 있지만, 성장형 마인드세트는 어느 순간 고착형 마인드세트로 오염될 수도 있다. 바로 스스로 자신을 평가하게 되는 순간이다. 이때부터 원기 왕성한 학습 의욕은 종지부를 찍게 되며 자신이 똑똑하지 못할까 봐 겁을 먹는다. 빌어먹을 다음과 같은 말을 듣고 난 이후부터다.

총명한 아이는 실수를 저지르지 않는다.

성장의 자연스러운 끝이 성공이다. 성공은 돌 판에 새겨진 재능이라는 선물을 신께서 하사하신 그 순간부터 점지된 것이 아니다. 성공은 실패를 넘고 넘어 무럭무럭 성장한 결과이다.

> 의사 B는 절망적이었다. 교수의 지도를 거쳐 제법 유명한 해외 저
> 널에 논문을 투고하였는데 심사위원들의 리뷰 답장이 왔다. 당신의
> 논문에는 결함이 많다는 지적이 깨알처럼 적혀 있었다. 그는 심판
> 을 받았다. 자신에게 결함이 많다는 이야기로 들렸다. 그때부터 논
> 문을 투고하는 일이 갈수록 두렵고 힘들었다. 리뷰 답신을 받는 것
> 이 죽기보다 싫었기 때문이다.
> 어느 날 의사 B는 담당 교수를 만났다. 교수는 리뷰어의 지적은 당
> 신을 비방하는 것이 아니고 논문의 내용을 다룰 뿐이며, 그들은 국
> 제적인 전문가들로 귀한 시간을 내어 논문의 가능한 모든 결함을
> 지적해준 고마운 분들이며, 우리가 할 일은 그들의 지적을 감사히
> 받아 내부적인 수정 보완을 거쳐 보다 완벽한 논문을 만드는 것이
> 라고 설명해주었다.
> 의사 B는 새로운 세상이 환히 열리는 기분이었다. 그 이후로는 두
> 번 다시 내가 심판대에 섰다는 느낌이 들지 않았으며, 비판적 조언
> 을 들을 때마다 고마움과 함께 내 연구의 완성도에 더욱 심혈을 기
> 울이게 되었다. 더욱 중요한 것은 그들보다 내가 더 정확한 것을
> 알고 있는 경우도 적지 않다는 뿌듯함도 종종 느끼게 되었다. 의사
> B는 마음의 근육이 울퉁불퉁 자라나는 것을 느낄 수 있었다. 의사
> B가 의사 A가 된 것이다.

마인드세트는 인식하고 상상하고 적용하면 바뀔 수 있으며, 즉시 활용할 수 있고 쉽게 습득할 수 있다. 쉽게 적응이 되지만 결과에 미치는 영향은 너무나 강렬하다. 마인드세트는 기업 경영, 스포츠, 자녀 교육, 연인의 사랑에서도 활용할 수 있는 관점이다. 어린아이들을 보라! 절대 포기하지 않고 하루가 다르게 삶의 기술을 확장해 나가지 않는가? 걷기와 말하기가 어렵다고 포기하는 아기를 한 번도 본 적이 없지 않은가? 그늘은 실수를 저지르거나 창피한 일에도 전혀 걱정하

지 않는다. 걷다가 넘어지면 일어나서 또 걷는다. 늘 깔깔거리면서. 그들에게는 미래만이 있을 뿐이다. 우리는 성장형 마인드세트로 타고 난 것이다!

> 마인드세트는 미래의 성장에 강력한 영향을 미치는 심층역량이다. 다행스러운 것은 마인드세트를 인지하는 것만으로도 우리의 마인드를 성장형으로 바꿀 수 있으며, 이는 성장곡선의 방향을 바꾸는 것이며 미래를 바꿀 수 있는 관점의 변화이다.

:: 외적 보상은 기본선만 채우고, 내재동기에 귀 기울여라

> 1949년 위스콘신 대학교의 젊은 심리학자인 해리 할로우(Harry Harlow)는 여덟 마리의 붉은 털 원숭이의 학습 능력에 대한 흥미로운 실험을 신행 중이었다. 퍼즐을 주었을 때, 먹을 것을 주지도 않았고 박수를 쳐주지도 전기 자극을 주지도 않았지만 원숭이들은 집중력과 결단력을 보이면서 퍼즐 장치가 어떤 식으로 작동하는지 곧 파악해냈다. 2주 후 평가에서 원숭이들은 처음보다 훨씬 빠른 속도로 퍼즐을 풀었다.[117]

위스콘신의 원숭이가 보여준 행동은 정말 기이했다. 특별한 외적 보상(extrinsic reward)이나 처벌이 없는데도 퍼즐을 해결하는 학습과 훈련이 자발적으로 이루어지고 수행 능력이 향상되었다. 할로우는 일의 수행이 내재된 보상을 제공하기 때문이라고 설명하였다. 원숭이들은 퍼즐을 푸는 것 자체가 즐거웠고, 그 즐거움이 보상이었다. 할로우는 이 욕구를 내재동기(intrinsic motivation)라고 불렀다. 이어진 실험에서 더 기괴한 일이 벌어졌다.

할로우는 보상으로 건포도를 준다면 원숭이들은 퍼즐을 틀림없이 더 잘 풀 것이라고 가정했다. 그러나 할로우가 건포도를 주면서 다시 실험을 진행했을 때 원숭이들은 오히려 보상이 없을 때보다 실수를 더 많이 하고 퍼즐을 푸는 속도도 느려졌으며, 완전히 풀어내는 비율도 떨어졌다. 보상을 도입했더니 수행에 오히려 방해가 된다는 사실을 확인한 것이다.

1969년 카네기멜론 대학교의 심리학과 대학원생이던 에드워드 디시(Edward Deci)는 박사 논문 주제를 찾아 헤매고 있던 중 20년 전에 발표한 할로우의 연구를 살펴보다가 두 눈에 불꽃이 튀는 것을 느꼈다.[118] 원숭이들에게 충동 욕구인 먹을 것을 주었더니 오히려 능력이 떨어지다니? 보상이 오히려 동물의 능력을 감소시킨단 말인가? 즉시 연구에 착수했다. 디시는 털 없는 원숭이 인간을 대상으로 했다. 퍼즐을 풀면 현금을 주는 그룹과 그렇지 않은 그룹으로 나누었다. 결과는 놀라웠다. 보상으로 1달러를 받은 그룹은 보상이 없어지자 아예 보상을 받지 않았던 그룹에 비해 퍼즐풀기에 관심을 잃었다. 현찰, 사람이 업무에 흥미를 느끼고 집중하는 데 이보다 좋은 보상은 없다. 그런데 이런 믿음이 뒤집힌 것이다. 디시는 두 번의 추가 실험을 거친 후 결론을 내렸다.

돈이 어떤 행위에 대한 외적 보상으로 사용될 경우 사람들은 그 행위에 대한 내재적인 관심을 잃는다.

보상은 카페인처럼 단기적으로 일에 집중시키고 높은 성취를 유발하기도 하지만, 그 자극이 사라질 때는 내재동기마저 줄어들게 된다. 이때 손상 받는 인간의 내재동기를 디시는 '새로운 것과 도전이 될 만한 것을 추구하고, 자신의 능력을 확장하여 수행하며, 탐구하고 배우려는 타고난 성향'이라고 정의하였다. 이후 연이어 시행된 연구를 통해 현대 과학은 어떤 행위에 대한 외적 보상은 사람의 내재적인 관심을 잃게 만들 수 있다는 사실을 발견했다.[119)]

　다시 IQ와 학업성취도로 돌아가 보자. 학교에서는 주로 당근과 채찍의 외적 보상에 중심을 둔 평가 잣대가 통용된다. 우리가 경험한 대부분의 합격과 불합격, 통과와 실패는 이러한 보상을 기준으로 이루어진 것이다. 여기에 심각한 문제가 내포되어 있다. 본격 사회생활은 학교생활보다 장기적인 경주이며, 새로운 무언가를 만들어내야 하며, 무엇보다도 속 깊은 행복을 추구해야 하는 시기이다. 장기적이고 창의적이고 행복을 위한 것은 외적 보상으로는 한계가 있으며 오히려 외적 보상이 이 시기에 반드시 필요한 내재동기를 손상시킬 수 있다. 외적 보상으로 짜인 교육 환경이 우리의 내재동기를 얼마나 부식시켰는지를 생각해보면 섬뜩한 느낌이 들지 않을 수 없다.

　고정된 평가표인 IQ와 외적 보상으로 형성된 우리의 사고 틀을 내재동기의 목소리에 귀 기울이는 방식으로 관점을 전환해야 한다. 시험이 있으면 집중하고, 자격증이 걸려 있으면 관심을 기울이는 행동 방식은 일시적인 효과는 있지만 사회생활의 가장 중요한 행동 방식이며 그 결과물인 창의성, 몰입, 직관 그리고 행복감과는 거리가 멀기 때문이다. 외적 보상에 높은 관심을 보이는 행동 양식을 지속한다면 점점 강도를 높여야 만족하는 마약 중독자처럼 금전욕, 명예욕, 승부욕에만 관심을 기울이게 되며 내재동기는 점점 오그라들어 버린다. 30년 동안 연구를 거듭한 후 발표한 디시의 보고서 결론 부분을 읽어보자.[120)]

128회에 걸친 실험에서 우리는 눈에 보이는 보상이 내재동기에 부정적인 영향을 미친다는 결론을 내리게 되었다. 가족, 학교, 사업, 운동 팀 등 어떤 단체라도 단기간의 결과를 강조하고 사람들의 행동을 당근과 채찍 방식으로 통제할 경우 장기적으로 상당한 해를 가져올 수 있다.

우리가 다루는 업무는 크게 두 가지 유형으로 나누어볼 수 있는데 '연산(演算) 업무'와 '발견(發見) 업무'이다. 기계적이며 별로 흥미롭지 않은 연산 업무에는 외적 보상인 당근과 채찍이 효과적일 수 있다. 그러나 창의적인 발견 업무는 내재동기가 월등히 요구된다. 외적 보상은 재미있는 놀이를 틀에 박힌 업무로 변화시키며 내재동기를 축소시키고 창의성을 무너뜨린다. 하버드 경영대학의 교수이자 창의성 학문의 권위자인 테레사 애머빌(Teresa Amabile)은 보상이 창의성에 미치는 영향에 대하여 흥미로운 연구를 시행했다.[121]

미국의 전문화가 23명을 선정했다. 각 화가에게, 의뢰를 받아 제작한 그림 10점과 의뢰 없이 완성한 작품 10점을 제출해줄 것을 요청했다. 이 실험에 대하여 전혀 알지 못하는 예술가와 큐레이터로 구성된 미술 전문가 집단에게 각 작품의 창의성과 기술적인 면을 평가해달라고 했다. 전문가들은 두 그룹의 작품이 기술적인 면은 비슷했지만, 고객의 의뢰를 받은 작품이 의뢰받지 않은 작품에 비해 창의성이 상당히 부족하다고 판단하였다.

의사의 업무는 발견 유형, 즉 창의적인 업무이다. 일부의 연산 업무가 없지는 않지만 같은 증상이라도 원인 질환은 천차만별이며, 같은 질병이라도 사람마다 상황에 따라 다른 모습을 띠기 때문에 유사한 병력이나 비슷한 검사 결과를 놓고도 판단이 달라질 수 있다. 브레인의 뛰어난 순발력이 필요한 업무이며 학문이다.

　의학에 종사하는 사람들은 외적 보상의 당근에 익숙해지지 말아야 한다. 내재동기에 늘 귀 기울여야 하며 이것이 창의성을 바탕으로 의학적 사회성취도를 높이는 지름길이다. 좌뇌의 계산보다 우뇌의 감성에 귀 기울이는 시대가 되었다. 인문학을 강화해 좌뇌와 우뇌의 조화로운 발달을 통해 긍정적이고 창의적인 사고를 배양해야 한다. 새로운 시대에 어울리는 새로운 관점의 전환이다. 내재동기는 강력한 심층역량이다.

　내재동기에 의한 행동은 첫째, 자기 주도적이다. 중요한 것을 잘하려고 전념하며, 탁월함을 추구하는 삶의 목적이 뚜렷한 것이 특징이다. 자율적인 동기는 개념을 빨리 이해하고 높은 점수를 얻게 하며 꾸준한 학업과 운동, 높은 생산성, 낮은 피로감, 높은 행복수준을 가져온다.

　　의사 B는 진료실을 방문한 환자에게 친절히 대했다. 세부정보를 일일이 알려주었으며, 만에 하나 발생할 위험한 예외적인 경우도 차근히 설명해주었다. 좁은 동네에서 의사에 대한 평판은 마치 연예인의 스캔들처럼 소리 없이 퍼져 나간다. 애꿎은 소문이 돌면 환자는 금방 병원을 옮길 것이며 다시 신뢰를 얻고 회복하기란 어려운 노릇이었다. 특히 오진이라도 발생하는 날에는 법적 소송이 벌어져 마음고생은 물론 시간적, 금전적 손상이 너무나 크기 때문에 잠시라도 주의를 게을리할 수 없었다.
　　의사 A도 최선을 다해 친절히 설명했다. 오랜 병원 생활 후 돌아가신 할머니를 생각하면 진료실을 찾아오는 환자들이 얼마나 위로받고 싶어 하는지를 잘 알고 있었다. 그래서 비록 작은 지역이지만 나를 찾아오는 모든 환자의 따뜻한 상담자이자, 믿을 만한 친구가 되고 싶었다. 퇴근 전에 위중하다고 판단하는 환자 2~3명의 집으로 전화를 걸어 지난 몇 시간 동안 병의 차도(差度)를 들어보고, 길고

긴 밤 동안에 겪게 될 문제점이나 고통을 미리 대비해주었다. 아픈 사람에게는 낮보다 더 긴 시간이 밤이라는 것을 잘 알고 있었다. 그래도 마음이 놓이지 않았다. 가족이 없어 급히 손쓸 방도가 없어 보이는 몇 사람에게는 핸드폰 번호를 알려주었다. 환자들이 오늘 밤만이라도 큰 고통 없이 무사히 넘어갈 수 있기를 간절히 바랐다.

의사 A의 행동이 보다 자기주도적인 방식이다. 외부의 규제나 위험에 대한 두려움보다 자신의 내재동기에 귀 기울이며 그 소리에 따라 행동하는 방식이다. 같은 업무에도 피로감이 낮고 효과적인 일 처리 능력을 보이는 것이 자기주도적인 삶의 특성이다.

내재동기에 의한 행동의 두 번째 요인은 숙련(mastery)이다. 숙련이란 중요한 무엇인가를 좀 더 잘하고 싶다는 욕망을 뜻한다. 내재동기 행동 유형은 자율을 바탕으로 숙련에 이른다. 숙련에 이르는 조건은 마인드세트이다. 즉 재능을 고정된 것이라고 믿는가, 성장할 수 있는가에 대한 마음가짐이 중요하다.

그런데 마음의 태도만으로는 숙련이 이루어지지는 않는다. 또 다른 변수가 있다.[122]

매년 미국의 젊은 남녀 1,200명은 웨스트포인트에 위치한 육군사관 학교로 향한다. 이들은 강의실로 들어가기 전 '짐승 막사'라고 불리는 곳에서 7주간의 험난한 생도 기본 훈련을 받아야 한다. 이 과정에서 대개 5%가량이 입학을 포기한다. 왜 어떤 학생들은 군사 숙련의 길을 계속 나아가지만 왜 어떤 학생들은 첫 번째 출구에서 빠져나가는지 알아보기로 했다.

체력, 지성, 리더십, 재능 어느 것도 아니었다. 누가 성공할지를 알아볼 수 있는 최고의 요인은 바로 투지(鬪志)였다. 인지력이나 육체적 적성과는 무관하게 '장기 목표를 향한 열정과 인내', 즉 투지가 성공 여부에 가장 중요한 요인이었다.

숙련은 고통의 과정이다. 이 과정에서 꿈에 대한 열정과 인내, 즉 투지가 필요하다. 숙련은 고통스러우며 그다지 재미가 없을 때도 많다. 인생을 제법 살아본 사람이라면 꿈은 이룬다기보다 견뎌낸다고 말하는 것이 더 옳을지 모른다.

독일의 심리학자 안데르스 에릭손(Anders Ericsson)은 <재능논쟁의 사례a>라는 연구를 통해 타고난 재능이라 믿었던 많은 특징들이 실제로는 최소한 10여 년 동안의 치열한 연습의 결과였다고 확인했다. '1만 시간의 법칙'이 여기에서 시작되었다.[123]

바이올린을 전공하는 베를린 음악 아카데미 학생들을 엘리트 그룹, 잘하는 그룹, 평범한 그룹으로 나눴다. 처음 바이올린을 집어든 후 지금까지 얼마나 많이 연습을 했는지 물었다. 공통적으로 다섯 살 무렵 바이올린을 시작했다. 그런데 여덟 살경부터 이상한 차이를 보였다. 세 그룹 아이들의 연습 시간이 차이를 보이기 시작했다. 스무 살이 되었을 때 엘리트 그룹의 학생들은 모두 1만 시간의 연습을 돌파했다. 잘하는 그룹은 8,000시간, 평범한 그룹은 4,000시간을 연습했다. 에릭손은 피아니스트도 조사해봤다. 아마추어와 프로는 역시 같은 결과, 1만 시간이 고비였다. 최고가 된 사람 중에 노력 없이 타고난 재능으로 정상에 올라간 사람은 없었다. 열심히 노력하지만 정상의 자리에 오르기엔 뭔가 부족한 사람도 발견하지 못했다. 음악학교에 들어갈 수준만 된다면 실력 차이는 노력의 정도에 달려 있었다. 최고 중의 최고는 그냥 열심히 하는 게 아니라 훨씬 더 열심히 했다.

신경과학자인 다니엘 레비틴(Daniel Levitin)은 어느 분야에서든 세계 수준의 전문가가 되려면 1만 시간의 연습이 필요하다고 했다.[124] 작곡가, 야구선수, 소설가, 스케이트 선수, 피아니스트, 신출귀몰하는 범죄자 등 어떤 분야에서든 하루 3시간, 일주일에 스무 시간씩 10년의 연습, 즉 1만 시간의 투자가 필요했다.

그럼, 같은 1만 시간을 받쳐도 누구는 마스터의 경지에 이르는데 그렇지 못하는 사람은 어떻게 해석할까? 그것은 심층 역량 때문이다. 의사들은 4~5년 동안 집중적인 수련을 받는다. 1만 시간에 근접하는 투자다. 그럼 왜 누구는 좋은 의사가 되고 누구는 그렇지 못한가? 바로 심층 역량 때문이다. 1만 시간은 성공을 위한 필요조건은 맞지만 충분조건은 아니다.

내재동기에 의한 행동은 세 번째 요인인 목적, 즉 꿈이 있어야 균형이 이루어진다. 숙련을 향해 자율적으로 노력하는 사람은 꿈의 높이에 따라 달성하는 수준이 결정된다. 미하이 칙센트미하이(Mihaly Csikszentmihalyi)의 이야기를 들어보자.[125]

목적, 즉 꿈은 삶을 사는 데 필요한 활성 에너지를 제공한다.

'이익 동기'가 대단한 힘을 가진 것은 맞지만 개인과 조직 모두에게 강렬한 동력이 되기에는 불충분하며 오히려 '목적 동기'가 있어야 마음이 움직인다. 돈과 행복의 상관관계는 그다지 명확하지 않다. 일정 수준을 지난 후에는 돈이 많다고 해서 만족도가 늘어나지 않는다. 기초 선만 넘는다면 금전의 많고 적음이 삶의 행복감을 결정짓지는 못한다. 오히려 돈을 자선 기부 등 대의명분을 위해 쓸 때 행복감이 증폭한다. 당신이 삶의 진정한 행복을 찾고 있다면, 기초적인 '이익 동기'만 충족한다면 내재동기인 '목적 동기'에 주목해야 한다.

우리 삶의 절실한 목적은 인생의 중요한 변혁기에 선명한 모습을 느러내기 쉽다. 의과대학 입학의 기쁨과 함께 미래의 꿈을 그려보던 그 당시의 '목적 동기', 즉 초심으로 돌아가 보는 것이 진솔한 나의 꿈을 확인해보는 방법이 될 것이다.

초겨울 비와 함께 차가운 바람이 매섭게 몰아치는 11월 마지막 토요일. 노랗고 빨갛던 교정의 낙엽은 어느덧 흑갈색으로 변해 도로를 뒤덮을 무렵, 고등학교 졸업반의 앳된 학생들이 심각한 얼굴을 하고 면접장으로 들어서고 있었다. 갑자기 훌쩍 커버린 신체와 거기에 어울리지 않는 작은 교복, 구식 점퍼와 낡은 신발은 최근 쇼핑을 할 여유조차 없었음을 이미 고백하고 있었다. 의과대학을 지망하게 된 그들의 꿈과 그런 희망을 가지게 된 이유를 들어 보자.
"따뜻한 의사가 되고 싶어요. 어렸을 때 할머니가 돌아가셨는데……
암이 걸리셔서 오랜 기간을 병원에 계셨어요. 부모님의 잦은 넋두리에도, 어린 제가 보기에도…… 의사들은 너무 불친절했어요. 자세한 설명도 없었고 앞으로 어떻게 될 거라는 확신도 주지 않았고요……
무엇보다 할머니나 우리 가족과 눈도 잘 맞추지 않았던 거 같아요.
할머니가 돌아가시면서 제 손을 꼭 잡아주셨을 때…… 저는 결심했어요. '의사가 되자. 마음에서 마음으로 소통하는 따뜻한 의사가 되자'고요."
"최고의 지식과 기술을 갖춘 의사가 되고 싶어요. 제가 중학교 때인데요…… 대학교에 다니던 언니가 나중에 알았지만 맹장염[126]에 걸렸던가 봐요. 언니는 며칠 밤을 복통과 고열로 초죽음이 되었고, 수차례 병원을 오고 가느라 엄마와 아빠의 얼굴은 귤처럼 노랗게 변해갔어요. 아무것도 도와줄 수 없었지만…… 저는 언니를 빨리 낫게 해달라고 몇 번이고 울면서 기도했던 기억이 나요. 그런데 장염이라던 병이 나중에 맹장염으로 진단되었을 때는 이미 시간이 늦어져 복막염이 되었대요. 큰 수술을 세 번이나 받았어요. 자칫하면 목숨을 잃을 뻔했대요. 언니는 지금도 흉한 상처가 배에 훈장처럼 남아 있어요. 그때 결심했죠. '나는 의사가 되겠다. 절대 오진하지 않는 의사가……'"
"제가 초등학교 6학년 때 동네 고아원으로 친구들과 봉사활동을 갔어요. 봉사 점수가 필요하다고 해서 의무적으로 가는 그런 활동이었어요. 제가 담당한 아이들은 전부 두세 살도 안 된 어린 아기들이었는데요······ 같이 놀아주고 밥을 먹여주었는데요······ 처음에는 옷도 꾀죄죄하고 콧물이 얼굴에 범벅이 되어 있어 더럽다는 생각이 들어 가까이 가기가 꺼림칙했어요. 시간이 지나 친해질수록 아기들이 너무 불쌍하고······ 그랬어요. 봉사를 끝내고 떠나 올 때는 희망이라는 아기가 엄마, 엄마하면서 가슴에 꼭 안기는데······ 한참을 그렇게 안고 울었어요. 그때 결심했어요. '나도 봉사의 삶을 살아야겠다. 의사가 되어 나보다 약하고 부족한 사람들을 위해 살아야겠다. 나의 꿈은 의사다.' 그 일이 있은 후 방학은 물론 주말에도 친구들과 가까운 고아원이나 양로원을 자주 찾아갔어요. 물론 의무적인 것은 아니었어요. 너무나 즐거운 추억이 되었어요. 저도 한비야 언니처럼 전 세계를 누비며 봉사하는 꿈을 가끔 꾸어요. '국경 없는 의사 모임'이라는 용감한 의사 단체가 있다는 것도 알았어요. 저도 그런 삶을 살고 싶어요."

"아빠가 일찍 돌아가셨어요. 제가 초등학교 1학년 때인가······ 엄마가 저와 제 동생을 지금까지 혼자 기르시느라 굉장히 고생을 많이 하셨어요. ······ 아버지는 잘 지내셨는데 어릴 때라 많은 것은 기억나지 않지만 어느 날 아빠가 아프셔서 병원에 오래계셔야 된다는 이야기를 엄마가 할머니께 전화하셨어요. 그리고 오랜 시간이 지나지 않아 아버지는 하늘나라로 가셨다는 이야기를 이모한테 들었어요. 다시는 볼 수 없다고 했죠. ······ 아버지의 병이 나중에 알았는데······ 뇌종양이었대요. 아빠 얼굴은 이제 희미한 기억으로밖에는 없어요. 아빠가 저를 안고 웃고 있는 사진을 볼 때마다, 엄마가 고생하시는 걸 볼 때마다 저는 결심했죠. '그래 의사가 되자. 그래서 암을 정복하여 더 이상 아빠처럼 일찍 세상을 떠나는 일이 없도록 하자.' 셀 수 없이 마음먹었어요."

2009년 『사이언스(Science)』 저널에 심리학자의 흥미로운 논문이 실렸다. 어떤 일을 시작할 때 그 일이 자기 삶의 목표와 구체적으로 어떤 관련이 있는지 자주 생각해본 사람과 그렇지 못한 사람은 일의 성취에서 커다란 차이가 나타난다는 것을 관찰한 내용이었다.[127] 이 연구의 결과는 심플하지만 대단히 중요한 인생 성공의 비밀을 알려주고 있다. 이것이 바로 심층 역량이다. 당신이 의사가 되려는 목적이 무엇인가? 그것이 당신 삶에서 구체적으로 어떤 의미를 가지는가?

제6장 생각의 기법을 배우다

용기를 가지고 여러분의 직관을 따르십시오.

— 스티브 잡스(Steve Jobs) —

일을 열심히 하던 시대에서 이제 생각을 많이 하는 시대로 바뀌었다. 창의성, 몰입, 직관은 진료, 교육, 연구, 행정 업무 전반에서 절실히 필요한 삶의 생존 도구가 되었다.

:: 창의성, 반대편을 주목하고 함께 융합하라

칼 융(Carl Jung)은 창의적인 사람에게는 물과 기름처럼 절대 양립하지 못할 것 같은 역설적인 극단을 보완적인 원리를 찾아 독창적으로 결합시키는 능력이 있다고 간파했다. 성균관대학교 최인수 교수는 우주 만물이 음양의 조화에 의해 생성하고 발전한다는 태극이 창의성의 핵심 원리라고 했다.[128] 음과 양의 극단이 조화를 이루는 지점, 그 어디쯤에 창의성이 있다.

젊은 남녀가 처음 만나 서로를 탐색하고 무료한 시간을 달래는 질문이 있다.

> 내성적이세요? 외향적이세요?

혼자 있기 좋아하고 수줍음을 타는 성향이 있으니 내향성이 있는 것 같기도 하고, 다른 사람과 어울리기를 좋아하니 외향적인 거 같기도 하고…… 얼버무려 답변해보지만 꼭 꼬집어 설명하는 데 곤란을 겪은 경험이 있을 것이다. 두 극단에 대한 물음이기 때문에 답변이 쉽지 않다. 내성적인 성향과 외향성을 동시에 갖춘 간디(Mohandas Gandhi)를 통해 창의성을 이해해보자.[129]

> 변호사가 된 간디는 법정에 섰을 때 무슨 말을 할지 갈피를 잡을 수 없었다. 그는 의뢰인에게 수임료를 돌려주고 법정에서 뛰쳐나가 버렸다. 자신의 서툰 발언을 판사나 법관들이 조롱할 것만 같은 수줍은 생각에 도저히 변론할 수 없었다. 다시는 법정에 서지 않겠다고 다짐을 했을 정도다.

그러나 역설적이게도 그의 내성적인 성격은 그를 다시 법정에 서게 했다. 땅을 몰수당하고 절망에 빠진 가난한 주민들의 요청을 공감하여 거절할 수 없었기 때문이었다. 누구보다 내성적이고 수줍음을 많이 탔지만 역사상 가장 외향적인 정치가로 대중 앞에 섰다.

창의적인 성취를 위해서는 고독을 견딜 수 있어야 한다. 내면 깊은 곳에서 들려오는 소리에 귀 기울일 줄 아는 내향성이 있어야 한다. 하지만 오랜 기다림 속에서 창의적인 아이디어를 얻게 되면 이제 외향성이 작동할 때다. 적극적으로 개진하고 설득할 수 있어야 한다. 사람들을 자기편으로 이끌어야 하며 여건을 호의적으로 만들어야 그 아이디어가 빛을 발한다. 칙센트미하이는 젊은 인재들을 관찰한 결과, 청소년기에 혼자 있는 것을 참지 못하면 능력 또한 개발되지 않는다는 것을 발견했다.[130] 창의성은 내성적 고독과 함께한다. 그러나 창의성은 사람들을 만나고, 그들의 이야기를 듣고, 생각을 교환하고, 타인의 관점을 이해하는 적극성도 반드시 필요하다.

창의성을 부르는 또 다른 양 극단의 조화는 확산적 사고(divergent thinking)와 수렴적 사고(convergent thinking)다. 확산적 사고를 통해 다양한 아이디어를 충분히 얻어야 한다. 브레인 스토밍(brain storming)을 통해 얻을 수 있는 모든 아이디어를 추출한다. 스탠퍼드 대학에서 이용하는 새로운 생각을 모으는 방법을 배워보자.[131]

세상에 쓸모없는 아이디어란 없다.
타인의 발상을 바탕으로 아이디어를 창의하라.

이렇게 모아진 수많은 독창적 생각에서 최석의 결과물을 선택해야 한다. 평가하며 선택하는 이 과정은 수렴적 사고가 담당한다. 이때 결정하는 선택이 시간 낭비와 시행착오를 줄이는 창의 능력이다. 수렴적 사고는 '가치'를 인식하는 중요한 능력이다. 이처럼 생각이 확산하기도 하고 수렴하기도 하면서 만들어지는 결과물이 창의이다.

창의적인 사람들은 장난기와 극기(克己)가 혼합된 모순적인 성향을 갖고 있다. 창의성에는 이것저것 건드려보면서 재미를 느끼는 장난기, 생각의 탄력성이 필요하다. 그러나 끈질김, 인내, 집착하는 성향이 없다면 성과를 이룰 수 없다. 창의적인 사람들은 느긋해 보이지만 대부분 밤을 꼬박 새우는 강행군을 예사로 한다. 말 그대로 끝을 보는 것이다.

창의성을 부르는 또 다른 조화는 남성성과 여성성의 합일이다. 21세기형 사고방식의 특성 중 하나는 고정된 성 역할로부터 벗어나는 것이다. 극단의 이성적 냉정함과 용기, 또 한 극단의 미묘함과 감성. 두 극단의 긴밀한 조화가 창의성을 불러온다.

　　이제 얼마나 덜 차가울지 더 따뜻할지를 고심할 필요는 없다. 의사에게는 사람의 의무도 있다. 차가운 의학을 따뜻한 인간에게 온기를 담아 전달해야 하는 의사는 차가운 머리와 뜨거운 심장을 하이브리드로 장착한 기이한 생물 키메라가 되어야 한다. 이는 현대 의학의 딜레마이며 미래 의학의 지향점이다.

과학과 의학의 미래는 창의성에 달려 있으며, 차가움과 따뜻함의 역설적 극단을 조화시키는 능력에 달려 있다고 해도 과언이 아니다.

또 하나의 융합은 겸손과 자존심이다. 가까운 예로 프레젠테이션 기법을 생각해보자. 수많은 발표 기법들이 존재하지만 명확한 한 가지 테크닉은, 겸손함과 단호함의 적절한 조화이다. 아무리 위대한 발견일지라도 의학이란 영원히 진화해가는 생물이라는 인식이 있다면 겸손하지 않을 수 없으며, 또한 학술회장에는 발표 내용에 대해 평생 고민하고 노하우를 쌓은 전문가들이 모여 있다는 겸허함은 발표자의 필수적인 마음가짐이다. 겸손한 자세가 청중들의 가슴으로 전해질 때 프레젠테이션의 기본 여건이 무르익었다고 말할 수 있다. 뉴턴의 말이다.

> 내가 다른 사람보다 멀리 보았다면, 그것은 내가 거인의 어깨 위에
> 서 있었기 때문이다.

그러나 겸손을 넘어 부끄러워 우물쭈물하다가는 발표자의 주장과 연구의 강점을 전달하기 어렵다. 단호하면서도 확신에 찬 발표는 청중에게 명확한 의견을 전해줄 뿐 아니라 감동까지 불러일으킬 수 있다.

전통을 존중하고 통찰하며 여기에서 새로운 혁신을 이끌어내는 조화가 창의성을 이끄는 원동력이다. 박지원의 학문 세계를 지칭하는 대표적인 말이 있다. '옛것을 본받아 새로운 것을 창조한다'는 법고창신(法古創新)이다. 그의 설명을 들어보자.[132]

> 옛것을 본받는다는 자는 자취에 얽매이는 것이 병통이 되고, 새것
> 을 창조한다는 자는 법도에 맞지 않음이 근심이 된다. 진실로 능히
> 옛것을 본받으면서 변화할 줄 알고, 새것을 만들면서도 법도에 맞
> 을 수만 있다면 지금의 글이 옛글과 같게 될 것이다.

법고창신의 정신이 가장 화려하게 꽃핀 문명이 르네상스이다.[133] 이 시대에 어떻게 그처럼 다양한 분야에서 화려한 창의적 산물이 한

꺼번에 쏟아져 나올 수 있었을까? 15세기 전까지, 유럽에서는 예술적 재능이 있는 사람은 종교적 건축물이나 조형물을 만드는 직공으로 생업에 종사했을 뿐 예술가로 대접받지는 못했다. 그러나 자본을 축적한 피렌체의 메디치 가문을 비롯해 상인들의 조합인 길드는 가문의 영광과 명예를 드높이기 위해 장인들을 예술가로 대접하고 후원했으며, 통 큰 투자를 감행했다. 소문이 일자 재능 있는 사람들이 구름처럼 모여들어 인재의 풀을 형성했다. 여기에서 치열한 경쟁이 일어났으며 자신의 끼를 최대한 발휘하는 창의의 불꽃이 생겨난 것이다.

노련한 기베르티(Lorenzo Ghiberti)와 신예 브루넬레스코(Filippo Brunellesco)는 당대 최고의 조각가였으며 두 사람은 피렌체 시민 앞에서 세례당의 청동 문 세트를 디자인하는 공개경쟁을 벌였다. 아쉽게 패배한 브루넬레스코는 눈물을 머금고 친구 도나텔로(Donatello)와 함께 로마로 떠나 고대 로마 건축에 대한 삼년간의 숙련 과정을 거쳤다. 피렌체로 돌아온 브루넬레스코가 '판테온(Pantheon)' 신전을 연구한 결과를 바탕으로 만든 걸작이 3만 톤이 넘는 무게에 400만 개의 벽돌로 이루어진 '산타마리아 델 피오레 대성당(Cattedrale di Santa Maria del Fiore)'의 돔이다.

브루넬레스코가 로마를 방문하기 전까지 누구도 고대 유적의 건축 특성을 상세하게 연구하지 않았다. 거대한 대성당을 짓는 데 가장 문제가 되는 것은 돔 지붕의 건축이었다. 로마의 '판테온' 돔보다 더 큰 이 지붕을 만드는 것은 당시로서는 불가능해 보였다. 돔의 설계를 위해 기베르티와 브루넬레스코는 다시 경합하게 되고 이번에는 브루넬레스코가 당연히 우승한다. 그는 로마 유적의 건축물과 '판테온' 신전 지붕의 물리적 특성에 대하여 세심한 연구를 통해 어마어마한 자료를 비축해두고 있었기 때문이다. 천재였지만 기이한 강박증으로 주위 사람들을 자주 놀라게 했던 브루넬레스코는 그의 수학적 천재성만으로 대성당 돔을 만든 것이 아니라 고대 로마의 건축을 통해 문제 해결의 실마리를 찾은 것이다. 법고창신의 위대한 승리였다. 르네상스 건축은 브루넬레스코로부터 시작되었다.

한편, 우리는 창의성이라고 하면 뉴턴이나 아인슈타인 등 위대한 인물들을 먼저 떠올리고 기가 죽는다. 이들은 문명의 흐름을 바꾼 창의성이 뛰어난 위대한 사람들임에 틀림없다. 그러나 하버드 대학의 하워드 가드너는 단순하면서도 명확한 창의성의 정의를 다음과 같이 밝혔다.134)

당신이 일하는 영역이 당신이 공헌함으로써 의미 있게 변하였는가?

'예'로 답할 수 있으면 그것은 창의이다. 내가 만들어낸 결과가 내가 하는 일의 영역 혹은 분야에서 긍정적으로 작동하여 그 일을 보다 나은 방향으로 변화하게 하였다면 결과의 크기에 관계없이 창의에 해당하기 때문이다.

의사가 특정 암을 정복하는 위대한 발견을 하여 훌륭한 저널에 결과를 싣고, 그 결과가 즉시 임상 현장에 파급되어 많은 사람의 건강과 생명에 도움을 주었다면 그것은 분명 대단히 창의적인 활동이다. 그러나 한 명의 특별한 환자의 문제를 깊게 파고들어 해답을 찾거나, 장기적으로 추적 관찰하여 새로운 의학적 의미를 얻어 증례보고의 형식으로 발표하였다면 이 또한 창의 활동의 일부분이다. 창의의 규모가 작다고 부족한 것은 아니다.

일상의 진료나 업무는 많은 프로토콜로 준비되어 있다. 그런데 관습에 따른 일 처리 ABC의 수순을 그저 ACB로 바꿈으로써 진료나 행정 업무의 수준이 향상되었다면 이 또한 창의의 일부이다. 우리의 모든 행위가 창의의 일부라는 생각은 보다 거대한 창의로 발전해가는 중요한 관점의 변화이자 시작이다.

따뜻한 의사와 날카롭고 예민한 의사, 직관이 뛰어난 의사와 심도 깊은 분석력의 의사, 시인처럼 풍부한 감성의 의사와 톱니바퀴처럼 철저한 의사, 마음씨 좋고 여유로운 이웃처럼 편한 의사와 강박적이고 냉혹한 킬러 같은 의사, 겸손함이 넘쳐나는 의사와 투사처럼 담대한 용기를 가진 의사, 이과적이면서 문과적인 속성을 충실히 내재한 의사. 이들의 조화와 융합은 의학 창의성을 일깨우는 테크닉이며 다음 시대 의학의 지향점이기도 하다.

:: 몰입, 행복에 빠지는 중독성 강한 테크닉

> 최흥효는 온 나라에 알려진 글씨를 잘 쓰는 사람이다. 일찍이 과거를 보러 가서 답안지를 쓰는데, 한 글자가 왕희지와 비슷하게 되었다. 앉아서 하루 종일 뚫어지게 바라보다가 차마 능히 제출하지 못하고 품에 안고 돌아왔다. 이는 얻고 잃음을 마음에 두지 않았다고 말할 만하다.
> 이징이 어려서 다락에 올라가 그림을 익혔는데, 집에서는 아이 있는 곳을 모르다가 사흘 만에야 찾았다. 아버지가 노하여 매를 때리자 울면서 눈물을 찍어 새를 그렸다. 이는 그림에 영욕을 잊은 자라고 말할 만하다.[135]

몰입은 어떤 곳에 푹 빠짐을 말한다. 한 가지 목표를 향해 자신을 초긴장 상태로 만들어 모든 것을 잊고, 오로지 한 가지 일에만 집중하여 잠재된 능력을 최대한 발휘한다. 이것이 몰입이다.[136] 몰입은 일의 재미, 숙련, 창의성은 물론 인간의 최대 행복감을 창출하는 도구로 인정받고 있다. 미하이 칙센트미하이는 몰입을 외적인 보상이 없어도 자기가 하는 일 자체가 즐거워서 푹 빠져 있는 심리적 상태로 설명하였다. 창의적인 사람은 자주 그리고 오랫동안 몰입을 경험하며, 역으로 몰입을 자주 경험할수록 창의적인 성취를 이룰 가능성이 높아진다.

칙센트미하이는 혁신적이고 창의적인 삶에 대한 연구에 관심이 많았다. 화가들을 관찰했다. 화가들이 작품에 몰두하는 동안 거의 무아지경(無我之境)의 상태에 빠지는 것을 보았다. 사람이 일에 빠지는 최적의 순간을 묘사하는 몰입(flow)이라는 용어가 이때 만들어졌다.

뉴턴이나 아인슈타인처럼 몰입을 통해 위대한 창의를 이루는 경우도 있지만, 우리도 몰입을 통해 창의할 수 있다. 오고 가는 출퇴근길에서, 출장길의 기차 안에서 몰입을 통해 새로운 혹은 변화된 기법, 기술, 지식의 창출을 경험할 수 있다. 핵심 주제를 요약해 적거나 관련 사항들을 그림으로 그려 가지고 다니면서, 벽에 붙여두고 오고 가며 보면서 몰입의 시간을 가지는 것도 좋은 방법이다.

의사가 고수익에 정년이 없는 안정적인 직업으로 인기를 끌자 전국의 우수한 학생들이 서울을 넘어 지방 의과대학으로도 몰리고 있다. 사정이 이러하니 지방 의대생의 반수 이상이 외지인이다. 몸은 불쑥 자라버렸지만 자기 앞가림을 하기에는 아직 어린 구석이 많다. 어떤 친구는 게임중독에 빠져 생활이 엇나가기도 한다. 그래서 늘 걱정이다. 한편, 병원의 직원들은 한 분야에서 평생에 걸쳐 숙달한 달인의 기술로 진료를 보필한다. 진료의 뒤꼍에서 땀 흘려 헌신하는 소중한 공동체 조직원이다. 그러나 빠듯한 봉급으로 각박한 현실을 헤쳐가자니 늘 재정적 어려움을 겪고 있다. 그것도 늘 걱정이다.

절박한 심정으로 몇 달을 고민하던 어느 날 두 가지 문제를 생각하다가 잠이 들었다. 꿈속에서 의대생과 직원이 악수를 하고 있었다. 잠이 확 달아났다. 일어나 즉시 메모를 해두었다. 직원은 경제적인 문제가 걱정이다. 그들의 경제적인 부담 중 가장 큰 것은 자녀교육비다. 자녀의 교육을 도와줄 사람은 공부의 신이라는 의대생이며 더없이 좋은 멘토가 될 것이다. 외지에서 온 학생들이 가장 힘들어하는 것은 외로움이다. 현실적인 고민이 있을 때 이를 상의하고 도와줄 사람이 곁에 없다. 직원은 세상사를 처리하는 데 좋은 도우미가 될 수 있다. 부족한 김치나 멸치조림이라도 싸줄 수 있다. 전셋집 관리 등 담당 교수와 의논하기 곤란한 문제도 도와줄 수 있다. '그래 두 사람을 만나게 하자!'[137]

주목할 만한 것은 몰입 상태에서의 감정적인 변화로, 문제를 해결할 수 있다는 자신감과 호기심이 극대화된다. 생각하는 즐거움이 뒤따른다. 몰입 상태를 지속하고 반복할 수 있게 하는 원동력이 이 사고의 즐거움인데, 이 기간 동안은 완벽한 삶을 살고 있다고 느끼게된다. 중독성이 강한 행복감과 함께 최고의 성과를 창출할 수 있게된다.[138]

몰입을 통해 새로운 결과를 창출하려면 첫째 명확한 주제, 즉 목표를 설정해야 한다. 한 가지 목표를 향해 몰두하는 것이 몰입이기 때문에 분명한 목표가 없으면 몰입에 들어가지 못한다. 주제는 절박하고 구체적이고 상세해야 한다. 절박할수록 집중력이 높아지고 해결하려는 의지가 강해지기 때문에 효과적인 결과를 얻기 쉽다.

몰입에 빠지는 두 번째 조건은 주제와 관련된 자료와 정보를 충분히 검토해야 한다. 자신의 지식과 경험이 축적되어 있는 분야의 문제라면 더욱 좋은데, 문제의 배경을 충분히 알고 있기 때문이다. 늘 다루던 분야에서 몰입을 통해 직관과 통찰을 얻을 확률이 높다.

어떻게 만유인력의 법칙을 발견하였는지 뉴턴에게 묻자 다음과 같이 대답했다.

> 그것을 발견할 때까지 언제까지고 계속 생각을 했습니다. 문제를 앞에 놓고 새벽에 한 줄기 빛이 들어와 그것이 점차 밝아져서 정말로 분명해질 때까지 참을성 있게 기다렸습니다.

창의성을 이루는 세 번째 조건은 시간을 내야 한다는 것이다. 우리는 뉴턴처럼 먹지도 자지도 않고 생각에 빠질 수는 없으나 자동차 안이든, 잠자기 전이든, 새벽 시간이든 자신이 만들 수 있는 시간대를 최대한 활용해야 몰입할 수 있다. 의사는 늘 바쁜 일상에 시달리기 때문에 시간을 할애하기가 쉽지 않다. 대학의 많은 교수들은 해외학회 참석차 떠나는 장시간의 비행기 안에서, 출장으로 떠나는 기차 안에서 논문을 정리하고 중요한 학문적 갈등을 고민하고 해결한다. 바쁜 일정을 피하고 집중해서 몰입하기 위해 토요일이나 일요일을 할애하고, 늦은 저녁 시간이나 이른 아침을 활용한다. 새로운 과학의 시대는 일을 열심히 하는 것보다 열심히 생각하여 새로운 것을 창출하는 시대로 변하고 있다. 아인슈타인이 말했다.

> 나는 머리가 좋은 것이 아니다 문제가 있을 때 다른 사람보나 좀 더 오래 생각할 뿐이다.

몰입은 어렵거나 복잡한 것이 아니다. 사람은 누구나 몰입할 수 있는 능력을 가지고 있다. 서울대학교 황농문 교수의 이야기를 들어보자.[139]

> 아프리카 초원을 거닐다가 사자와 마주쳤다고 하자. 이때 이 위기를 어떻게 빠져나갈까 하는 것 이외에는 아무 생각이 없을 것이다. 이 상태가 바로 몰입이다.

놀아도 몰입하지 않으면 재미가 없고 아무리 돈이 많아도 몰입하지 않으면 행복을 경험하기 어렵다. 행복을 추구하면서도 해야 할 일을 남보다 더 잘할 수 있도록 해주는 방법이 바로 몰입이다.

한편, 몰입은 거의 예외 없이 자신이 하고 있는 일의 난이도와 그 일을 수행할 자신의 능력이 조화를 이룰 때 가능하다. 난이도가 능력보다 높을 경우에는 불안감이 조성될 것이며, 난이도가 능력에 비해 낮을 때는 지루함이 생성될 것이다. 능력에 적정한 난이도가 주어질 때 사람은 최대의 몰입이 형성된다.[140]

> 의사 A는 불안했다. 중환자들이 연일 밀려들자 문제 해결을 위한 판단은커녕 환자들의 기본적인 흐름을 파악하는 것조차 버거웠다. 지치고 초조하여 견딜 수가 없었으며, 진료팀으로부터 재촉과 추궁이 그칠 날이 없었다. 의사 A는 생각해보았다. '현재의 업무 난이도는 나의 능력을 벗어나고 있어. 난이도를 낮추거나, 능력을 높여야겠어!' 의사 A는 교수의 방을 노크했다. 교수는 의사 A의 의견에 동의하였고, 난이도가 극히 높고 보호자의 불평이 많아 다루기가 힘들다고 판단한 환자를 상위 레지던트에게 배정하였다. 의사 A에게 조언도 주었다. 현재 환자들의 경과 관찰 중 특별히 주의를 기울여 확인해야 할 징후와 검사 항목에 대하여 거시적인 흐름으로 설명해주었다. 또한 현재의 환자들은 계절적인 영향을 받는 감염의 특성이 있어 2~3주만 지나 시즌이 바뀌면 급감할 수 있으리라는

위로의 예측도 들려주었다. 의사 A는 머릿속이 환하게 밝아졌다. 난이도를 조정하고 능력을 배양할 수 있는 조언을 들으니 한결 마음이 편해졌다. 자신감이 풍선처럼 부풀어 올랐다.

진료나 업무를 수행할 때 불안감이나 지루함이 생긴다면 스스로가 판단하는 일의 난이도와 자신의 능력을 돌아보면 좋다. 난이도를 조정하고 능력을 파악하기 위해 상사나 선임자와 허심탄회한 대화를 나누고 자문을 받으면 해결책이 생긴다. 난이도와 능력이 적정 수준으로 조화를 이룰 때 드디어 몰입이 일어나며, 창의성이 촉발되며, 숙련이 이루어지며, 일이 재미로 변하고 행복감에 젖어든다.

몰입에 쉽게 빠지는 대표적인 롤 모델이 아이들이다. 그들은 무엇을 하든 몰입을 향해 질주한다. 즐거움에 사로잡혀 힘이 넘치고 가능성을 추구하는 마음가짐을 가지며 자신의 일에 전념한다. 아이들을 본받는 것이 몰입에 빠지는 비법이다. 니체의 말이다.

성숙이란 어릴 때 놀이에 열중하던 그 진지함을 다시 발견하는 데 있다.

:: 직관, 진리를 단숨에 파악하는 힘

한 남자와 그의 아들이 심각한 교통사고를 당했다. 아버지는 죽고 아들은 응급실로 후송되었다. 도착하는 순간, 당직 의사가 아이를 보고 숨이 넘어갈 듯 소리친다. "아! 이 아이는 내 아이입니다!"

의사는 과연 누굴까?[141] 체계적으로 풀어야 할 수학적이고 논리적인 문제는 아니다. 답을 얻을 수 있는 유일한 길은 눈 깜박할 사이에 답이 당신에게 다가오는 것뿐이다. 여기서 의사는 항상 남자라는 가정을 뛰어넘을 필요가 있는데, 의사는 소년의 어머니였다.

> 미국에서 있었던 일이다. 주거 지역의 한 단층집 뒤편 주방에서 불길이 일었다. 긴급 출동한 소방대장과 대원들은 현관문을 부수고 호스를 끌고 들어가 주방의 불꽃에 물을 끼얹었다. 불길을 막았다고 생각했다. 불꽃이 줄어들어야 마땅했다. 그러나 불길은 여전했다. 그래서 다시 물을 뿌렸다. 역시 호전이 없었다. 소방대원들은 아치형 통로를 통해 거실로 물러났다. 갑자기 뭔가 잘못되었다는 생각이 소방대장의 뇌리를 번개처럼 스쳤다. 소방대장이 대원들에게 소리쳤다.
> "밖으로 모두 나간다, 당장!"
> 밖으로 뛰어나오기가 무섭게 그들이 서 있던 거실 마룻바닥이 무너져 내렸다. 불은 지하실에서 난 것으로 밝혀졌다.

미국 클리블랜드의 한 소방대장의 회고담이다.[142] 소방대장은 자기가 왜 대원들에게 나가자고 소리쳤는지 당시에는 몰랐다. 뭔가 영감 같은 것이 있었다고 믿었다. 소방대장과 긴 인터뷰를 하던 의사결정 전문가 게리 클라인(Gary Klein)은 소방대장을 당시 현장으로 끌고 들어가 무슨 일이 벌어졌는지 보다 생생히 알고 싶었다. 소방대장이 회상했다.

> 첫째는 그 불길이 으레 짐작되는 식으로 움직이지 않았어요. 수십 년간의 경험으로 주방의 불이라면 당연히 물에 반응해야 했거든요. 그런데 반응하지 않았어요. 또한 불이 얼마나 뜨거운지 알아보려고 늘 귀 가리개를 열어두는 버릇이 있었는데, 그날의 그 불은 하도 뜨거워 깜짝 놀랐다니까요. '주방의 불이라면 이렇게 뜨거울 수는

없을 텐데…….' 또 하나, 나를 놀라게 한 것은 불이 그렇게 시끄럽지 않았다는 점이었어요. 불이 너무 고요했어요. '불이 이토록 뜨겁다면 더 시끄러워야 하는 거 아닌가?'

그래서 그는 소리친 것이다. 모두 나가자고. 주방에 물을 뿌려도 주방이 화재의 진원지가 아니니 꺼질 일이 없고, 마룻바닥으로 막힌 지하에서 불이 나고 있어 불이 조용했고, 거실이 지독히 뜨거웠던 것은 거실 아래에서 열기가 올라왔기 때문이었다.

소아용 침상이 작아 발이 침대 밖으로 밀려나오는 삐죽이 큰 키의 열네 살 된 남자가 배가 아파 입원했다. 이틀 전부터 열이 많이 나면서 피가 섞인 설사와 복통이 있었다. 왼쪽 아랫배를 아파했다. 배 초음파 검사에는 특별한 이상이 없는데 증상이 계속된다는 소견서를 가지고 타 병원에서 이송되어 왔다. 열과 설사와 혈변과 복통, 틀림없는 세균성 장염이었다. 그런데 뭔가 잘 맞지 않는 것이 있었다. 호소하는 복통이 자로 잰 듯이 주기적이었다. 마치 창자가 창자 안으로 말려들어가는 장 중첩증(intussusception)처럼. 그런데 장 중첩증은 초음파 검사로 백퍼센트 진단되는 질병이며, 대개 두세 돌 늦어도 초등학교 들어가기 전의 어린아이에게 오는 병이다. 세균성 장염도 복통을 호소하지만 엄마들의 분만 전 진통처럼 규칙적이고 주기적으로 통증을 느낀다니 그게 이상했다. 우리가 모르는 뭔가가 틀림없이 도사리고 있었다. 복부 CT 촬영을 하기로 결정했다. 결과는 놀라웠다. 장 중첩증이 있었다. 타 병원에서 초음파 검사를 오진한 것이었다.
두 번째 고민이 또 꼬리를 물었다. 장 중첩증은 흔한 발생 연령을 넘어설 때는 반드시 그 원인이 있는 것이 일반적이었다. 대장에 암 덩어리가 있다면 할아버지도 장 중첩증은 생길 수 있다. 그러니 열네 살 환자의 장 중첩증은 분명 원인이 있을 것이다. 이틀 전부터 시작된 열과 설사와 혈변이 그 원인의 실마리였다. 그런데 세균성 장염이 장 중첩증을 일으키지는 않는다. 뭔가가 숨어 있었다. 대장 내시경검사를 시행했다. 역시 결과는 놀라웠다. 항생제를 쓰고 난

후 발생하는 드문 질병인 가막성 대장염(pseudomembranous colitis)의 전형적인 모습이 보였다. 보름 전 편도선염으로 항생제를 쓴 적이 있다고 했다. 소아에서 가막성 대장염으로 장 중첩증이 발생한 희귀한 경험이었다.[143]

불확실성이 체질화되어 있는 의학에서 의사의 직관은 중요하다. 그래서 경험이 풍부한 의사들은 뭔가 그림이 딱 맞아떨어지지 않는다는 느낌이 들 때 바짝 긴장한다. 답이 딱 와 닿아야 하는데 그렇지 않는 그 미묘한 차이, 그것을 소중히 여긴다. 논리적인 접근이 생명인 것이 의학이지만 오히려 경험을 바탕으로 한 직관은 중요한 의사결정 도구이다.

그렇다면 직관은 항상 위대할까?

40대 산림 감시원 매킨리는 핼리팩스 근처 숲을 걷다가 심한 가슴 통증을 느껴 걸음을 멈췄다. 군살 하나 없는 몸매에 평소 건강이라면 자신 있었던 그는 며칠 전부터 시작된 가슴 통증이 이렇게 심하게 올 줄은 몰랐다. 열도 없고 식은땀이나 기침도 없어 감기 기운도 아니었다. 기다시피 산을 내려와 응급실로 갔다. 당직이었던 팻 크로스캐리(Pat Croskerry)는 면담과 진찰을 했다. 오렌지색 유니폼에 멋진 몸매를 가진 건강미 넘치는 사나이에게서 특별한 병을 찾을 수가 없었다. 가족력에서도 의미 있는 병은 없었고 최근 스트레스에 시달린 적도 없었다. 심장 소리도 폐 소리도 모두 정상이었고, 혈압이나 맥박 모두 안정적이었다. 가슴 엑스선 사진과 기초 혈액 검사에서도 특별한 이상을 발견할 수 없었다.
"우려할 원인은 없어 보입니다. 산악 현장에서 무리를 해 근육에 이상이 온 것 같습니다." 닥터 크로스캐리의 설명에 매킨리는 안도하며 집으로 갔다.
다음 날 아침 출근하던 크로스캐리는 응급실 동료의 이야기를 듣고 기절초풍했다.
"어제 자네가 본 남자, 심근경색으로 다시 왔었어."

크로스캐리가 무식하거나 부주의했던 것은 아니다. 처음 매킨리를 보았을 때 오렌지색 제복을 입은 늠름하고 건강한 신체에 압도되었을 뿐이다.[144]

병원에서는 경험 많고 노련한 의사의 직관에 의해 순식간에 생명을 건지기도 하고, 지나보면 아무것도 아닌 엉뚱한 편견에 휩싸여 환자를 위험에 빠뜨리기도 한다. 그것이 직관의 양날이다. 병원 업무에서는 일상 있는 일이며 너무도 흔해 일일이 열거하기도 힘들 지경이다. 프랑스의 유명한 수학자인 앙리 푸앵카레(Jules-Henri Poincare)는 말한다.[145]

논리를 통해 기존의 사실을 증명할 수는 있다. 하지만 새로운 지식을 얻지는 못한다. 새로운 지식의 습득을 가능하게 하는 것은 직관이다.

파블로 피카소(Pablo Picasso)의 <황소의 머리>는 '오브제 트루베(Object Trouve)' 초현실주의 표현양식의 가장 중요한 작품으로 꼽힌다. 어느 날 잡동사니 고물이 잔뜩 쌓여 있는 곳을 보다가, 갑자기 버려진 자전거의 두 물체가 하나로 합쳐지는 모습이 피카소의 뇌리를 스쳤다. 그래서 자전거 핸들과 안장을 붙여 만든 <황소의 머리>가 태어났다.

19세기 독일의 전쟁역사학자인 카를 클라우제비츠(Carl von Clausewitz)는 일반적인 눈으로는 도저히 볼 수 없고, 오랜 경험과 심사숙고를 거친 뒤라야만 비로소 인지되는 진리를 파악하는 능력을 직관이라고 하였다.[146] 그리고 직관은 결단력을 통해서 행동으로 옮길 때 그 가치를 발휘한다고 하였다.

피터 비의 이야기를 다시 한 번 되새겨보자.

동료가 진료를 하고 있었는데 전혀 의식이 없던 그녀를 보는 순간 뭔가 이상했어요. 그녀가 의사의 손끝을 살짝 잡는 것을 봤어요. 제가 지금까지 본 머리 총상 환자에서는 한 번도 경험해보지 못한 매우 특이한 반응이었어요. 그때 확신했죠. 그녀는 산다고. 그래서 101%라고 제 판단을 말씀드린 겁니다.

직관은 건장한 모습의 매킨리처럼 나쁜 선택을 유도하기도 한다. 직관에는 극단적 오류를 불러올 위험을 항상 내포하고 있다. 그러나 오랜 경험을 바탕으로 예민한 관찰을 하며 특이한 반응을 놓치지 않을 때 소방대장이나 피터 리의 직관처럼 해답이 섬광같이 내리꽂히기도 한다. 기존의 사실을 뛰어 넘어 새로운 지식을 창출하기도 한다.

의학의 불확실성을 극복하기 위해서는 고도로 숙련된 의사의 직관이 필요하다. 밀려들어 오는 환자들 속에서, 촉박한 시간 안에 답을 찾는 일은 엄청난 긴장감을 불러온다. 이때 지식과 경험보다 한 수 위의 능력인 직관은 놀라운 힘을 발휘한다. 그러나 의사가 갖는 직관의 예민함보다 의학이 가지는 불확실성의 늪이 더 깊고 넓다. 직관에는 반드시 냉철한 분석의 보좌가 필요한 이유이다. 직관과 철저한 분석의 합일, 이것이 의학의 불확실성을 극복하는 비결이다.

제7장 역할을 이해하고 성과를 창출하다

이 세상에 인간으로 태어난 이상 죽기 전에 내 흔적을 남기고 싶다.
이 세상에 한 가지라도 쓸모 있는 일을 하고 죽고 싶다.

— 엔도 아키라(Endo Akira)[147] —

공부 머리와 일 머리는 다르다. 문명 발전에 따라 업무의 종류는 물론 일 처리 방법도 변하고 있다. 효과적으로 성과를 창출하는 기법을 알아보자. 의사는 어디를 가나 사회적 리더가 된다. 개인에게도 어렵다는 혁신을 어떻게 조직에 적용하여 변화를 이끌 수 있을까?

:: 지식 근로자, 조직에 공헌하고 고객에게 헌신하라

인류 문명이 활주로를 가속하여 달리고 드디어 이륙하는 모습을 갖추게 된 것은 인간이 하는 일의 생산성이 가속적으로 향상되었기 때문이다. 근대화와 산업혁명을 통해 생산성이 급속히 향상된 이유는 증기기관처럼 동력 발생기를 개발하여 이용하였다는 사실과 함께 일이 분업화되었기 때문이다. 혼자서 일을 하던 시대에 비해 분업하여 일을 수행하자 효율적인 일 처리가 가능하게 되었다. 이후 세계대전을 겪고 현대화의 길을 걸으면서 사람의 일은 해당 분야의 단순 스킬에서 해당 분야의 심도 깊은 지식으로 대치되고 각 분야의 전문가가 생겨났다. 경영학의 아버지 피터 드러커가 말한 '지식 근로자(knowledge worker)'가 탄생한 것이다.

산업화와 자본주의가 생성될 무렵 애덤 스미스는 저 유명한 『국부론(The Wealth of Nations)』에서 노동 생산력의 개선은 분업의 결과였다고 말했다. 그는 분업의 시작을 핀 제조공장을 관찰하고 다음과 같이 설명했다.[148]

> 혼자서 일하는 핀 공장의 직공은 아무리 노력해도 하루에 20개의 핀은 도저히 만들 수 없다. 그러나 핀 제조 업무가 많은 부분으로 분할되었다. 한 사람은 철사를 펴고, 다른 사람은 그것을 똑바르게 하고, 세 번째 사람은 자르고, 네 번째 사람은 뾰족하게 하고, 다섯 번째 사람은 그것에 머리를 붙이기 위하여 그 끝을 간다. 머리를 만드는 데도 두세 가지의 별개의 작업이 필요하다. 머리를 붙이는 것이 한 개의 특수한 업무이고, 핀을 희게 가는 것 또한 하나의 작업이며, 그것을 종이에 포장하는 것까지도 독립된 한 개의 작업이다. 따라서 핀 제조라고 하는 중요 업무는 약 18가지의 다른 작업

으로 분할되어, 모두 별개의 손에 의해 이루어지고 있다. 나는 이런 종류의 작은 공장에 가본 일이 있다. 그들은 대단히 빈곤하였고 필요한 기계가 불충분하였음에도 불구하고 10여 명이 하루에 약 12파운드의 핀을 제조하고 있었다.

핀 1파운드는 중형 핀 4,000개가 넘는다. 그러니 열 사람은 12파운드, 즉 하루 48,000개의 핀을 만든다. 한 사람당 4,800개를 만드는 셈이다. 한 사람이 하루 20개를 만드는 것이 현실적으로 불가능한 상황에서 무려 240배 이상 일을 처리해냈다. 이것이 애덤 스미스가 본 근대화 산업화 자본주의로 진보하는 분업의 결과였다.

삶의 존재(being) 의미를 논하고 고민하던 중세 시대에서 직접 행동(doing)하고 그 행동을 효율적인 생산으로 바꾸는 근대가 되었다. 개인이 가진 일의 정보를 백과사전으로 정리하고, 개인별 도제식 기술 전수를 교과서를 이용하여 집단으로 교육하는 방식으로 바뀌었으며, 사변적이고 현학적이던 지식이 실용화되고 응용되었다. 현대로 넘어오면서 육체노동자는 점차 한 분야의 전문가인 '지식 근로자'로 변해갔다. 원가를 절감하던 효율적인 생산에서 점차 효과적이고 전략적인 생산을 목표로 하게 되었으며, 개인의 지식과 경험을 극대화하여 활동하던 방식이 각 개인이 조직에 기여하고 조직의 역량과 경쟁력을 높이는 방향으로 이동해왔다. 이것이 근대로, 또 현대로 이동하고 있는 근로자의 진화과정이다.[149]

전략(戰略, strategy)
[명사]
1. 전쟁을 전반적으로 이끌어가는 방법이나 꾀략.
2. 정치, 경제 따위의 사회적 활동을 하는 데 필요한 책략.

3. (경영) 변화하는 미래의 경영 환경에서 내일의 생존, 성장, 발전을 위해 오늘 해야만 하는 일을 찾아내는 것.
4. (경영) 전략적 사고란 오늘 성과보다 미래를 먼저 생각하는 마음, 자기보다 조직을, 자기 조직보다 다른 조직체와의 경쟁을 먼저 고려하는 마음, 미래를 위해 무엇을 포기해야 하는 지를 생각하는 마음.[150)]

우리는 주어진 업무를 수행할 때, 근현대로 오면서 형성된 '지식 근로자'의 특성을 미처 깨닫지 못하고, 봉건 시대의 활동과 사고방식에 고착되어 있는 경우가 흔하다. 만일 당신이 일을 처리할 때 목적 지향적이지 않고 그저 그날의 업무에 만족하거나, 협의와 협조를 통해 상호 의존적으로 일하지 않고 혼자서 열심히 최선을 다할 뿐이거나, 엄격한 상하 관계에 연연하여 결제하고 보고하는 데 대부분의 시간을 소모하거나, 효과적인 일 처리보다는 그저 효율성에만 관심을 기울이거나, 조직의 사명보다는 자신의 기득권에만 안주하고 집착한다면 백 년 그 이전의 일 처리 방식에 익숙한 사람이다.

나를 먹여 살리는 것은 조직이며, 조직을 먹여 살리는 것은 고객이다.
따라서 나는 조직에 공헌해야 하며, 고객을 위해 헌신해야 한다.

지식 근로자의 특성은 목적 지향적이고, 상호 의존적이며, 조직을 통해서 성과를 완수하고, 상하 관계보다는 팀을 만들어 동등한 입장에서 활동하며, 일의 효율도 중요하지만 전문 지식과 경험을 바탕으로 일을 효과적으로 처리하여 성과를 창출해낸다.

효과적인 일 처리, 즉 목표 달성 능력은 반복적인 실행을 통해 배우게 된다. 나의 생각, 아이디어, 정보를 다른 지식 근로자의 일에 투입하고 융합하여 성과를 창출한다. 따라서 지식 근로자는 내가 속해 있는 조직의 성과와 결과 창출에 내가 공헌할 수 있는 것은 무엇인지 고민한다. 나의 권한이나 기득권보다는 조직에 기여할 책임감에 더 무게를 둔다.

성과 창출을 위한 지식 근로자는 I자형 인재가 되어야 한다. 지식, 기술, 경험, 숙련도를 갖춘 '기본 역량'과 자신이 맡고 있는 분야에 대한 탁월한 전문성인 '전문 역량', 그리고 타 부서 사람과의 수평적인 업무 교류를 자발적이고 협력적으로 수행할 수 있는 팀워크 능력인 '일반 역량'이 I자형 인재의 구성 요건이다.[151] 업무의 처리에서 특히 중요한 것이 '일반 역량', 즉 업무 처리 능력이다.

I자형 인재[152]

지식 근로자는 성과가 존재하는 외부 세계에 관심을 기울이며, 자기 분야의 기술이 조직의 목표와 어떤 관계가 있는지 끊임없이 생각하며, 특히 고객의 입장에서 생각하고 행동한다. 고객은 조직의 존재 이유이기 때문이다. 인적 자원의 수준을 향상하여 인재를 육성하고, 조직의 생존 가치를 창출하며, 조직을 먹여 살릴 성과를 창출한다. 그래서 지식 근로자인 우리는 늘 자신에게 물어보아야 한다. 나는 조직의 존재 목적에 적합한 공헌을 하고 있는가?

:: 성과 창출, 효율보다 효과에 집중하라

효율과 효과

> 효율(效率, efficiency)
> [명사]
> 1. 들인 노력과 얻은 결과의 비율.
> 2. (물리) 기계의 일한 양과 공급되는 에너지의 비.
> 3. (경제) 투입량에 대한 산출량의 상대적 비율, 희소한 자원을 얼마나 잘 활용하였는가의 개념.
>
> 효과(效果, effectiveness)
> [명사]
> 1. 어떤 목적을 지닌 행위에 의하여 드러나는 보람이나 좋은 결과.
> 2. (경제) 목표 대비 성과, 목적을 얼마나 잘 달성하였는가를 나타내는 개념.

피터 드러커는 '효율'은 '일을 제대로 하는 것'이고, '효과'는 '제대로 된 일을 하는 것'이라고 정의한다. 효율적으로 일한다는 것은 능률적으로, 경제적으로, 노련하게, 빨리, 많이 일한다는 의미이다. 그러나 효과적이라는 것은 중요한 일, 제대로 된 일을 선택해서 일이 되도록 집중한다는 의미이다. 경영학의 기본 입장에서는 효율도 중요하지만 전문가 집단에서는 효과가 더 중요한데 성과를 창출하고 조직 기여도를 높이기 때문이다.[153] 피터 드러커의 말을 들어보자.

하지 않아도 될 일을 효율적으로 하는 것만큼 쓸데없는 일은 없다.

필요한 일, 절박한 일을 선택하고 능력과 재정을 집중적으로 투자해서 결과를 창출하는 것이 중요하다. 부지런히 일했다고 용서가 되는 것이 아니라, 전략적으로 일해야 하는데 일을 했으면 성과를 내야하고 성과를 내려면 효과적인 일 처리 능력이 필요하다. 따라서 전략적이란 선택과 집중의 일 처리로 요약해서 말할 수 있다.

성과는 역량에다가 실행 능력을 곱한 것이다.[154] 업무처리에서 역량이란 개인의 재능, 지식, 아이디어와 조직의 기획력, 혁신전략 등을 포함한다. 여기서 실행력이 0에 가까우면 일 처리가 효과적으로 이루어지지 않으며 성과는 미미하거나 얻을 수 없다. 실행력, 즉 일 처리 능력은 배우고 연습하면 누구나 얻을 수 있는 일종의 스킬이다. 생각이나 아이디어를 행동으로 옮기는 기술 그것이 실행 능력이다. 실행은 업무에 대한 자신감을 키우는 가장 효과적인 방법이기도 하다.

업무의 규모와 성질에 관계없이 실행력을 높여 효과적으로 일을 처리하는 공통된 수순과 방법이 있다. 첫째, 생각을 해서, 목표를 정한다. 둘째, 세부 과제와 데드라인으로 구성된, 로드맵을 그린다. 셋째, 수행한다. 뚜렷한 목표도 없이 일에 첨벙 뛰어들거나, 밑그림도 없이 업무를 시작부터 하는 경우는 결과를 예측할 수 없고 성과를 얻기도 어렵다.

1. 생각을 하고, 목표를 정한다

(1) 문제 파악

업무를 시작할 때 가장 먼저 할 일은 목표가 무엇인지 파악하는 것이다. 아인슈타인이 일 잘하는 비법을 알려준다.

어떤 문제를 정확하게 파악하는 것은 그 해답을 찾는 일보다 훨씬 더 중요하다.

해결해야 할 문제가 무엇인지 정확하게 파악하기 위해 시간을 소모해야 한다. 일의 목표, 속성, 한계에 대한 정확한 판단 없이 일에 뛰어들고 보는 것은 업무를 매듭짓지 못하고 흐지부지하는 가장 흔한 이유다. 일을 망친다는 것은 조직의 엄청난 재정과 에너지와 타이밍을 손실한다는 의미이다.

(2) '말뚝 박기'

상사가 지시하고 원하는 목표 수준을 정확하게 알아야 한다. 상사의 의견을 대충 알고 일에 뛰어들어 업무를 진행하다가 상사의 복안과 진행 방향이 다르다는 것을 알게 되면 당혹스럽고 일을 폐기해야 할 수도 있다. '말뚝 박기'가 필요하다. 집을 지으려면 어떤 용도와 특성을 갖춘 건물이 어느 넓이에 몇 층으로 지을 것인지 설계하고, 공사를 시작한다. 업무 수행자는 상사와 의논해 일의 특성, 넓이, 높이를 결정해놓고 일을 시작해야 한다.

상사의 언어를 넘어 동기, 감성까지도 파악해두는 것이 좋다.[155]

지시한 내용 니즈(needs)는 최근 몇 년간의 병상 가동률 파악이지만, 실제 상사의 의중인 원츠(wants)는 병원 수익을 극대화하기 위한 방법들을 다각도로 모색하고 있는 중이다. 상사의 니즈는 물론 원츠를 파악하고 일을 추진하는 것이 중요하다. 업무 요청자인 상사의 입장에서 일을 바라보고 고민한다는 의미이다. 면담을 거쳐 상사의 의도를 충분히 파악했다면 목표를 <한 장 기획서(one page proposal)>156)로 준비하여 업무 시작 전 최종적으로 지시자와 함께 말뚝을 박아 공유하는 것이 바람직하다.

(3) 절박한 것

가장 중요한 목표는 가장 절박한 것이다. 변화를 이루지 못할 때 훗날 겪게 될 고통과 손실을 생각해보고, 집단 전체가 동기화(motivation)할 수 있는 절박한 그 무엇을 결정해야 한다. 벼랑 끝에 선 절박함이 가장 강력한 동기부여이다. 니체의 말이다.

살아야 할 이유를 아는 사람은 그것에 이르는 방법도 찾아낸다.

물론 목표를 달성했을 때 얻게 되는 부수적인 열매도 생생하게 알아야 한다. 희망적인 미래를 예상할 때 개인이나 조직은 동기 부여가 쉽게 이루어지며, 일에 재미를 느끼고 자부심도 갖게 된다.

(4) 솔루션

일의 목표를 정할 때 다양한 색깔의 해결책 중 하나를 미리 선택해야 한다. 경비를 최소화하여 일을 추진해야 하는지, 상당한 재정 손실이 예상되더라도 일단 성취하는 것이 중요한지, 조직원의 긴밀한 협조를 얻는 것이 가장 중요한지를 파악하고 결정해야 한다. 결과는 얻었으나 지나친 재정 손실로 조직이 휘청거리거나, 아무리 돈을 쏟아부어도 동료들의 외면으로 밑 빠진 독에 물 붓기가 되는 경우는 솔루션의 색깔을 미리 정하지 않았기 때문이다.

주어진 과제의 핵심을 파악하고 해결 방안에 대한 전략을 선택하는 것이 일의 반 이상을 차지한다. 많은 시간과 에너지를 소모해야 한다. 해당 분야의 전문가, 해당 부서의 경험자, 유사 업무의 수행 경력자의 조언을 구해야 한다. 사안에 따라서는 경비를 들여 외부 컨설팅을 요청할 수도 있다.

동료와 브레인스토밍 후 토론하고 수정 보완한다. 목표를 글로 적거나 그림이나 알고리듬으로 그려 벽에 붙여 놓고 몰입의 시간을 거쳐 해결책을 결정한다. 해결해야 할 최종적인 목표와 대처방안이 선명하게 설정될 것이다.

2. 세부 과제와 데드라인으로 구성된, 로드맵을 그린다

(1) 낙관과 비관

낙관은 난관에 부딪혀 깨진다. 앞일에 대한 지나친 낙관은 난관을 예측하고 대비책을 세우는 것을 방해할 수 있다.[157] 비현실적인 상상이나 신념은 일을 망치는 지름길이다. 물론 긍정적인 믿음, 성장형 마인드세트가 용기를 주는 것은 사실이지만 어떤 어려움도 뛰어넘겠다는 그저 마인드일 뿐 현실은 다르다.

백 년 전, 1911년 노르웨이의 아문센(Roald Amundsen)과 영국의 스콧 (Robert Falcon Scott) 경은 남극 정복이라는 같은 목표로 같은 시기에 각기 길을 떠났다. 해가 지지 않는 나라 영국 정부의 무한한 지원을 등에 업은 스콧 경의 탐험대 72명 전원은 사망하였다. 아문센의 탐험대는 대원 한 명이 썩은 이를 뽑은 것 말고는 큰 부상 없이 남극을 정복하고 전원 무사 귀환했다. 아문센은 탐험 전 에스키모 인들의 장거리 이동 방식을 철저히 연구해서 장비와 이동 루트를 준비했다. 개썰매 전문가들을 모집했고, 에스키모 개를 활용했다. 에스키모 개는 이동에 탁월했을 뿐더러 비상식량으로도 최고였다.[158]

꿈은 낙관적으로 갖되 일은 비관적인 상황을 최대한 고려해서 준비해야 한다. 희망은 진보적으로 꿈꾸되, 계획과 수행은 보수적으로 해야 한다. 먼저 목표가 성취되었을 때 모습을 시각화해 보고, 다음으로 목표를 이루는 과정에서 갖게 될 난관이나 돌발 사태를 예상해본다. 이것이 로드맵이다. 로드맵을 그릴 때도 선임자나 경험자의 조언을 듣는 것이 중요한데, 그들은 앞서 길을 다녀온 사람이기 때문에 어디에 함정이 있고 언제쯤 예상외의 장애물이 나타날지 알고 있다. 로드맵을 짤 때는 전체 설계를 하고, 골조를 구성하고, 세부 디테일을 다루는 수순이 좋다.

(2) 대안 준비

발생할 수 있는 돌발 상황에 대한 대비책을 백업 플랜(back-up plan)이라고 한다. 최악의 시나리오도 준비해둔다. 야외 운동회를 준비할 때는 일기예보만 믿지 말고 비가 올 경우를 예상하고 대비책을 마련해두어야 한다. 결심을 중도에서 포기하는 경우는 목표 설정의 동기가 부족히거나 명확하지 않았을 때와 함께 장애물에 대한 준비가 부족한 경우가 대부분을 차지한다.

(3) 거꾸로 계획

로드맵을 그릴 때는 업무의 일정과 최종 데드라인, 세부 업무 및 마감 기일, 각 업무의 최종 책임자, 업무의 예상 장애와 대비책을 기입한다. 이때 최종 목표일로부터 오늘까지 역으로 거슬러오면서 일정을 기입하면 업무 수행에 유리하다. 일, 주, 월로 분산된 할 일과 그 일의 데드라인을 설정하는 역산 스케줄링(backward scheduling) 방식이다. 일의 정확한 배분을 통해 초심이 결과로 빈틈없이 이어지게 하는 비법이다.

(4) 공표하기

로드맵이 형성되면 관련 팀원은 물론 전체 직원과 함께 공개적인 선언의 시간을 갖는 것이 좋다. 실천 방안이 합의되어야만 조직원의 협조와 행동을 얻을 수 있기 때문이며, 혹시 의견을 달리하는 사람들도 설득하고 오해의 소지가 없도록 만들 수 있다. 결심은 다른 사람과 공유할 때 지키기가 쉽다.

3. 수행한다

목표를 정하고 로드맵을 그리는 것은 수순이 일정하다. 그러나 실제적인 업무의 실천은 사안에 따라, 여건에 따라, 업무부서의 협조도에 따라, 직원의 호응도에 따라 천차만별의 과정을 겪게 된다. 일 잘하는 머리는 분명히 존재하며, 학습에 의해서 충분히 익힐 수 있는 기법이기도 하다. 열심히 일하지만 성과를 만들어내지 못하는 사람은 어려운 일보다는 쉬운 일을 하려 하며, 효과보다는 효율에 관심을 두며, 조직보다는 개인의 이권에 관심이 많으며, 장기적인 결과보다는 코앞의 떡고물에 연연해한다. 효과적으로 성과를 창출하는 대표적인 일 처리 기법을 알아보자.

성과 창출

1. 상사와 지속적으로 커뮤니케이션하라

일의 진행 경과, 데드라인에 의거한 업무 추진 현황, 업무의 난관, 도움을 받을 일 등을 정기적으로 상사에게 보고해야 한다. 상사도 자신의 상사에게 보고해야 하며, 상사는 일을 하다가 수많은 암초를 겪어본 경험이 있다. 업무의 반복적인 경험은 돌발 상황에 대한 해결 능력을 뛰어나게 만든다. 경험이 최고의 노하우다.

'업무가 어떤 이유로 한계 상황에 와 있다. 해결책은 A안과 B안이 있다. 장단점을 파악할 때 A가 보다 현실성이 있다'고 준비하여 상사를 면담하면 결정적인 도움을 얻을 수 있다. 책임을 전가하듯 보고하지 말고, 내가 얼마나 치열하게 고민했으나 어떻게 해결할지를 몰라 조언을 구한다고 보고해야 한다. 일을 깊이 고민하거나 치열하게 수행해보지도 않고 상사에게 보고하고, 비관적인 불평만 늘어놓는다면 틀림없이 당신에게 일을 못하는 사람이라는 라벨이 붙을 것이다.

2. 지금 즉시 작게 시작하라

일을 수행할 때 첫 단추는 지금, 즉시, 작은 일부터다. 계획은 엄청나고 회의는 연일 열리지만 일을 시작조차 하지 못하는 경우가 허다하다. 간단하면서도 작은 일을 시작하면 더 큰 일을 수행할 의욕이 일어난다. 만만한 일부터 시작해 점점 일에 몰입하게 된다. 일단 발동이 걸리면 자동으로 작동하는 기계처럼 우리의 몸과 마음이 움직이게 된다.

> 꿈을 이루기 위해 우리가 취할 수 있는 첫 번째 조치는, 당장 실천할 수 있는 최소 단위의 일을 찾아내는 것이다.[159]

오늘 할 일부터 하나씩 시작하는 것이 목표 업무 전체를 추진하는 기본적인 시발점이다. 초기에 일의 시작이 어려운 것은 업무에 대한 워밍업이 되어 있지 않아서이며, 업무에 빠지기 시작하면 거침없이 몰두하게 된다.

3. 데드라인을 항상 염두에 두라

목표에 따라 역산 스케줄링으로 설정된 로드맵에는 해당 과제, 책임자와 함께 반드시 데드라인이 적혀 있다. 아무리 멋진 일이라도 아무리 잘 준비된 계획이라도 데드라인을 이탈해버리면 업무 실행의 생명은 끝난다.

데드라인을 지켜야 하는 압박감은 지속적인 긴장을 불러와 성과를 끝내 창출하게 한다. 궤도 이탈을 방지해준다. 여유가 있으면 일이 곁가지로 흘러갈 위험이 있기 때문에 목표 달성을 위해서는 다소 빠듯한 타임 테이블이 유리하다. 시간적 압박은 빠른 결정을 재촉하여 지나친 고민 끝에 엉뚱한 결정을 내리는 실수를 막아준다.

4. 일을 실험이라 생각하라

업무를 처리할 때 가장 부담스러운 것이 상대방의 거절이나 비협조로 발생하는 실패에 대한 두려움이다. 이때 업무를 실험 상황이라고 생각하면 보다 객관적인 입장을 취하게 되어, 덜 감정적이 되어 심적 부담이 줄어든다. 실험의 속성을 감안한다면, 사소한 실패는 얼마든지 일어날 수 있는 일이다. 실패에서 뭔가 하나라도 배울 수 있다. 빈틈없이 준비하되 실패를 두려워하지 않는 자세, 이것이 업무를 실험으로 객관화하는 방법이다.

실험이라고 생각하면 논리적 사고도 향상된다. 숙제가 주어지면 호기심을 가지고 면밀히 정보를 수집하여 판단해보고 과연 답이 어디쯤에 있을지 고민해본다. 실험이란 기존의 방식을 뒤집는 새로운 시도라는 의미도 있다. 늘 하던 업무 처리 방식을 벗어나 보다 획기적인 방법을 한번 적용해보는 것도 일을 실험으로 바꾸어 생각할 때 가능하다.

의사들은 실험에 익숙해 있기 때문에 실험처럼 일하는 방식은 유용하게 일상 업무에도 적용해볼 수 있다. 선생님이나 선배의 조언으로 가설을 설정하고, 빈틈없이 재료를 준비하고, 고달프지만 꾸준히 실험을 추진하고, 돌발 상황이 발생할 때 조언을 구하고 신속히 대처하며, 정직하게 수행하며, 빈틈없이 일을 처리하는 과정은 업무 처리에서도 그대로 적용 가능하다.

5. '옥상'으로 올라가 도움을 요청하라

나와 내 부서의 능력과 노력만으로 성과를 만들어내기는 어렵다. 지식 근로자의 업무는 분업화되어 있기 때문이다. 누가 주도를 하며 누가 협조를 하느냐의 문제이지 나와 내 부서가 일을 모두 처리하는 경우는 간단한 심부름이면 모를까 드물다. 따라서 성과를 창출하는 일 처리 중 필수적인 하나는 반드시 조언과 협조를 구하는 것이다.

일을 주도적으로 한다는 것을 내가 알아서 다 처리한다는 의미로 받아들이는 사람이 있지만, 주도성은 뚜렷한 목표 아래 열정을 가지고 전진하는 것을 의미하며 여기에는 타인과 다른 부서의 도움과 지도를 받아들인다는 의미까지도 포함하고 있다.

혼자 하려고 하다가 일을 그르치는 경우가 잦은 사람은 분명 하수(下手)다. 대부분의 의미 있고 무게 있는 일들은 '옥상(屋上)'에서 일이 완성되기 때문이다. 각 개인이나 집단의 '집안'에 쌓아둔 자료와 분석 결과와 판단이 '옥상'으로 올라가 다른 부서의 그것과 만날 때 일이 완성되어 성과를 만든다. 성과를 잘 만들어내는 사람을 유심히 관찰해보자. 일도 열심히 하지만 얼마나 자주 많은 전문가와 타 부서를 찾아 조언을 구하는지를 배울 필요가 있다. 질병도 그렇지만 일도 소문을 내야 잘 해결할 수 있다. 도움을 제공한 사람은 도움을 요청한 사람에게 호의를 느끼게 된다. 인간의 간절한 본성 중 하나는 남에게 인정받고 싶은 것이기 때문에 나에게 충고를 해주는 사람보다 나에게 조언을 구하는 사람에게 더 호감을 느끼게 마련이다.

여기저기 자주 묻고 다니는 사람은 팔불출이 아니라 강력한 성취 동기가 내재되어 있는 사람이다. 일의 절박한 목표를 알고 있기 때문에 성과를 내고 싶은 욕구가 간절하며 그래서 끊임없이 조언을 구하는 것이다. 자존심이고 뭐고 모두 버리고 일을 위해 달리는 사람은 일 처리에 비범한 사람일 가능성이 높다. 공자의 말씀을 들어보자.

분발하지 않으면 알려주지 않고 애태우지 않으면 일러주지 않는다.[160]

자주 묻고 다니는 사람을 눈여겨보자. 그들은 쉽게 묻고 조언을 구하는 방법을 알고 있다. 단도직입적이면서도 겸손하게, 효과적으로 질문하고 상대방의 답변에 귀 기울인다. 상대방이 자기를 돕고 싶은 마음이 들도록 유도한다. 도와주지 않으면 안 될 간절한 이유를 제공한다. 목표가 무엇이며 자신이 어떤 노력을 했는지도 알려준다. 그리고 일이 끝났을 때 반드시 결과를 알려주어 고마움을 표현한다. 무턱대고 질문하고, 성실히 답변을 해주어도 언제 그랬느냐는 듯이 쉽게 잊어버리는 사람은 다시는 좋은 조언을 구하기가 어려울 것이다.

6. 일에 몰입하라

업무가 주어지면 빠른 시간 내에 목표와 동기를 설정하고 로드맵을 짜는 과정에서 몰입은 중요하지만, 일을 수행하는 과정에서도 역시 몰입은 중요하다. 일에 깊이 빠지지 않으면 별별 어려움이나 유혹에 쉽게 흔들린다. 목표에서 관심이 멀어질 무렵 걸림돌이 불쑥 나타나게 된다. 아리스토텔레스의 말을 들어보자.

머릿속으로 자신이 바라는 것을 생생하게 그리면 온몸의 세포는
모두 그 목적을 달성하는 방향으로 조절된다.

몰입은 일의 재미, 숙련, 창의성은 물론 인간의 최대 행복감을 창출하는 도구로 주목받고 있다. 일보다 생각을 열심히 하는 시대가 왔다. 출장 중 기차 안에서, 비행기 안에서, 주말 사우나에서, 이발소나 미장원에서, 출퇴근길 버스 안에서, 조용한 공원의 벤치에서 쪽지에 메

모한 업무를 보며 우리는 일에 몰입할 수 있으며, 일을 즐길 수 있다. 흥미로운 사실은 몰입은 휴가 때보다 업무 수행 중에 더 잘 일어난다.

7. 깻잎 한 장 차이를 극복하라

뭔가를 배우고 그것을 몸에 익히는 과정은 언제나 계단식 성장이다. 일정 수준이 될 때까지는 눈에 띄는 변화를 보이지 않다가 특정 시점을 벗어나는 그 순간 점프하는 모양이다. 물을 가열해보면 일정 온도까지는 아무런 변화를 보이지 않다가 섭씨 백도에 도달하는 그 순간 물은 액체에서 기체로 변한다.

업무도 학습과 마찬가지로 계단식 성취를 보인다. 에너지 퍼텐셜이 쌓이는 과정이 필요하며 어느 시점에 이르면 폭발적인 결과를 창출한다. 이 기간의 인내와 고독을 얼마나 잘 견디느냐가 결국 성과를 달성하느냐 마느냐를 결정짓는 열쇠이다. 경험이 적은 사람이 큰 업무를 감당하지 못하는 것은 일에 대한 접근 방식도 잘 모르지만, 업무 처리에 당연히 필요한 참을성이 부족해 쉽게 포기하기 때문이다. 일의 성취와 실패는 깻잎처럼 얇은 간발의 차이에서 이루어진다.

검은 먹구름이 장대비를 뿌리고 높은 파도가 사납게 일렁이는 8월 중순의 감포 앞바다는 을씨년스러웠다. 피서철이 지나 순식간에 인파가 빠져나간 데다 태풍이 대한해협을 따라 올라오고 있었기 때문이었다. 아기와 아내와 늦은 여름휴가를 떠나왔지만 수영은커녕 비바람에 해변을 거닐 엄두도 내지 못했다. 바닷가 레스토랑에서 넓은 창 너머로 빗속에서 넘실대는 검은 바다의 몸부림을 만끽할 뿐. 해변에는 태풍을 감지한 갈매기 떼들이 요란스럽게 비행을 하고 있었다. 백사장에는 수영복을 입은 두 명의 처녀와 두 명의 총각이 장대비를 맞으며 거품을 문 파도가 밀려오고 밀려가는 때에 맞춰 바다를 희롱하고 있었다. 늦은 휴가를 아쉬워하며 잠시라도 바닷물을 적시지 않고는 도저히 이곳을 떠날 수 없다는 그들의 바람을 나는 알고 있었다. 아기와 아내만 없었다면 나도 그들과 함께 비를 맞으며 바닷물을 만지고 싶은 마음 간절했으니까.

막 식사가 시작될 무렵이었다. "사람이 물에 빠졌어!" 누군가의 외마디 소리에 나는 별다른 선택의 고민 없이 젊은 커플이 있던 해변으로 눈을 돌렸다. 아뿔싸! 아니나 다를까 남자 한 사람이 바다에 빠져 있었다. 레스토랑의 모든 남정네는 말할 것도 없이 어디에서 나왔는지 십여 명의 남자들이 해변으로 달려갔다. 누구는 밧줄을, 누구는 고무튜브를 손에 들고.

두 사람의 여자와 한 사람의 남자는 실성한 지경으로 비명을 지르고 있었으며, 한 사람의 젊은이는 불과 20여 미터 전방의 바다에 빠져 있었다. 땅콩 몸매에 검붉은 피부와 구레나룻을 걸친 횟집 주인장이 튜브에 몸을 넣고 밧줄로 묶은 다음 남정네들이 줄을 당기면서 바다로 들어가려고 했다. 그러나 파도의 힘은 그렇게 만만한 것이 아니었다. 겨우 5미터를 들어가도 파도가 밀려오면 족히 7~8미터는 후퇴하게 되었으니까. 수십 차례를 시도하였지만 파도를 거슬러 불쌍한 젊은이에게 접근할 방도가 없었다. 모두 비명만 지르며 멍하니 쳐다볼 밖에.

태권도 선수라는 젊은이는 국제시합을 위한 하계훈련으로 여름 내내 구슬땀을 흘리다가 꿈같은 하루 휴가를 얻어 이곳에 왔으며 잠시나마 수영을 하겠다고 바다에 몸을 담근 것이 일의 시작이었다. 비바람 치는 파도 위로 팔을 휘젓는 태권도 선수가 보이자 모두 고래고래 소리쳤다. 힘내! 조금만 이쪽으로! 오빠 제발! 그러나 그것도 잠시 뒤에서 달려든 파도는 그를 삼켜버렸다. 물 밑으로 들어간 그는 보이지 않았고 그때부터 이 세상에서 가장 길고 적막한 1분여가 흘렀다. 그러다가 다시 물 위로 젊은이가 떠오르면 또 모두 외마디 소리를 질렀으나 역시 뒤이어 달려온 파도는 어김없이 비웃으며 그를 삼켜버렸다. 이러기를 수십 차례, 수면 위로 떠오르는 젊은이의 움직임도 점점 약해질 밖에. 기운이 빠져 팔도 잘 들지 못했다. 기력이 떨어지고 있었다. 손 놓고 기다리기만 하지 아무 대책이 없다는 것은 아마 이런 상황을 바라본 ㄱ 누군가가 만든 탄식의 언어이리라.

그때였다. 수면 위로 올라온 젊은이가 마지막 힘을 다하는 듯 오른쪽 팔을 힘겹게 들자 그의 오른쪽 어깨 바로 아래로 다음 파도가 밀려들면서 그를 삼키지 못했고 그는 해변으로 10여 미터 밀려나왔다. 기회였다. 구레나룻은 튜브를 끼고 필사적으로 그를 향해 돌진했고 우리는 죽을힘을 다해 밧줄을 잡았다. 다음 파도가 오기 직전 구레나룻이 젊은이의 한쪽 어깨와 머리채를 잡는 것을 보자 남정네는 물론 부녀자들까지 밧줄을 힘껏 당겼다. 멀리서 지켜보다 달려온 사람들까지 이십여 명이 줄을 잡아당기자 구레나룻과 젊은이는 모래사장 가까이 나올 수 있었다. 청년의 얼굴은 새파랗게 질려 있었으며, 차고 짠 그의 입에 인공호흡을 하던 중 멀리서 앰뷸런스 소리가 들렸다. 젊은이는 큰 기침과 함께 짠물을 세 바가지쯤 토해내고는 게슴츠레 눈을 떴고 쓰러져 우는 여자 친구의 손을 잡고 히죽 웃었다. 여자 앞이라면 남자는 늘 용감하다. 검붉은 피부가 뽀얗게 변한 구레나룻은 짧은 팔과 다리를 큰 대자로 뻗고 하늘을 향해 누워 개구리 배를 쉴 새 없이 들썩이며 비에 젖은 공기를 거칠게 흡입하고 있었다.

파도는 해변으로 끊임없이 밀려오고 있지만 바다에 빠진 사람은 그저 상하 운동만 한다. 밀려오는 파도가 사람을 삼키고 물 위로 떠오르면 다시 삼켜버려 상하 운동이 반복될 뿐이다. 그러다가 기운이 빠지면 바다가 사람을 잡아먹는 모양이다. 그런데 그는 운동선수로 체력이 좋아 바다가 욕심을 채우지 못했다. 마지막 힘을 다해 높이 든 팔의 어깻죽지로 다음 파도가 밀려들자 이제는 사람이 해변으로 전진 운동이 시작되었다. 간발의 순간에, 죽을 힘을 다해 조금 더 팔을 들었을 뿐인 그 높이의 차이에서 생사가 갈렸다. 죽음과 생존이 그저 깻잎처럼 얇은 그 차이에 의해 결정되는 것이다.

수백조 원을 벌어들인 『해리포터(Harry Potter)』의 작가 조앤 롤링(Joanne Rowling)은 처음 책이 출간될 때까지 12번이나 출판사로부터 거절을 당했다. 가난한 싱글 맘은 생후 4개월 된 딸아이에게 먹일 우유가 없어 물만 먹인 적이 있었다. 일을 하다 보면 모든 것이 끝나 이제 더 이상의 방법은 없고 한계에 다다랐다는 느낌이 오는 순간이 있다. 그러나 그때가 바로 인생의 절정이며, 물이 끓기 직전이다. 이 지점을 어떻게 극복하느냐가 성취와 실패의 갈림길이다.

> 아메리카 인디언 제사장인 레인메이커가 기우제를 지내면 반드시 비가 옵니다. 레인메이커는 한 번도 실패한 적이 없답니다. 그는 한 번 기우제를 시작하면 비가 올 때까지 계속했으니까요.[161)]

기다림을 인내하고 고독을 견딜 수 있는 현실적인 훈련 방법 중 하나는 작은 성공을 여러 번 경험하는 것이다. 버겁기만 하던 작은 언덕을 넘어서면 성취의 기쁨을 맛보게 되며 이것은 다음 일을 성공하기 위해 더없이 좋은 약이다. 경험이 적은 조직원에게 작은 일을 완벽하게 완성하여 성과를 내는 기쁨을 맛보게 하는 것은 대단히 중요하다.

반복적으로 장벽을 만나면 아무리 강한 사람이나 조직도 지치게 마련이다. 이때 자신을 지켜주고 멀리 갈 수 있도록 도와주는 것은 개인이나 조직의 절박한 목적의식, 즉 동기이다. 평소 내재동기에 집중하고 성장형 마인드를 습성화하는 것이 그래서 중요하다. 해뜨기 직전이 가장 어두운 것처럼, 성공하기 직전이 가장 힘든 법이다. 성공하는 사람이 이 기간을 견디게 하는 힘은 꿈의 크기가 남다르고 관점이 다르기 때문이다. 프로이센 제국의 장군 폰 몰트케(Helmuth von Moltke)의 조언을 들어보자.

나는 항상 젊은이들의 실패를 흥미롭게 바라본다. 실패하고 물러서는가, 아니면 다시 서는가. 젊은이 앞에는 이 두 가지 길이 있는데 이 순간에 성공은 결정되는 것이다.

8. 디테일이 스케일이다

조직의 업무에서는 사소해 보이는 수치도 중요하다. 사소한 실수는 전체 결과를 뒤틀리게 하고, 판단의 초점을 왜곡시킬 수 있다. 미세하나마 잦은 실수는 신뢰도를 떨어뜨린다.

세심해야 성공한다.

대륙을 호령하던 칭기즈 칸(Genghis Khan)의 말이다. 디테일이 스케일이다. 큰 업무도 발밑 돌부리에 걸려 넘어질 수 있다. 그래서 경쟁력의 차이는 디테일에서 온다. 데이비드 패커드(David Packard)의 이야기를 들어보자.

작은 일이 큰일을 이루게 하고, 디테일이 완벽을 가능하게 한다.

업무의 고수들이 일하는 방식을 관찰해보자. 전체 스케일을 구성하는 안목이나 일을 추진하는 수순도 멋지지만, 쩨쩨할 정도로 미세한 일에 얼마나 관심을 기울이는지 보게 될 것이다. 디테일을 놓치지 않는 방법 중 하나가 상사나 동료를 이용하는 것이다. 보고서를 제출하기 전 간단한 프레젠테이션을 가져 조언을 받고 협조를 구할 수 있다. 오자나 엉뚱한 수치의 실수라도 교정해줄 것이다. 자신의 업무에 수주 수개월 묻혀 지내다 보면 뻔한 오류도 내 눈에는 띄지 않는다.

일을 처리하는 데 몰입은 중요하지만 관심이 매몰되어 시야를 좁히는 위험이 있다.

9. 치열하게 토론하라

공식적인 회의에서는 예의를 갖추어 말할 것, 즉흥적인 이야기보다 준비된 이야기를 할 것, 적극적으로 말할 것이 중요하다. 아무리 기발한 아이디어라도 비아냥거리는 투의 예의 없는 의견은 상대방의 귀에 들어오지 않으며, 즉흥적이고 주제를 벗어난 사적인 이야기는 시간을 소모하며 상대를 지치게 만든다. 심사숙고한 내용을 조리 있게 그러나 거침없이 보고하는 것은 회의의 결과를 포지티브 방향으로 이끌고, 자신의 역량을 드러내 보이며, 다른 사람의 조언을 듣고 배울 수 있는 기회도 된다.

논쟁이 벌어지는 경우 상대방이 핵심 사항을 잘 모르고 있거나, 아니면 나의 업무 준비에 결정적인 오류가 있거나 둘 중 하나다. 전자라면 최대한 발언 기회를 얻어 끝까지 설득해야 하며, 후자라면 쉽게 수용해야 한다. 전자인데, 윗분이라 참거나, 대충 보고해 책임이나 면하겠다고 소극적으로 접근하면 조직에 치명적인 손상을 입힌다. 후자인데, 자신이 준비한 자료에 대한 애착으로 끝까지 몰아붙이면 회의가 쓸데없는 갈등의 늪에 빠져 나아가지 못하게 된다.

회의는 회의 전에 미리 자료를 보내주고 진행하는 것이 바람직하다. 여러 사람이 의견을 낼 때는 세상의 아이디어 중에 몹쓸 아이디어는 하나도 없다는 생각으로 접근해야 한다. 회의가 끝나면 반드시 '회의 결정사항'과 '데드라인'과 '책임자'를 기록해서, 즉시 해당 부서로 보내 바로 실행되어야 한다. 즉시 실행하는 것이 회의의 꽃이다.

10. 이어달리기 선수처럼 보고하고, 보고받으라

근육의 산소가 극한으로 소실된 선수가 다음 주자에게 최고의 속도를 전해주기 위해 이를 악물고 내딛는 마지막 질주, 그가 죽을 힘을 다해 전해준 속도가 줄지 않고 지속되도록 호흡을 가다듬고 타이밍을 맞추어 폭발적인 급가속을 일으키는 또 다른 선수의 첫 질주, 그 과정에서 절대 놓치지 말아야 할 바통. 업무의 보고와 인수인계는 이어달리기 주자들의 그것처럼 속도가 끊어지지 않고 바통을 놓치지 않도록 두 주자 사이에 최선의 연결이 필요하다.

짧은 보고도 요령이 있다. 보고에 빠지지 말아야 할 것은 타이밍, 문제의 핵심 그리고 솔루션이다. 첫째, 보고의 시기가 급한 것인지 아닌지 타이밍을 놓치지 말아야 한다. 둘째, 핵심 사항을 정확하게 전달하기 위해 파워 있는 보고를 하는 것이 좋은데, 결론을 먼저 말하고 이어서 그 근거와 이유를 설명한다. 응급 상황이 아니라면 동원할 수 있는 모든 정보를 빠른 시간 내에 모은 후 보고해야 한다. 보고에서 흔히 빠지는 것이 마지막인 솔루션이다. 통상적이든 응급 상황이든, 보고라면 솔루션을 준비해 가는 것이 원칙이다. 순발력 있게 나름의 해결책을 준비하는 것은 책임감 있는 자세를 보여주는 것이며, 여기에 상사의 조언을 합치면 거의 틀림없이 대처 방안이 완성된다.

11. 맡은 일은 책임져라

마지못해 할 일이면 하지 않는 것이 바람직하고, 했으면 성과를 내고 반드시 책임을 져야 한다. 진료는 물론이지만 업무처리도 책임을 져야 한다. 조직의 시간, 재정, 에너지를 소모하여 진행한 일에 책임을 져야 할 사람은 바로 당신이다. 굳건한 책임감은 일에 대한 열정을 불러일으키며 성과를 창출하는 원동력이다. 나를 중심으로 생각하지 않고, 우리 부서만을 생각하지 않고, 타 부서, 전체 조직 나아가 조직의 미래까지 염려하는 확장된 사고는 바로 나의 책임의식에서 출발한다. 피터 드러커의 조언에 귀 기울여 보자.

> 책임에 초점을 맞춤으로써 보다 큰 자신을 발견하게 된다. 이것은 자만심이나 자존심이 아니라 긍지와 자신감이다.

:: 리더십, 책임지고 섬기는 정신

수년 전 많은 수의 미국 직장인들을 대상으로 시행한 다음과 같은 설문조사를 읽고, 결과를 보지 않고 며칠을 그들처럼 고민해본 적이 있다.

> 당신의 조직에 새로운 리더를 선출하게 됩니다. 당신은 자신과 조직의 이익을 위해, 당신과 조직의 꿈을 이루기 위해 어떤 리더를 선택하길 원합니까? 당신이 원하는 리더의 두 가지 특성을 적어보시오.

과연 나에게는, 우리에게는 어떤 리더가 필요할까? 두 가지의 특성을 찾아 내가 리더가 되어보기도 하고, 지금까지 만난 리더들을 되새겨보기도 하고, 역사 속으로 걸어 들어간 뛰어난 지도자들을 떠올려보면서 며칠을 보낸 후 나름 두 가지를 적어보았다. 설문 결과를 확인하고 깜짝 놀랐다. 미국 직장인들이 가장 많이 적어낸 결과가 필자가 지목한 특성과 같았기 때문이다.

높은 도덕성과 조직에 대한 책임감

대부분의 조직 구성원들은 이 두 가지를 충실히 보유한 리더를 요구한다는 것과 역으로 리더는 반드시 이 두 가지를 갖추어야 한다는 것을 알 수 있다. 리더는 특정 분야에서 오랜 기간 일해 뛰어난 전문가가 되거나 그저 높은 자리를 차지한 사람을 일컫는 말이 아니다. 뛰어난 사상으로 남에게 삶의 모범이 된다고 그가 곧 리더가 되는 것도 아니다.

서울대학교 김광웅 교수는 권력은 봉사라는 말로 권력을 가진 리더들이 나는 뒷전으로 밀치고 너에게 봉사하기 위해 리더가 되어야 한다고 지적했다.[162) 소크라테스의 이야기다.

> 진정한 리더는 자신의 이익을 찾는 사람이 아니라 추종자의 이익
> 을 찾는 사람이다.

리더십은 경쟁에서 이기려고만 들지 않고, 나와 너만을 위해서가 아니라 우리 모두를 위해 정직하고 떳떳하고 자랑스러운 세상을 만들어 간다는 의미를 내포하고 있다. 이케다 다이사쿠의 조언을 들어보자.[163)

> 인재는 있다. 찾으면 발견할 수 있다. 그러나 리더가 사심을 갖고
> 있으면 성실한 인재일수록 고통받게 된다. 반대로 리더가 사심이
> 없을수록 그 '사심 없는 진공 상태'에 빨려 들어가듯 중지(衆志)가
> 모이고 민중의 신망이 모인다.

무너져 내리는 조선을 살리고자 혼신의 힘을 다했던, 과거(科擧)에 아홉 번 장원급제한 희대의 천재 율곡 이이는 선조의 미온적이고 방

관적인 태도 때문에 늘 고통을 받았다. 율곡은 망상과 아집에 빠진 선조에게 맹자의 말을 인용해 임금만 바르게 하면 나라는 저절로 안정된다고 이마가 벗겨지도록 조아렸다. 몸은 쇠약해지고 충정은 받아들여지지 않자 수차례 사직서를 올렸다. 그때마다 선조는 그대가 없으면 나와 조선은 어쩌겠느냐며 말렸다. 성실한 인재 율곡은 마흔 여덟에 화병으로 죽었다.[164]

의사는 대학이나 병원이나 학회, 지역에서 자신의 전문 분야에 대한 연륜을 쌓고 나이가 들면 보직을 맡을 수 있다. 진료와 교육은 물론 사회나 조직에 대한 봉사의 조건으로 특정한 보직을 일정 기간 담당하게 된다. 그러나 대부분의 의사들이 받은 리더십에 대한 교육은 미천하다. 삶의 경험과 전문 분야에서 겪은 노하우를 가지고 업무에 임하게 되고 실수와 실패를 겪으면서 리더가 무엇인지 고민하고 배워간다.

시행착오의 경험은 재정적으로나 시간적으로나 그 대가가 크다. 미리 교육받거나 훈련된 리더라면 불러오지 않을 손실을 한 리더가 성숙하는 과정에서 투자비용으로 조직과 조직 구성원이 감당해야 하는 값이 너무 크다. 의사도 리더십이 무엇인지, 리더는 무엇을 해야 하는지 어떻게 해야 하는지를 교육받고 훈련해야 한다. 보직이라는 리더의 자리는 나이가 들면 조직이 당신에게 주는 인센티브가 아니다.

> 좋은 리더는 책임은 자기가 지고 대신 공(功)은 아랫사람에게 돌린다. 나쁜 리더는 책임은 아랫사람에게 돌리고 공은 자기가 가지려든다. 리더란 가장 화려한 높은 자리에서 남들을 굽어보기 위해 존재하는 것이 아니라, 누구보다 무거운 책임을 지고 무리를 써받치고 이끌기 위해 존재한다. 리더가 자기 욕심만을 챙기려 들 때 조

직은 와해되고 만다.[165]

리더십은 희생과 봉사의 정신이다. 명령과 복종으로 이루어지는 리더와 추종자의 수직적 관계는 이제 서로 돕는 협동적·수평적 관계로 바뀌고 있다. 적재적소에 적합한 능력의 조직원을 배치하여 조직 공동의 목표를 향해 함께 노력해가는 과정이 현대적인 의미의 리더십이다. 오늘 좋은 것을 내일 더 좋은 것으로 만들 수 있도록 고취시키는 것이 리더십이다. 내일을 보는 눈인 비전이 있어야 조직을 자극하고 다독거려 오늘 조직원이 수고와 희생을 주저 없이 하도록 이끌고, 내일 자긍심과 성취의 열매를 그들의 몫으로 돌려줄 수 있다. 한밤에 집현전을 찾아 학사들을 부추기는 세종대왕의 당부를 들어보자.[166]

> 우리 모두 목숨을 버릴 각오로 독서하고 공부하자. 조상을 위해, 부모를 위해, 후손을 위해 여기서 일하다가 같이 죽자.

어떤 조직이든 리더는 높은 도덕성과 함께 책임의식이 뛰어나야 한다. 그래야 일을 끝까지 수행하며, '일이 되도록' 할 것이다. 도덕성과 책임 의식이 약하니 갈등이나 한계에 부닥치면 적당한 수준에서 눈을 감아버리고 마는 것이다. 책임 의식이 약하다는 것은 초장에 리더가 될 마음의 준비가 되어 있지 않았다는 것을 의미한다. 조직에 대한 깊은 애정을 당신의 무한 책임으로 수행할 수 있는가? '예'라고 답할 수 있어야 리더가 될 수 있다.

병원 진료 업무의 특성 중 하나는 팀워크이다. 진료 각과의 협력은 말할 것도 없고, 영상의학과와 병리과, 진단검사의학과 등 다양한 과의 협조를 받아 업무를 수행한다. 하나의 진료 팀을 보더라도 교수와 전임의, 책임 전공의와 주니어 전공의, 인턴 등이 축을 이루고 간호사와 보조 직원 등 거대한 구조의 협조체제를 이룬다.

일례를 들어보자. 책임 전공의는 교수와 전임의와 논의하여 진료의 향후 진행 방향을 정확하게 파악하고 수행하는 중심축으로 주니어 전공의의 업무 보조뿐 아니라 피곤한지 개인적인 갈등은 없는지 등 사생활이나 심적 변화도 챙겨야 하며, 교육 프로그램의 일정 조정과 준비, 병실의 빠른 수급, 혈액의 조달, 간호사와의 협의, 검사실 직원과의 긴밀한 소통, 환자의 사소한 불평에 대한 원만한 해결, 수술 업무의 보조 및 새로운 치료법의 수행 등 리더로서 다양한 업무를 감당하고 배운다. 마치 전쟁터의 소대장처럼 아래위를 연결하면서 힘든 전쟁을 하루하루 치르는 것이다. 만일 책임전공의가 자기 자신의 입장이나 이익에만 관심을 둔다면 조직은 와해될 것이며, 진료와 교육의 질은 떨어질 것이며 이렇게 발생한 손해는 고스란히 환자와 조직 구성원이 감당하게 된다. 끔찍한 일이 아닐 수 없다.

:: 변화, 기수보다 코끼리를 먼저 설득하라

개인이나 조직체가 어떻게 하면 그 어렵다는 변화와 혁신을 보다 손쉽게 이끌 수 있는지를 소개한 책이 칩 히스(Chip Heath)와 댄 히스(Dan Heath) 형제가 발표한 『스위치(switch)』이다.167) 모든 변화에는 스위치를 켜듯 손쉽게 유도할 수 있는 공통적인 패턴이 있다는 흥미로운 주장이다.

한 연구에 따르면 영화관에서 대형 팝콘 통을 받은 사람이 중형 팝콘 통을 받은 사람보다 양으로는 무려 53%, 칼로리로는 173칼로리를 더 섭취했다.[168] 큰 그릇에 먹는 사람이 더 많이 먹으며, 덜 먹으려면 건강 지식에 대한 교육이나 습성 연구를 하기 전에 먼저 그릇 크기를 줄이는 상황 변화만 있으면 된다. 과식을 하는 사람은 그 사람의 문제가 아니라 대부분 상황의 문제이니 그 사람의 과식이라는 행동 방식에 변화를 이끌려면 팝콘 봉지나 밥그릇의 크기라는 상황을 변화시켜 주어야 한다. 개인이나 조직의 변화를 유도하는 중요한 관찰이다.

그러나 상황을 바꾸는 것이 변화의 전부는 아니다. 알코올 중독자가 재활시설의 새로운 상황에서는 잘 견디지만, 그곳을 벗어나는 순간 상황은 영향력을 잃어버린다. 따라서 환경이라는 상황뿐만 아니라 그의 가슴과 머리도 변화시켜야 한다. 그런데 우리의 감성과 이성은 자주 충돌을 일으킨다는 것이 문제다. 본능에 치우치며 고통과 즐거움을 느끼는 감성과 심사숙고하고 분석하며 미래를 들여다보는 이성이 서로 으르렁거리며 부딪쳐 변화를 유도하는 데 방해가 되는 경우가 흔하다.

2001년 종교계의 노벨상이라 할 수 있는 템플턴상(Templeton Prize)을 수상했으며, 같은 해 긍정심리학 대상을 받은 버지니아 대학 심리학 교수인 조너선 헤이트(Jonathan Haidt)의 유명한 학설을 들어보자.[169]

> 우리의 감성적인 측면이 코끼리라면 우리의 이성적인 측면은 거기에 올라탄 기수인 셈이다. 기수가 코끼리에 올라타고 명령하니 리더로 보이지만, 코끼리와 기수의 의견이 일치하지 않을 때는 항상 코끼리가 이긴다. 덩치만 봐도 기수는 상대가 되지 않는다.

늦잠을 자거나 과식을 하거나 금연에 판판이 실패하는 개인이나, 물자를 절약하거나 병원인증 평가를 수행하는 조직체의 변화 노력이 늘 만족스럽지 못한 것은 대개 코끼리의 잘못이다. 눈앞의 만족에 관심이 많은 코끼리의 갈망이 장기적으로 판단하고 전략을 세우는 기수의 생각과 부딪히면 항상 코끼리가 이기기 때문이다.

우리는 흔히 논리적이고 명확한 설명만 있으면 개인이나 조직을 변화시킬 수 있다고 착각한다. 그래서 업무의 목표에 대해 수차례에 걸쳐 설명하고 설득하는 시간을 갖는다. 그런데 조직은 하품이나 하고 먼 산만 멀뚱히 보고 있다. 이 업무를 완성하지 못하면 우리는 죽을 수 있다고 협박도 하고, 일이 잘되면 꿈같은 낙원이 도래하리라 동기부여도 한다. 그러나 조직은 꿈쩍도 하지 않는다. 하품하고 먼 산을 보면서 꿈쩍도 하지 않는 것은 코끼리다. 기수야 알아듣든 말든 코끼리는 딴청을 피우는 것이다.

코끼리는 사랑과 동정, 공감과 충성 등의 감정을 담당하고 있다. 어떤 목표를 향해 전진하려면 코끼리의 열정과 추진력이 반드시 필요하다. 지나치게 분석적이라 시간이나 축내는 기수의 약점을 보완해 주는 것이 코끼리다. 사정이 이러하니 우리가 뭔가 변화를 유도하고 싶다면 코끼리와 기수 모두를 동시에 설득하는 수밖에 없다. 뚜렷한 목표 의식과 열정적 관심, 두 가지 모두를 얻어야 변화에 성공할 수 있다.

시대는 개인이나 조직이 끊임없이 변화하고 적응하는 체질을 갖기를 요구하고 있다. 끊임없이 변화하는 것, 여기에 조직의 고민이 숨어 있다. 거대한 몸집이 거인이 마치 우아한 발레를 히듯 시뿐히 움직일 수 있는 체질이 현대적인 조직체의 이상형이다.

세상에서 변하지 않는 것은 하나밖에 없다. 세상은 변한다는 것이다.

조녀선 헤이트의 코끼리와 기수 이론을 근거로, 히스 형제는 개인이나 조직이 성공적인 변화를 이끌기 위해 반드시 동시에 시작해야 하는 3가지의 조건을 제시했다. 이 세 가지 패턴에 의한 변화는 풍부한 자원이나 막강한 권한이 없이도 시도해볼 수 있는 기막힌 방법이다.

- 기수에게 '명확한 방향'을 제시하라.
  방향을 제시하되 명확하게 해야 한다. 저지방 우유를 권장하기 위해서는 어떤 건강 교육보다 당신이 섭취하는 과다한 유지방 우유에는 지방이 얼마나 포함되어 있는지를 베이컨 다섯 줄이나 시험관에 역겹게 들어 있는 누런 지방을 보여주고 설득해야 명확하다. 변화에 저항하는 경우는 대개 명확성의 결핍이다.
- 코끼리에게 '감성적 동기'를 부여하라.
  이성적인 기수보다는 감성적인 코끼리에게 부탁하는 것이 변화를 이끄는 데 훨씬 효과적이다. 변화를 요구할 때 게으름을 보이는 것은 마음이 지쳐 있을 가능성이 크다.
- 갈 길의 '지도'를 구체화하라.
  사람의 문제보다는 상황이 문제인 경우가 많다. 주변 환경을 포함한 상황에서 구체적인 지도를 보여주면 기수도 코끼리도 변화할 가능성이 높아진다.

이 세 가지 방식을 이용하여 실제 병원 경영에 적용하고 효과적인 결과를 창출한 예를 살펴보자.[170] 직원이 불과 75명인 미국의 건강관리개선연구소(Institute for Healthcare Improvement, IHI)의 소장인 의사 도널드 베릭(Donald Berwick)은 미국 병원의 결함률을 줄여 한꺼번에 수만 명의 환자를 살리기 위해 작전을 짰다. 자동차업계에서 결함률을 줄여 본 과학적 분석 경험을 이용했다. 다른 많은 산업 분야에서는 100단위당 1단위 수준의 결함률을 유지하는 것이 일반적인데 유독 병원에서는 10단위당 1단위의 결함률, 즉 약 10%의 진료 결함이 발생한다는 것을 파악하고 있었다. 이 정도라면 연간 수만 명의 환자가 불필요하게 지구별을 떠난다는 결론이었다.

2004년 12월 14일, 베릭은 병원 관리자를 상대로 연설할 기회를 잡았다.

1. [기수에게 '명확한 방향'을] 2006년 6월 14일 오전 9시까지, 18개월 동안, 10만 명의 생명을 구하겠으며 이름은 '10만 명 살리기 캠페인'이라고 공표했다. 이를 위해 여섯 가지 구체적인 조정안을 제안했다. 인공호흡기를 달고 있는 환자는 흡인성 폐렴의 방지를 위해 머리를 반드시 30~45° 정도 세워두어야 하는 것과 같은 간략한 지침이었다.

2. [코끼리에게 '감성적 동기'를] 의료과실로 사망한 어린 소녀의 어머니를 연단에 오르게 했다. 어머니는 이 캠페인이 4~5년 전에만 시작됐어도 옥구슬처럼 고운 딸아이가 살아 있을 거라며 슬피 울었다. 청중들도 함께 훌쩍였다. 노스캐롤라이나 주립병원협회의 회장이 연단에 올랐다. 부끄럽게도 우리는 이 문제를 오랫동안 외면해왔으나 이제는 올바른 일을 함께 도전해보자고 호소했다.

3. [구체적인 '지도'를] 두 달 후 1,000개의 병원이 캠페인에 동참했다. IHI 직원들은 새롭지만 구체적인 조정안에 적응하도록 이들을 도왔다. 단계별 교육 지침과 간단한 훈련 등을 제공했다. 의사와 간호사는 관행과 습성을 버려야 했기 때문에 짜증을 냈다. 그러나 구체적이고 간단한 몇 가지를 못할 리는 없었다.

약속한 날짜인 2006년 6월 14일 오전 9시 베릭은 다시 연단에 올라가 그간의 성과를 발표했다. '10만 명 살리기 캠페인'으로 불필요한 사망을 예방한 건수는 12만 2,300건이었다. 더 중요한 변화는 병원들이 새로운 환자관리 방법을 체질적으로 제도화하기 시작했다는 사실이었다. 청중들은 뜨거운 박수를 보냈다. 베릭과 그의 팀 그리고 자신들의 코끼리와 기수에게. 베릭은 법을 바꿀 수도 없었고, 병원에 압력을 휘두를 권한도 없었고, 재정이나 맨 파워도 없었다. 가진 것이라고는 현재 우리의 처지와 비슷했다.

그는 기수에게 방향을 그것도 명확하게 제시했다. 조만간도, 약간도 아닌 18개월 후 오전 9시까지 10만 명이라고 못 박았다. 명확했기 때문에 의사와 간호사의 저항을 그나마 줄일 수 있었다. 물론 자동차 산업에서 터득한 노하우가 병원에 대한 과학적인 분석을 가능하게 했고 약속을 실천할 수 있다는 확신이 있었다. 단순히 노력하자고 이야기하지 않았다. 여섯 가지의 구체적인 조정안을 제시했다. 명확한 방침이 있고 여기에 집중함으로써 병원의 직원들은 쉽게 탈진하지 않았다.

코끼리에게 동기를 부여했다. 사망한 어린 소녀의 어머니와 동업자인 의사협회장을 초청하여 감성에 호소했다. 그저 실상을 알고 있는 것과 감성이 먼저 움직이는 것은 행동의 측면에서는 하늘과 땅의 차이다. 배릭은 관리를 철저히 하라고 협박하거나 환자 관리에 식스 시그마 기법을 도입하라고 강요하지도 않았다. 그저 10만 명을 살려보자고 호소했다. 코끼리를 자극한 것이다.

지도를 구체화했다. 병원이 프로그램에 등록할 때는 한 장짜리로 간단히 할 수 있도록 준비했고 단계별 교육지침과 훈련, 멘토링을 세심하고도 철저히 보조했다.

놀라운 결과가 아닐 수 없었다. 불과 18개월 만에 12만 명 이상의 생명을 지킬 수 있는 일은 전쟁터에서도 흔한 일이 아니기 때문이다. 베릭과 그의 팀이 사회심리학의 과학적 창의물을 업무 실전에 그것도 가장 어렵다는 변화와 혁신에 적용한 것이 먹혀들었던 것이다.

조직이 변화하기란 쉽지 않다. 관성과 타성이 있기 때문이다. 병원에서는 많은 평가가 매년 이루어지고 있다. 자신의 업무 처리로 숨이 턱에 찰 정도로 바쁜 직원에게 무슨 평가로 무슨 서류를 준비하고 시스템을 새로 짜고 적응하라면 짜증부터 나기 마련이다. 이번 평가를 통과하지 못하면 병원에 손해를 끼칠 수 있다는 엄포는 조직원에게 절박감을 주기는커녕 불쾌감을 준다. 만날 하는 평가와 변화로 탈진이 되어 게으름을 피울 뿐 반응이 없다. 게다가 막무가내로 잘하고 보자는 구호는 명확한 이유와 목적을 보여주지 않아 저항하게 만든다. 개인은 물론 조직체의 변화를 꿈꾸는가? 코끼리의 마음을 얻고, 명확하고 간략하게 기수를 설득하고, 구체적으로 갈 길을 보여주라.

제8장 소통, 진심이 오고 가는 통로

정보의 정확성이 아니라 진심이 오고 갔다는 확신이 있을 때 인간은 소통의 만족감을 느낀다.

—건국대학교 의과대학 하지현 교수[71] —

진료 면담, 프레젠테이션, 글쓰기 등 소통에 대해 고민해보자. 시행착오를 한참 겪고 나이가 들어서야 후회와 함께 겨우 이해가 되는 것이 소통 능력이다. 진료와 교육, 일상 업무에서 질 높은 소통을 나누어 성과를 효과적으로 꽃피울 기법들을 알아보자.

:: 소통, 근심 어린 목소리는 고소당하지 않는다

당신은 보험회사 직원이다. 의료사고가 났을 때 의사에게 재정적인 도움을 주는 보험을 팔고 있다. 여기 30명의 의사가 있다. 그들 중 고소당할 가능성이 높은 의사를 가려내 가입을 막아야 한다. 평가를 위해 당신에게 다음 2가지의 선택이 주어진다면 어떤 것을 선택하겠는가?

(1) 출신대학과 학교 성적, 수련과정의 평점과 전문의 자격증 그리고 지난 몇 년간의 의료 과실 건수에 대한 자료.
(2) 해당 의사가 환자와 나누는 짧은 대화.

의사가 의료사고로 고소당할 가능성은 평소 얼마나 많은 과실을 범하는가와 거의 관계가 없다. 실력은 있어도 소송에 시달리는 의사가 있고, 실수를 많이 해도 전혀 소송을 당하지 않는 의사도 있다. 의사의 부주의로 상해를 입은 환자 중 대다수는 법적 소송을 하지 않는다.[172]

환자가 소송을 제기하는 경우는 질 낮은 진료로 상해를 입었을 때가 아니라 뭔가 다른 일이 일어났을 때다. 환자가 개인적으로 의사에게 받은 대접의 질 때문이다. 따라서 고소당할 가능성이 높은 의사를 찾으려면 (2)번을 선택하는 것이 보다 효과적이다. 의료사고 소송 분야의 일급 변호사 앨리스 버킨(Allice Burkin)은 자신의 경험을 이렇게 말했다.[173]

사람들은 자기가 좋아하는 의사는 절대 고소하지 않아요. '나는 그 의사가 정말 좋아요. 이 짓을 하려니 끔찍하지만 그래도 그를 고소하려고 합니다'라고 말하는 사람은 한 번도 본 적이 없습니다. 한 번은 유방암을 앓는 환자가 외과 전문의를 고소하려고 왔어요. 종양이 악성이 되어 전이될 때까지 알아차리지 못했더군요. 내가 판단해보니 책임은 사진 판독에 오류를 일으킨 영상의학과 전문의에게 있었어요. 그래서 고객에게 이 사실을 알려주었더니, 그녀는 완강하게 외과 전문의를 고소하겠다는 거예요. 시간을 내서 이야기하려 들지도 않고 다른 징후에 대해 물어본 적도 없다는 거였습니다. 결국 '그 의사는 나를 온전한 인격체로 바라본 적이 없습니다'라고 말하더군요. 환자를 인격체로 대하지 않는 의사가 소송을 당합니다.

소송당할 가능성을 알기 위해 무엇보다 먼저 확인해야 할 것은 의사와 환자의 관계다. 의학자인 웬디 레빈슨(Wendy Levinson)이 의사와 환자의 대화를 수백 편 녹음한 일이 있었다.[174] 의사 절반은 고소를 당한 적이 없었고 절반은 두 번 이상 고소를 당한 이들이었다. 레빈슨은 대화만으로도 두 그룹의 뚜렷한 차이를 발견할 수 있었다. 고소당한 적이 없는 의사들은 고소당한 전력이 있는 의사들에 비해 진료 시간이 3분 이상 더 길었다. 그들은 환자를 편안하게 배려하는 설명 방식을 즐겨 사용했다. 환자의 이야기에 적극적인 경청 자세를 보였고 진료 중에 웃거나 익살을 떨기도 했다. 흥미로운 건 환자에게 주는 정보의 양과 질은 두 그룹 사이에 별 차이가 없었다는 점이다.

심리학자 낼리니 앰버디(Nalini Ambady)는 외과의사와 환자의 대화 중 의사가 이야기하는 부분을 담은 10초짜리 클립을 준비했다. 무슨 내용인지 모르게 고주파 음을 삭제했다. 억양과 음조와 리듬만 남은 클립이었다. 감정가들에게 보여주고 따뜻함, 적대감, 우월감, 불안감의 속성을 평가하게 했다. 그 결과 기절할 만한 사실이 밝혀졌다. 이 평가만 가지고도 외과의사가 고소를 당할지 당하지 않을지 예측할 수 있었다.[175]

감정가들은 외과의사의 기술 수준이나 의사가 무슨 말을 하는지도 몰랐다. 판단에 사용한 것은 녹음된 소리의 음조가 전부였다. 목소리에서 우월감 음조가 느껴진다고 판단될 경우 고소당하는 그룹에 속할 가능성이 컸다.

> 목소리에 우월감이 적고 근심이 더 배어 있을 경우 고소당하지 않는 그룹에 속할 가능성이 크다.

사람과 사람 사이에 맺는 모든 관계의 기본은 소통이다. 모든 사회적 가치는 인간관계 속에서 나온다. 따라서 소통능력이 좋아야 자신이 원하는 것을 획득할 수 있다. 지식과 기술보다 사회성취도를 높이기 위한 훨씬 더 강력한 핵심 역량이다. 안타까운 것은 우리는 소통능력 향상에 대해 체계적인 교육이나 훈련을 받아본 적이 없다는 점이며, 다행스러운 것은 소통은 일종의 기술이라 악기를 다루고 운동을 즐기듯 습득 가능한 테크닉이라는 점이다.

소통의 가장 기본적인 도구인 언어 소통에 대해 알아보자. 언어 소통에는 두 가지 차원이 있다. 첫째가 메시지의 차원이고 다른 하나는 관계 형성과 유지의 차원이다. 그레고리 베이튼(Gregory Bateson)은 이를 보고적 말하기(report talk)와 관계적 말하기(rapport talk)로 구분하였다.[176] 언어 소통의 이 두 가지 측면을 잘 조화시키는 능력이 중요하다. 우리가 흔히 저지르는 잘못은 메시지의 내용에만 집중하다 관계적 말하기에 소홀하게 되고 그로 인해 서로 간에 쓸데없는 갈등을 발생시켜 소통의 질을 떨어뜨리는 것이다.

진료실에서 의사와 환자의 대화를 살펴보자. 짧은 시간 안에 정확한 답을 찾아야 하는 의사는 보고적 말하기, 즉 메시지를 주고받기에도 시간이 벅차다. 그래서 관계적 말하기를 나눈다는 것은 각별히 친밀하거나 특별히 시간적 여유가 없다면 사실 거의 불가능하다. 그러나 아무리 시간이 부족하더라도 먼저 관계적 말하기로 환자의 마음 문을 연 다음 메시지를 주고받아야 핵심 정보 획득이 효과적이라는 사실을 잊지 말아야 한다.

> 관계적 말하기는 괜히 환자를 따뜻이 대한다는 배려를 넘어서 연이어 일어날 메시지 전달의 질을 결정하는 중요한 수단이다.

잘 모르는 사람을 만날 때 우리는 흔히 날씨 이야기로 관계적 대화를 나눈다. 물론 병원에서도 날씨 이야기는 말문을 여는 흔히 이용하는 언어 도구지만 진료실에서 더 중요한 관계적 말하기의 화제(話題)가 있다.

> 올 겨울 들어 가장 춥고 싸락눈이 흩날리던 1월 어느 날 오후, 점심시간을 막 지나 진료를 시작할 무렵 지팡이를 짚은 노 할머니와 키가 자그마하고 순해 빠진 모습의 엄마 그리고 네 살배기쯤 되는 아기가 진료실로 들어왔다. 행색을 보아도 멀리서 왔구나 생각이 들어 주소지를 확인해보니 우리 도시에서 비교적 가까운 시골에서 왔다. 자동차로는 30분 거리에 불과한 도심 외곽지역이었다.
> "시골에서 오셨군요. 아침에 출발하셨나요?" 인사로 건넨 물음에 할머니가 답변을 하자 간호사와 나는 소스라치게 놀라 마주 보았다.
> "아침 6시 반에 집을 나섰어요."
> "아니 이 추위에 왜 그렇게 일찍 집을 나섰나요? 버스를 타면 한 시간이면 될 텐데요."
> "길을 몰라서…… 집에서 나와 한 시간을 기다려 버스를 타고 왜관역으로 갔지요. 거기서 한 시간 반을 기다려 통근 기차를 타고 대구역으로 왔나요."

"그래도 오전에 도착하실 수 있으셨을 텐데요?"

"대구역에서 병원으로 오는 길을 몰라 버스를 세 번이나 갈아타고 왔어요."

택시를 타면 15분 내에 도착할 수 있는 거리를 버스 노선을 몰라 온 도시를 헤매다가 도착한 것이다.

"식사는 하셨어요?"

"병원에 와서도 길을 몰라 한 시간이나 묻고 다녔다오. 아직 아무 것도 먹지 못했소."

시골에서 도시로, 도시에서 대도시로 아픈 몸과 불안한 마음을 이끌고 오는 환자와 그 가족이 큰 병원 진료실을 찾는 사람들의 많은 수를 차지한다. 환자와의 관계적 말하기에서 놓치지 말아야 할 대표적인 화제가 어디에서 왔는지를 확인하는 것이다. 진료실 밖에서 오랜 시간을 기다리는 것도 문제지만 사실 이들은 한나절, 하루 혹은 1박 2일의 이동 과정을 거쳐 방문하게 된다. 긴 여정의 고통과 불안을 위로하고 격려하는 것으로 진료를 시작하는 것은 환자에 대한 배려를 넘어 환자의 마음 문을 열게 하고 다음 단계인 메시지 대화, 즉 의학적 분석을 효과적으로 하기 위한 대표적인 비결이다.

큰 병이 있을까 환자는 두렵지만 짧은 시간 안에 답을 찾아야 하고 중요한 것을 놓치지 말아야 한다는 의사의 두려움도 적지 않다. 그래서 단도직입적으로 메시지를 나누는 대화로 빨려 들어가는 것이 일반적인데 시작부터 소통이 깨어질 위험이 있다. 관계적 말하기가 빠지니 차갑고 딱딱한 대화가 자칫 소통의 본질을 막아버릴 위험이 있다. 의사가 차갑다고 하는 이유가 여기서 출발하는 것은 아닐까? 짧고 간략하더라도, 적어도 한마디라도, 진료 외의 관계적 대화를 삽입하도록 힘써야 한다.

짧은 시간 안에 진료를 끝내야 하는 우리의 진료실 환경은 소통의 커다란 장벽을 만든다. 빨리 묻고 답하며, 빨리 정답을 찾아내고 또 설명해야 하는 시간적 한계가 건강과 생명에 대한 두려움과 궁금증을 가진 환자들을 극도로 불안하게 한다. 역으로 충분한 시간적 여유는 소통의 효과를 극대화시킨다. 환자와 불화가 잘 일어나는 경우는 진료 종료 시간이나 강의, 회의 등으로 의사가 진료실을 막 떠나야 할 무렵에 환자가 방문하는 경우다. 아무래도 시간에 쫓겨 서두르게 되면 메시지 전달도 부족할 뿐더러 관계적 소통은 엄두도 낼 수 없어 소통의 질이 급격히 떨어지기 때문이다.

병원 일이 늘 그렇듯이 밤, 주말에 방문하는 환자들의 불만이 많다. 토요일, 일요일은 특수 검사가 되지 않기 때문에 금요일에 오는 중환자는 주말을 넘겨야 주요한 검사가 가능하다. 그러나 위중한 증상을 가진 경우라면 진단을 받지 못하고 초조하게 밤을 지새우거나 주말을 보내는 것은 육체는 물론 심적으로 환자에게 너무나 큰 고통이다. 보들레르(Charles Pierre Baudelaire)가 그 고통의 크기를 알려준다.

> 지금은 환자들의 고통이 심해지는 시각. 어두운 밤은 그들의 목을 죈다.

진료의 시간적 사각(死角) 지대에서 특히 관계적 말하기, 즉 인간적 소통을 더욱 소중하게 활용할 필요가 있다.

한편, 우리는 끊임없이 주변 사람들로부터 사랑과 존경을 원한다. 그러나 이 두 가지를 모두 얻는 것은 결코 쉬운 일이 아니다.[177] 사랑이 애정, 호감, 친밀감이라면, 존중은 유능하다는 인정, 경외심, 존경심이므로 서로 배타적인 속성이다. 첫 만남부터 서로 배타적인 속성의 호감과 유능함을 모두 인정받기가 쉽지 않다. 따라서 소통의 대상이나 상황에 따라 사랑과 존경 사이의 어느 적정한 지점을 찾는 것은 대단히 중요하다.

의사가 환자를 처음 만났을 때 자기 낮춤보다는 적절한 자기 높임이 사랑과 존경을 모두 얻을 수 있는 유용한 전략이다.[178] 너무 겸손해 우물쭈물하거나 너무 수동적이라 명확한 게 무엇인지 알 수 없는 지경으로 대화를 진행한다면 환자의 불안감은 증폭될 수 있다. 오히려 단호함이나 적극적인 태도가 고통과 불안에 휩싸인 환자와 가족을 도와줄 수 있다. 물론 우월감이 넘쳐흐르면 고소당한다. 상대방과 내가 어떠한 관계이고 상대방이 원하는 나의 바람직한 이미지가 무엇인지를 빨리 간파해내는 것이 효과적인 소통의 기술이다.

3월부터 5월은 아파도 대학병원 응급실에는 가지 말라고 한다. 진료 수준이 낮은 초년생 전공의들이 진을 치고 있기 때문이다. 그런데 환자가 계절에 맞추어 아플 수는 없는 노릇이다. 의사들 사이에서 벌어지는 소통의 보다 원초적인 부분을 이해해보자.

삐삐머리를 한 다섯 살짜리 여자 아이가 하루 동안 배가 아파 응급실에 왔다. 아침부터 복통과 함께 여러 차례 구토가 있었고 오후에는 설사와 열까지 심했다. 아이가 소변을 보지 않은 지가 한참이나 되었고 기운이 없어 보이고 잠만 자자 부모는 덜컥 겁이 나 새벽 1시에 응급실로 왔다. 부모를 면담하고 아기를 진찰했을 때, 지식과 경험을 근거로 레지던트 1년차가 급성 충수돌기염과 더 흔한 질환인 바이러스성 장염을 구별하여 정확히 진단할 점수는 약 60점, 레지던트 4년차가 진단할 점수는 80점, 해당 분야 전문의의 점수는 90점이라고 하자. 낮에 진료실을 방문한 꼬마는 90점의 의사에게,

밤에 응급실을 방문한 불운의 소녀는 60~80점의 의사에게 진료를 받아도 좋은가?

최근 전문의들이 야간에도 근무하는 병원이 점차 늘어나고 있지만, 이 문제는 지금도 진료 현장에서 벌어지는 현실적인 난제 중 하나다. 여기서 발생하는 진료의 질적 수준의 차이로 환자와 부모, 가족은 희비가 엇갈린다. 법적 소송도 흔히 이 격차에서 일어난다.

이 과제는 60점 개인의 문제가 아니라 진료 시스템의 문제다. 주말이나 야간에 진료할 때 나타나는 낮은 점수를 어떤 방식이든 90점대로 올리는 수밖에 없다. 그것이 진정 '환자 중심'으로 생각하는 의사들의 바람직한 대처 방식이다. 첫째, 90점이 매일 당직을 서거나, 둘째, 90점이 매일 당직을 서는 것이 물리적으로 힘들다면 마치 90점이 당직을 서는 것과 같은 수준으로 진료의 질을 높이는 방법을 구조적으로 짜두어야 한다. 60점은 자신의 점수를 알고 반드시 80점과 소통해야 하며, 80점은 손아귀에 확실하게 잡히지 않는 사안이 발생하면 반드시 90점과 접촉해야 한다. 위로 아래로 쌍방 간에 물 흐르듯 소통이 자유로워야 한다. 90점은 언제든지 연락이 가능하도록 소통 시스템을 논리적 프로토콜로 만들어두어야 하며, 늦은 시간 병원에서 걸려오는 전화는 90점으로 환자를 돕겠다는 60점과 80점의 숨 가쁜 애정이 숨어 있다는 뜻을 알아야 한다. 여차하면 달려 나갈 준비가 되어 있어야 한다.

의사에겐 두 발이 생명이다.[179]

늦은 시간에 상위자에게 전화하는 것을 꺼리거나 두려워하는 문화, 경험이 적은 사람이 전화하는 것을 알아서 처리하지 못한다고 불평하는 문화, 더 나아가 야간과 주말에 병원을 방문하는 사람들을 무슨 형벌을 받는 어쩔 수 없는 사람으로 취급하는 문화…… 이런 열악한 시스템에 대한 뼈저린 인식이나 개선 의지가 없는 병원 문화를 가졌다면 아무리 실력이 뛰어나도 그들의 소명 의식과 비전이 무엇인지 물어보지 않을 수 없다. 그 누구도 의사들이 왜 만날 힘들게 뛰어다니는지 이해하지 못할 것이며 당연히 존경할 마음을 갖지 않을 것이다.

전문가 상호 간의 소통은 과학이다. 병원 내에서 진료를 수행하는 의사들에게 구조적인 소통의 시스템은 대단히 중요하다. 야간에는 전화를 하지 않아 사생활에 방해를 주지 않는 것이 좋다고 생각하는 의사들이 서로가 서로를 배려하고 양해하는 상황은 환자에게 치명적인 결과를 낳을 수 있다. 낮에는 90점의 수준으로 밤에는 60점의 능력으로 진료를 한다면 평균 75점의 점수를 얻을 수 있다. 낮에는 90점, 저녁에는 80~90점의 점수를 얻는다면 평균 85점 이상의 점수를 이룰 수 있다. 75점과 85점은 연간 셀 수 없이 수많은 사람들이 고귀한 생명을 희생하고 뼈저린 고통을 감내해야 하는 그 차이다. 더욱이 99명에게 90점의 혜택을 주어도 1명에게 60점을 주는 것을 금기시하는 것이 의사의 직업 정신이다.

이야기를 바꾸어, 소통의 또 다른 모습인 공감(empathy)에 대해 생각해보자. 공감은 다른 사람의 감정이나 생각을 감지하고 그것을 상대방의 입장에서 대신 경험하는 것을 말한다. 표정이나 목소리 톤, 몸짓이나 자세 등을 통해 그 사람이 어떤 생각이나 느낌을 가지고 있는지 알아채는 능력은 인간관계를 잘 유지하고 타인을 설득하기 위한 필수적인 자질이다.

> 키저스(Christian Keysers)와 그의 동료들의 연구에 의하면, MRI 기계 속에 누워 있는 피험자에게 썩은 계란 냄새를 맡게 하자 뇌의 인슐라(insula) 앞부분이 활성화되었는데, 어떤 배우가 잔을 들고 냄새를 맡은 후 마치 역겨운 냄새를 맡은 것처럼 인상을 찌푸리는 장면을 피험자에게 보여줬을 때도 같은 부위가 활성화되었다. 즉 자기가 직접 역겨운 냄새를 맡았을 때나 다른 사람이 역겨운 냄새를 맡는 것을 보았을 때나 뇌의 활성화 부위는 같았다.[180]

우리는 다른 사람의 경험을 바라보는 것만으로도 그 사람과 비슷하게 경험하게 된다. 신경과학에서는 이러한 뇌의 시스템을 거울신경계라 부른다. 다른 사람의 경험을 나의 뇌가 거울처럼 받아들인다는 의미다. 인간의 뇌는 나의 경험과 다른 사람의 경험을 상당히 비슷하게 받아들이며 이는 인간이 사회적 동물이라는 과학적 증거다.

공감은 소통으로 가는 지름길이다. 공감 능력을 높이기 위해서는 자기 자신을 돌이켜보는 성찰과 명상의 시간을 갖는 것이 도움이 된다. 나의 감정이나 내 생각의 흐름을 스스로 돌이켜보는 것만으로 타인에 대한 뇌의 공감 능력은 함께 배양된다. 자기성찰지능과 대인친화지능은 동전의 양면처럼 밀접하게 연관되어 있기 때문이다.

공감은 자신에 대한 성찰을 바탕으로 타인의 심경을 이해하고 배려하는 인성인데 이를 동정(sympathy)과 착각하는 경우가 흔히 있어 오해를 받는다. 시골의사 박경철 원장의 이야기를 들어보자.[181]

> 공감은 동정과 다르다. 동정은 서서 아래를 내려다보는 것이고 시혜적 성격을 가진다. 이를테면 한겨울의 육교 위에 웅크린 사람의

깡통에 던져지는 동전은 동정의 기호지만, 같은 동전이라도 무릎을 굽혀 깡통에 넣고 일어설 때의 동전은 공감의 기호인 것이다. 공감 은 내가 그의 마음으로 그를 이해한다는 신호이기 때문이다.

소통과 공감 능력이 뛰어날 때 의사는 진료 환경에서 어떤 도움을 받을 수 있을까? 인간관계를 중심으로 운용되는 의학에서 공감을 통 해 환자를 보다 양질로 배려하고 위로할 수 있는 것은 물론 기적을 일으킬 수도 있다. 그 증거가 여기 있다.

:: 의학 커뮤니케이션, 기적을 낳다

크리스마스가 이틀 지난 2004년 겨울 아침, 앤 도지는 서른한 번째 의사를 만나기 위해 휠체어에 실려 보스턴으로 향했다.[182]
앤의 몸이 음식을 거부하기 시작한 것은 발랄하던 스무 살 무렵의 어느 날부터였다. 식사를 하고 나면 위가 쥐어짜듯 아팠고 구토가 심했다. 동네 주치의에게 치료를 받았지만 반복적인 복통과 구토로 몸은 점점 쇠약해졌다. 이후 15년 동안 그녀는 다양한 분야의 많은 전문가들을 만났다. 마침내 주치의는 정신과 전문의를 소개해주었고 드디어 진단이 내려졌다. '폭식증을 동반한 거식증(anorexia nervosa)', 네 종류의 항우울제를 처방받았고, 일주일에 한 번씩 상담 치료도 받았다. 영양전문가의 친절한 조언도 받았다.
그러나 병은 끝장을 보겠다는 듯 더 미쳐 날뛰었다. 앤의 몸은 영 양결핍으로 면역상태가 엉망이었으며 골다공증으로 뼈에 금이 가기 시작했다. 2004년 한 해에만 정신병원에 4번이나 입원했다. 내과 전문의는 하루 최소한 3,000칼로리를 섭취하도록 처방하였지만 앤 의 몸은 점점 쇠약해져 갔다. 내과 의사와 정신과 의사는 멋진 처 방에도 불구하고 회복이 순조롭지 않자 온몸에 병을 걸치고 쇠약 해 빠진 이 여자가 거짓말을 한다는 의심의 눈초리를 보내기 시작 했다.

보스턴 레드 삭스(Red Sox)의 공식 지정 병원인 베스 이스라엘 디커니스 메디컬 센터(Beth Israel Deaconess Medical Center)의 소화기내과 전문의 마이런 팔척(Myron Falchuk) 박사는 앤의 주치의가 보내온 '정신질환이 악화되었고 최근 과민성대장증후군에 시달리고 있음'이라는 앤 도지의 병력 요약지를 받아두었다. 60대 초반의 팔척 박사는 하버드 의대를 졸업하고 미국 국립보건원에서 장 질환 분야의 연구원으로 일한 경력이 있었다.

팔척 박사는 만성 질환에 시달리는 표정에 꼼꼼한 성격의 소유자로 보이는 앤의 팔꿈치를 잡고 진료실로 조심스럽게 인도했다. 박사의 책상에는 거의 무릎 높이나 되는 앤 도지의 진료 기록이 도착해 있었다. 앤은 팔척과 마주 앉았다. 그때 팔척 박사의 기이한 행동을 보고 앤은 멈칫 놀랐다. 팔척은 앤의 의무 기록 더미를 책상한 귀퉁이로 치우더니 펜을 꺼내 들고 백지 메모지를 책상에 펼쳤다. "처음 하시는 말씀이라고 생각하시고 아팠던 내력을 다시 한 번 들려주시겠습니까?" 앤은 어리둥절했다.

"폭식증을 동반한 거식증이에요." 앤은 기운 없는 목소리였지만 단호하게 대답했다.

"게다가 이젠 과민성대장증후군까지 생겼어요."

팔척 박사가 부드러운 미소를 보냈다.

"환자 분의 이야기를 듣고 싶은데요?"

하는 수 없이 앤은 다시는 돌이키고 싶지 않은 15년 동안의 긴 사연을 찬찬히 이야기했다. 팔척 박사는 가끔 "네", "그렇군요"라는 말을 섞으며 그녀를 도왔다. 앤은 워낙 길고 복잡한 과정이라 사건의 순서가 바뀌거나 시일이 기억나지 않는 경우도 있어 한참 동안 말을 잇지 못하기도 했다. 팔척 박사는 나중에 진료 기록으로 확인하겠다며 정확한 날짜는 몰라도 되니 안심하라고 거들었다.

앤은 식사의 종류는 어떠하였는지 꼼꼼히 알려주었다. 특히 체중을 늘리기 위해 얼마나 노력했는지 이야기할 때는 눈물을 글썽였다. 팔척 박사도 이마에 주름을 짓고 고개를 끄덕이며 눈물겨운 고충을 공감한다는 뜻을 전했다.

침상에 누워 진찰이 시작되었다. 그런데 이 영감은 진료를 좀 특이하게 했다. 배를 눌러보거나 어디가 아픈 곳은 없는지를 물어보지 않았다. 그녀의 피부를 보고 손바닥과 손톱도 살폈다. 입 안을 볼 때도 혀와 입천장과 잇몸을 세세히 살펴보고 있었다.

"지금 도지 씨가 과민성대장 증상인지 확신이 서질 않는군요. 음, 그리고 당신의 체중 감소가 거식증 때문인지도 잘 모르겠습니다." 부리부리한 눈을 가진 팔척 박사가 차분한 목소리로 이야기했을 때 앤 도지는 고꾸라질 뻔했다.

"체력이 회복되지 않는 다른 이유가 있어 보입니다. 글쎄요, 제 짐작이 틀릴 수가 있지만…… 좀 더 확실히 해두어야 할 검사가 있어 보이는군요." 박사는 혈액 검사 몇 가지와 위내시경 검사를 권유했다. 앤은 병원에서 할 수 있는 검사라면 이제 이골이 난 상태였다. 앤은 더 이상의 조사가 무슨 의미가 있는지 회의적이었고 검사를 위한 검사는 아닌지 분노가 불쑥 솟았다. 팔척 박사는 이번 기회에 답을 찾지 않으면 도지의 체력이 급격히 떨어질 위험이 있으니 이번 기회에 꼭 답을 찾자고 힘주어 말하며 그녀의 손을 잡았다. 앤은 동의의 뜻으로 머리를 끄덕였지만 도살장에 끌려가는 짐승처럼 뜨거운 눈물이 두 뺨을 적시고 있었다.

앤 도지의 체중은 팔척 박사를 만난 지 한 달 만에 4.5kg이 늘어나고, 구토, 복통, 설사 등 대부분의 증상이 사라졌다. 회복되었다는 기쁨이 컸지만 지난 15년간 통증을 동무 삼아 하얗게 지새웠던 불면의 밤이 너무도 억울했다. 혈액검사와 내시경검사 결과, 앤 도지의 병은 글루텐 과민병(celiac disease)으로 밀가루 음식을 먹으면 구토와 설사가 일어나는 질환이었다. 주로 어린 아기 때부터 증상이 나타나지만 앤처럼 사춘기 후반에 나타날 수도 있다. 드문 질환이지만 미국에서는 그렇게 희귀한 병도 아니다. 팔척 박사가 당시를 회고했다.

> 어쩐지 그림이 딱 맞아떨어지지 않는다는 느낌이 직관적으로 들더군요.

의과대학이나 병원에서는 임상의가 진료를 할 때 어떤 방식으로 사고해야 하는지 공식적으로 가르쳐주지 않는다. 각자 눈치껏 배운다. 미리 설정된 의사결정 나무(decision tree)의 알고리듬을 따르고 실제 임상에 적용하는 법을 배우고 있다. 이 방식은 의사국가시험에나 나오는 명확한 증상을 보이는 질병에는 대단히 유용한 지침이 되지만, 조금이라도 전형적이지 않은 증상을 보이거나, 여러 소견이 혼재되어 있거나, 검사 결과가 부정확한 경우에는 알고리듬이 순식간에 무너져 버린다. 사실 알고리듬은 병원 현장에서 의사의 창의적이고 독립적인 사고를 오히려 방해하고 사고의 폭을 위축시킬 수 있는 위험도 가지고 있다.[183]

의사의 판단과 결정의 근거를 통계적으로 증명된 데이터에만 두려는 근거중심 의학(evidence-based medicine)을 최근 진료와 의학 교육 현장에서 많이 활용하고 있다. 통계적으로 검증되지 않은 치료법은 임상 시험에서 충분한 데이터가 나오기 전까지는 금기로 여겨진다. 당연히 의사는 과학적인 근거를 바탕으로 판단과 결정을 해야 한다. 그러나 근거중심 의학에 지나치게 의존하다 보면 오로지 숫자에만 매달려 소극적으로 치료법을 결정하는 위험이 발생한다. 통계는 각 개인의 특성이 아니라 그저 평균치를 보여줄 뿐이다.

숫자는 의사를 도와줄 뿐이지 숫자가 의사를 끌고 갈 수는 없다.

앤 도지를 구한 것은 앤과 마이런이 나눈 이야기였다. MRI와 유전자 분석기법 같은 눈부신 기술들이 현대의학을 보좌한다 해도 결국 임상 의사를 돕는 것은 언어다. 의사와 환자 사이에 존재하는 말하고 들어주는 방식, 여기에서 추출하고 분석하고 종합한 뒤 불꽃처럼 일어나는 의사의 직관, 환자와 의사가 상호 계측해내는 감정 온도가 진단에 중요하다. 언어는 소통의 모든 것은 아니지만 중요한 도구이며, 의학 진료에서도 예외는 아니다. 팔척 박사는 이야기한다.

> 환자의 이야기에서 등을 돌리는 순간 우리는 더 이상 진정한 의사
> 가 아닙니다.

의사가 어떤 의학적 방식으로 생각하는가는 그가 어떤 방식으로 말하고 어떤 태도로 환자의 이야기를 듣는지를 통해 알 수 있다. 우리가 이야기하고 듣는 말 외에도 비언어적인 의사소통이 존재한다.

> 하버드 대학의 낼리니 앰버디 교수는 대학생들을 상대로 처음 보는 교수의 호감도와 능력을 평가하게 했다. 강의하는 교수 13명의 모습이 담긴 소리가 삭제된 비디오 클립을 10초 동안 보여준 뒤 그 교수가 호감이 가는지 잘 가르치는지를 평가하라고 했다. 이들의 평가는 놀라웠다. 해당 교수에게 실제 한 학기 동안 수업을 들은 학생 수백 명의 평가와 거의 차이가 없었다. 더욱 놀라운 것은 이 비디오테이프를 5초, 2초로 줄인 것을 보고도 10초 비디오를 본 경우와 평가는 거의 차이가 나지 않았다.[184]

평가자들은 교수가 손을 만지작거리는 것, 손으로 물건을 만지작거리는 것, 눈살을 찌푸리는 것, 몸을 앞으로 기울이는 것, 자꾸 바닥을 바라보는 것 등이 부정적 평가 요인이었다. 반면 고개를 끄덕이는 것, 활짝 웃는 것, 미소 짓는 것 등은 긍정적이고, 확신에 차 있고 활기차고 열성적이라는 느낌을 주었으며 긍정적인 평가를 이끌어냈다.

폐쇄형 질문(closed question)이란 나이, 증상, 횟수, 시작 시기 등을 짧은 답으로 혹은 '예'나 '아니요'로 대답할 수 있도록 의사가 유도하

여 질문하는 것을 말한다. 문제가 단조롭다고 판단되거나 시간이 부족할 때 흔히 사용하는 질문 방식이다. 개방형 질문(open question)이란 긴 대답이 필요한 질문을 말한다. 문제에 대하여 어떻게 생각하는지, 기분은 어떠했는지 등을 듣고 싶을 때 질문하는 방식이다. 문제가 복합적이거나 시간이 충분할 때 흔히 사용하는 질문 방식이다.

팔척 박사는 앤 도지와의 대화를 개방형으로 시작했다. 아픈 기간이 길기도 했지만 명확한 진단이 내려지지 않았다고 본 것이다. 환자가 간략한 병력을 가져 의사가 가야 할 방향이 확실한 경우에는 폐쇄형 질문이 효과적이다. 하지만 뭔가 중층적이고 진단에 확신이 없을 경우에는 폐쇄형 질문이 중요 정보를 차단해버려 오히려 악영향을 끼친다. 이런 경우는 충분한 시간이 필요한 개방형이 유리한데 질문을 통해 의사들이 새로운 정보를 습득할 기회를 최대화할 수 있기 때문이다.

개방형 질문에 성공하는 비결을 존스홉킨스 대학에서 최연소로 교수직에 발탁된 이력을 가지고 있는 데브라 로터(Debra Roter) 교수는 다음과 같이 조언한다.[185]

자신이 하려는 말을 의사가 진정으로 듣고 싶어 한다고 환자가 느낄 수 있어야 한다. 그러면 환자는 단서와 암시를 제공한다.

로터 교수는 이러한 질의응답 방식은 성공적인 대화를 결정짓는 절반에 불과하고, 사실 더 필요한 것이 있다고 했다. 감정적으로 환자와 의사가 서로를 신뢰한다면 진단이나 치료 결과에 좋은 영향을 미친다고 덧붙였다.

의사는 환자의 감정에 반응해야 한다.

여기 강박적이고 치밀한 외과의사와 마음 따뜻하고 친절한 내과의사가 있다. 양 극단적인 의사의 유형 중 어떤 의사가 환자를 위해 바람직할까? 좋은 의사는 이 두 가지를 모두 갖추어야 한다. 진료에서 의학 지식과 분석 능력은 무엇보다 중요하지만, 의사는 주로 말을 하는 사람이며 소통의 문제는 양질의 의료 행위와 밀접하다. 진단을 내리려면 정보가 필요하며 정보 수집은 환자와 친밀감을 형성할 때 극대화된다.

앤 도지를 구한 또 하나는 팔척 박사의 임상 경험과 직관이었다.

이거 뭐가 빠졌지 않나?

의학은 불확실한 학문이며 의사는 누구나 오류를 범할 수 있다. 아무리 빈틈없고 경험 많은 의사라도 자신의 생각을 의심하는 일, 항상 오류의 가능성을 열어두고 결과를 이끌어내는 분석 작업이 중요하다. 의학의 불확실성과 과감한 의학적 결단 사이에는 엄청난 긴장관계가 존재한다는 것을 인정할 필요가 있다. 의학적 판단은 직관이 중요하지만 직관에 과도하게 의존하는 것은 대단히 위험할 수 있다는 점도 인정해야 한다. 질 높은 진료는 직관과 면밀한 분석의 결합에서 이루어진다.

오진을 연구하는 전문가들은 대부분의 의료 과실이 기술적 실수가 아니라 의사의 생각 결함에서 비롯된다는 결론을 내렸다. 환자에게 심각한 해를 끼친 사례들을 분석한 연구에 따르면, 오진 사례의 무려

80% 정도가 앤의 경우처럼 환자를 좁은 틀 안에 가두고, 의사가 자신의 고정관념에서 벗어나는 정보를 무시한 일련의 인지적 오류에서 그 원인을 찾을 수 있었다. 부정확한 진단 사례 100건을 분석한 다른 연구를 보면 의학 지식이나 기술이 부족하여 과실의 원인이 된 경우는 오직 4건에 불구하고 나머지는 의사가 생각의 오류에 빠져 정확한 진단을 내리지 못한 경우였다.[186]

진단의 정확도를 보다 높이고 싶다면 '또 어떤 가능성이 있는가?', '뭔가 맞아떨어지지 않는 부분은 없는가?', '문제가 한 가지 이상일 수 있는가?' 하는 의문을 규칙적으로 되뇌어보아야 한다. 의대생들은 적절한 진단을 위해 오컴의 면도날(Ockham's Razor) 법칙을 활용하라고 배웠다. 원인으로 두 개 이상의 문제가 겹쳐 의심될 때는 과감하게 하나를 잘라버리는 것이 경제적이라는 것이다. 그러나 질병은 꼭 하나만 있고 두 개 이상의 문제가 겹치는 경우는 없단 말인가? 진료 현장에서 두 개 혹은 그 이상이 문제가 되는 경우는 하나보다는 적지만 드문 일도 아니다.

팔척 박사처럼 진중히 '환자분께서 말씀하시는 문제를 정확히는 모르겠습니다'라는 표현도 할 줄 알아야 한다. 정답이 그렇게 쉽게 나오지 않는다는 것을 환자들은 누구보다 잘 알고 있다. 짧은 진료 후 명확하지 않은 상황에서 '아무 이상이 없습니다'라는 표현은 위험한 결과를 초래할 수 있다. 주어진 시간 안에 시행한 '판단의 최대치'를 보여주는 것이 중요하며 '최종 진단'을 내리는 것은 위험할 수 있다. 명의는 '판단의 최대치'를 잘 설명하는 사람이지 '최종 진단'에 쉽게 접근하는 사람이 아니다 아기의 복통은 의사에게 복통을 유발한다. 그만큼 진단이 어렵다. 새벽 2시, 다섯 살 남자가 어제 초저녁부터 시작된 복통 때문에 부모와 함께 응급실로 왔다. 낮에는 건강하게 잘 지냈는데 저녁을 먹고 난 후 갑자기 배꼽 주위가 뒤틀리게 아프다며 보챘다고 한다. 구토는 없었고, 설사나 열 증상도 없었다. 조금 덜한 것 같다가 자정경부터 다시 배가 아프다며 데굴데굴 굴렀다고 한다. 응급실에 와서는 복통 없이 잘 지내고 있으며, 신체검사에도 특별한 이상이 보이지 않았다. 배 엑스선 사진에는 약간의 변과 가스가 장에 있었으나 특별한 이상 소견은 보이지 않았다.

'아무 이상이 없습니다'가 답이 아니다. 사람의 몸은 아픈 내력과 진찰만으로 답을 쉽게 알 수 있도록 그렇게 허술하게 만들어져 있지 않다. 현재 아픈 내력과 진찰을 종합하여 볼 때 수술을 해야 할 질환인 급성충수돌기염과 같은 응급 질환은 아닐 가능성이 높다, 그러나 내과적인 질병 등 다양한 문제가 있을 수 있으며 병의 경과를 관찰하는 것이 무엇보다 중요하다, 현재는 복통 증상이 사라진 상태이니 열악한 응급실을 벗어나 집으로 가서 경과를 보자, 문제가 다시 발생한다면 응급실로 재방문해도 좋다, 증상이 반복된다면 배 초음파검사 등 특수 검사가 필요할 테니 입원해서 경과를 보는 것도 좋을 것이다, 밤 동안에는 증상이 없이 지내더라도 내일 오전 소아과 전문의나 병원 외래로 방문하기를 권한다는 등 현재 정황에 대한 보충 설명과 대비책을 보여주는 것이 좋은 진료다.

적극적 관찰(active observation)은 복통의 원인을 찾는 최고의 도구이다. '아무 이상이 없다'는 이야기를 들은 환자와 가족은 병이 진행하여 추가적인 증상이 나타나도 의사의 괜찮다는 말을 곧이곧대로 믿고 대처를 늦추게 된다. 진찰하고 혈액 검사를 하고 엑스선 사진까지

찍었고 의사가 문제없다고 했으니 할 것은 다했다고 생각한다. 그래서 향후에 다가올 진단과 치료를 위한 골든타임을 놓쳐버릴 위험이 있다.

법적 제재를 피하기 위해 괜히 부가적인 설명을 보태는 것이 아니라, 현재의 상황 판단과 향후 대비책을 알려주는 것은 불확실성을 특징으로 하는 의학에서 대단히 합리적인 설명 방식이다. 합리적이기 때문에 법적인 문제를 피할 수 있다. 부가적인 설명 방식은 환자와 그 가족에게 걱정하지 않아도 될 사안과 앞으로 주의할 사항을 동시에 알려주게 되어 심적 안정을 주고 높은 신뢰감을 형성한다. 서둘러 질러가는 길은 인식의 오류에 이르는 최단 코스다.

지름길로 가는 낭비를 하지 마라.

:: 프레젠테이션, 지식의 저주를 벗어나라

1990년 엘리자베스 뉴턴(Elizabeth Newton)은 스탠퍼드 대학에서 간단한 놀이에 관한 연구로 심리학 박사학위를 땄다. 실험에 참가한 사람들을 두 그룹으로 나누었다. 한 팀은 '두드리는 사람', 다른 팀은 '듣는 사람'이었다. 두드리는 사람은 생일 축하 노래, 미국 국가처럼 누구나 알고 있는 노래 25곡이 적힌 목록을 받았다. 목록에 적힌 노래 가운데 하나를 골라 노래의 리듬에 맞춰 책상을 두드리고, 듣는 사람은 두드리는 소리를 듣고 노래의 제목을 맞혀야 했다. 듣는 사람이 어려웠다. 뉴턴의 실험에서 총 125곡이 연주되었는데, 듣는 사람은 겨우 2.5%, 즉 세 곡밖에 맞히지 못했다. 실험 전 두드리는 사람에게 상대방이 몇 곡을 맞힐 것 같은지 짐작해보라고 하자 약 50% 정도는 맞힐 것 같다고 대답했다.[187]

왜 이런 현상이 벌어진 걸까? 두드리는 사람은 책상을 두드릴 때 그의 머릿속에서는 노랫소리가 생생히 들린다. 그러나 듣는 사람의 귀에는 모스부호처럼 똑똑 소리만 나지 음악은 들리지 않는다. 두드리는 사람은 듣는 사람이 이처럼 쉬운 노래도 맞히지 못한다는 사실에 당혹해했다. '생일 축하 노래도 맞히지 못하다니!'

사람은 일단 특정 정보, 즉 답을 알게 되면 다른 사람의 알지 못하는 그 느낌을 이해할 수 없게 된다. 책상을 두드리는 사람은 자신의 귓전에 울리는 음악을 느끼면서, 음악의 풍경이 보이고 냄새도 느낄 정도지만, 듣는 사람에게는 똑똑 소리 몇 개밖에 들리지 않는다는 것을 도무지 이해하지 못한다. 이것이 '지식의 저주(the curse of knowledge)'이다.

> 일단 무엇인가를 알고 나면, 알지 못한다는 것이 어떤 느낌인지 상상할 수 없게 된다.

지식의 저주는 의사소통을 방해하는 교활하고 악랄한 적이다. 인간관계의 말하기, 진료 상담, 업무 보고하기, 프레젠테이션, 글쓰기, 논문 쓰기 등 모든 커뮤니케이션에서 언제든지 엄습하여 활개 치는 최악의 방해물이다. 설득하여 소통해야 하는데, 내가 알고 있는 단순한 정보를 상대방은 잘 모르니 나도 상대방도 답답하고 이야기가 겉돌게 된다. 서로 간에 갈등이 생기며 소통의 질이 부실해진다.

다행히, 저주를 조기에 막을 방법이 있다.

(1) 대상과 목적을 분명히 하여 이야기를 듣는 사람에게 '명확하게' 전하라.

(2) '스토리 라인'을 가지고 전하라.

프레젠테이션은 특정한 대상이 있고 확보된 시간이 있으며 전체적인 디자인과 진행은 내 자신이 하며, 청중이 귀 기울일 준비가 되어 있다는 점에서 타 소통 방식과 다른 독특한 특성이 있다. 슬라이드 작성법 등 프레젠테이션의 기초 방법들에 익숙해 있다면, 이제 프레젠테이션의 속성을 소통의 차원에서 깊이 있게 이해하고 효과를 극대화할 수 있는 기법을 살펴보자.

1. 프레젠테이션의 핵심은 발표 내용의 질이며 발표자의 진심이다

슬라이드의 구성이 엉망이라도, 떨려 말을 더듬어도, 레이저 포인트가 온 사방을 헤매고 다녀도 좋은 프레젠테이션을 할 수 있다. 내용이 좋으면 된다. 비록 프레젠테이션 스킬이 떨어져 내용을 더욱 부각시켜 주지는 못하더라도 내용이 80점은 차지하기 때문이다. 내용이 좋으려면 준비를 많이 하고 철저히 해야 한다.

프레젠테이션에서 청중은 누구나 고수다. 발표자가 충분히 준비해서 뭔가 청중에게 전해주고 싶은 메시지가 있는지, 발표자 자신도 정확하게 내용을 이해하지 못하고 있는지, 괜히 뻐기려고 연단에 섰는지를 귀신처럼 알아챈다. 혼신의 힘을 기울여 충분히 준비하여 발표의 목적에 맞는 콘텐츠를 만들어내는 것이 훌륭한 프레젠테이션이다.

좋은 프레젠테이션 비법은 발표자의 혼이 담겨 있어야 한다. 발표자가 사투리를 쓰든 다리를 떨든, 청중은 발표자가 전해주고자 하는 메시지를 오감을 통해 마음으로 받아들인다. 어떤 사람과 이야기할 때 그 사람의 말이 유창해서, 얼굴이 잘생겨서, 행실이 발라서 설득되기 보다는 서로 진심이 통할 때 진정한 소통이 이루어진다. 발표도 마찬가지다. 뭔가 부족하고 어설픈 프레젠테이션이지만 꼭 청중에게 전해주고 싶은 진심이 담겨 있다면, 그것을 전해주고 싶어 노력한 자신감과 진솔한 겸손함이 담겨 있다면 청중들은 충분히 만족할 것이다. 테크닉은 필요조건이지만 어쩌면 분칠에 불과하다.

2. 준비와 연습이 최고의 비법이다

명품 프레젠테이션을 보여준 스티브 잡스는 한 편의 발표를 위해 6개월가량의 자료 준비기간과 3주간의 발표 리허설을 하였던 것으로 유명하다. 말의 토씨, 농담 하나도 계획된 연출이다. 스티브 잡스의 프레젠테이션이나 연설을 들어보면 군더더기가 없고 청중을 빨려들게 하는 마력을 느낄 수 있다. 바로 준비와 연습 덕분이다.

필요한 것은 두 가지다. 첫째, 프레젠테이션의 목적을 이해하고 자료를 준비한 후 이를 어떻게 연출할 것인지 디자인하는 과정이다. 마치 연극 연출가처럼 어떤 방식으로 진행할 것인지 결정해야 한다. 기승전결로 할까? 결기승전으로 할까? 반전을 넣을까? 스토리를 넣어 청중에게 각인시킬까? 청중의 머리를 설득할까 아니면 가슴을 먼저 흔들어놓을까? 시니컬하게 시작해서 감동으로 연결시킬까? 조크를 활용해 역설적으로 설득할까? 둘째, 리허설이다. 준비된 디자인에 맞게 말의 억양, 톤, 잠시 동안의 침묵 등 연출의 디테일을 짜고 주어진 시간 내에 진행할 수 있도록 반복해서 연습해야 한다.

3. '지식의 저주'를 막아라[188]

효과적인 프레젠테이션의 가장 핵심 비법이다. 말하는 사람은 쉽게 한다는데 듣는 사람에게는 너무 추상적이거나 비논리적으로 들리는 것이 늘 문제다. 개념이나 결론을 제시하면서 증거를 보여주지 않거나, 큰 그림을 보여주면서 그것을 이해할 세부 사항은 말해주지 않는 경우가 흔하다. 그렇게 되면 듣는 사람은 이해가 되지 않는다. 열심히 강조는 하는데 왜 그런지 이유를 알려주지 않는다고 생각해보라!

이때 필요한 것이 스토리와 예제다. 실제 이야기만큼 사람을 쉽게 설득하는 방법은 없다. 마이클 무어(Michael Moore)의 영화 <식코(SiCKO)>에서 손가락 두 개가 잘린 목수가 돈이 모자라 어느 쪽 손가락을 접합할지 어느 쪽을 포기할지 고민하던 모습이 지금도 떠오르지 않는가? 의료와 자본의 관계를 강렬하게 각인시켰다. 프레젠테이션의 주제와 어울리는 스토리나 예제는 수십 번의 설득보다 훨씬 더 강하게 청중을 설득한다.

근거 자료를 보여준다고 관련 수치를 무분별하게 소개하는 것은 발표자의 말투나 복장에나 신경 쓰라는 유혹이다. 데이터는 스토리들의 모임이다. 데이터를 강조하고 싶다면 당연히 대표적인 스토리를 보여주는 것이 효과적이다.

4. 파워 프레젠테이션

프레젠테이션의 첫 번째 임무는 단숨에 청중의 관심을 사로잡는 것이다. 본론으로 진입하기 위해 철저히 준비한 서론이 오히려 청중을 지치게 하는 경우는 너무나 흔하다. 스티브 잡스의 발표를 보라. 서론이나 머리말 따위는 없이, 단도직입적으로 본론으로 들어간다. 힘 있는 글쓰기나 말하기, 프레젠테이션이 공통적인 방법은 두괄식이다. 결론으로 상대를 충격의 궁지에 몰아넣은 다음 이유를 설명해 설득하는 방법이다.

> 전시기획 회사의 대표는 유명한 박물관 관장들에게 체험 전시의 장점을 소개하는 중요한 발표를 준비했다. 체험 전시전은 시각장애인에게 특히 인기가 좋았다. 박물관 관장들에게 전시물을 단순히 눈으로 보는 경험 그 이상으로 만드는 것이 얼마나 중요한지를 알려주고 싶었다. 그것이 발표의 핵심이었다.
> 프레젠테이션이 시작되자 대표는 신호를 보냈다. 회의실은 순식간에 조명이 모두 꺼져 암흑이 되었다. "이것이 바로 시각장애인들이 박물관을 방문했을 때 느끼는 기분입니다. 아무것도 배울 수 없고, 아무것도 경험할 수 없지요. 박물관에 전시된 이 모든 것에 접근할 수 없기 때문입니다."[189]

워밍업은 필요하지 않다. 청중은 준비되어 있다. 전시기획 회사의 대표가 다음과 같이 발표를 시작했다고 생각해보자.

> 지금부터 우리는 박물관을 방문하는 장애인들이 겪는 어려운 문제들에 관해 간단히 살펴볼 것입니다.

5. 주인공을 부각하라

> 최고의 프레젠테이션은, 주어진 시간 안에 발표를 끝내는 것이다.

프레젠테이션을 준비할 때 가장 어려운 부분은 분량의 조정이다. 주어진 시간 안에 준비한 내용을 적당한 분량으로 넣기가 참으로 어렵다. 기초 자료 조사, 데이터 분석, 그래서 도출한 10개의 주요 사항과 최종 결론을 위해 수많은 시간과 노력을 아끼지 않았는데, 금쪽같은 이들 중 일부를 가지 쳐 버리자니 속에서 신물이 올라온다.

10명의 배역이 펼치는 짧은 시간의 연극을 연출한다고 생각해보자. 훌륭한 연출가는 관객의 입장에서 생각한다. 10명의 주인공을 모두 부각하기에는 시간이 너무 짧다. 연극을 완성하는 데 2번 주연과 5번, 7번 조연 정도로도 충분하며, 나머지는 배경에 지나지 않는다. 충분한 숙고는 거치되 과감하게 삭제할 것은 잘라야 한다. 주인공에게 대사를 많이 주어야 관객의 관심과 집중력이 높아진다. 핵심 메시지를 전달하는 데 발언의 50% 이상, 슬라이드의 50% 이상을 배정하라. 그래야 청중에게 뭔가 남긴다. 주인공에 집중하라. 니체의 조언을 들어보자.

사람은 잠자코 있어서는 안 될 경우에만 말해야 한다. 그리고 자기가 극복해온 일들만을 말해야 한다. 다른 것은 모두 쓸데없는 것에 지나지 않는다.

6. 설명보다 질문하라

청중에게 충격적인 결론도 중요하지만 더욱 강렬한 자극은 호기심을 유발하는 것이다. 호기심으로 자극하기 위해 여러 가지 방법이 있지만, 그저 물음을 앞세워도 상당한 효과를 거둘 수 있다. 슬라이드 한 장에 6개의 내용이 있다고 하자. 발표자는 2번째를 설명하고 있는데 청중은 벌써 6개를 다 읽고 멍하니 기다리고 있다. 프레젠테이션 현장에서 흔히 있는 일이다. 발표자와 청중이 잠시 이별하는 상황이 된다. 만일 6개의 내용 대신 6개의 질문이 있다면? 청중들이 얼마나 대답을 듣고 싶어 할까? 감질나게 집중력을 유지하는 방법이다.

무엇을 말해 설득할까 고민하지 말고 어떤 질문을 던져 호기심을 자극할까 생각하라.

연말을 맞아 모든 교직원 앞에서 올해의 병원 경영을 분석 보고하는 자리다. 올해의 예산과 수입, 지출 등 수많은 데이터를 전년도의 그것과 타 병원의 그것과 비교할 예정이다. 숫자가 많아 글씨도 잘 보이지 않을 것이 뻔하다. 지루한 발표가 될 것이다. 그래서 첫 슬라이드를 다음과 같이 준비했다.[190]

> ■올해 우리 병원의 예산과 수입, 지출을 결산한 결과 우리 병원은?
> ① 커다란 흑자를 기록했다.
> ② 커다란 적자를 기록했다.
> ③ 손익 평형을 이뤘다.
> ④ 약간의 흑자를 기록했다.
> ⑤ 약간의 적자를 기록했다.

7. 현실을 보여주라

우리는 종종 슬라이드를 만들 때 화려한 시각 자료를 넣고 싶은 유혹을 느낀다. 그러나 그것은 의사소통이 아니라 장식에 불과하며 오히려 집중력을 방해한다. 핫 아이디어, 즉 좋은 콘텐츠에는 꾸밈이나 시각적 장식이 필요하지 않다. 지나친 장식은 현실의 심각한 사태를 허구적인 상황으로 오해하도록 만들 위험이 있다. 심각한 문제는 심각한 현실 그대로 보여주는 것이 좋다.

공구(工具)를 다루는 회사의 지사장이 대형 판매상에게 프레젠테이션을 한다. 이제 자기 회사의 공구에 대한 찬사를 화려한 슬라이드로 보여줄 차례가 되었다. 그러나 그는 슬라이드를 끄고 회의실의 불을 켰다. 자사의 드릴과 경쟁사의 그것을 책상에 진열하고, 기계공에게 서서히 분해하도록 했다. 분해 과정에서 자기 회사 드릴의 장점을 타사의 그것과 비교해 설명했다. 판매상은 당연히 이 회사의 제품을 선택했다.[191]

> 프레젠테이션의 목적은 상대의 마음을 움직이는 것이다. 마음을 움직이는 데 슬라이드가 필요 없는 경우도 많다.

상세한 정보를 배제하고 중요한 개념들을 압축하여 설명하는 방식이 일반적인 파워포인트 프레젠테이션이다. 그러나 압축에도 손실은 따를 수 있다. 예일 대학의 에드워드 터프트(Edward Tufte) 교수는 「파워포인트의 인식 유형」이라는 논문에서 프레젠테이션 프로그램을 사용할 때 발생하는 정보전달의 특성에 대해 과잉 단순화와 형식적 표현의 문제점을 지적했다. 파티에 참석한 모든 사람이 파워포인트를 사용해 얘기한다면, 정보를 전달하는 과정에는 문제가 없겠지만 파티에 와 있다는 느낌은 전혀 들지 않을 것이다.[192]

> 신혼 첫날밤에 필요한 효과적인 소통 방법은 파워포인트 프레젠테이션이 아니고, 눈빛이다.

노벨 물리학상 수상자인 리처드 파인만(Richard Feynman)의 『파인만 씨, 농담도 잘하시네!』[193]를 보면 일상과 강의와 연구에 관한 자기 자랑이 섞인 많은 에피소드가 두서없이 적혀 있다. 그러나 책을 다 읽고 나면 그제야 파인만이 과학적 원칙들이 얼마나 허구적인지를 말하고 싶었다는 것을 알게 된다. 파워포인트가 가지를 쳐내며 압축해서 설명을 하는 방식인 반면, 파인만식 서술 방식은 현상의 복잡한 형태는 그대로 두고 필자가 시선을 옮겨가며 관찰하고 관점을 이동하면서 새로운 해석을 시도하는 방식이다.

파워포인트 프레젠테이션은 원활한 소통을 위한 중요한 과학적 도구임에는 틀림없지만 파워포인트가 없이는 소통이 이루어지지 않는 것도 아니고 사안에 따라서는 훨씬 더 뛰어난 소통의 도구가 있다는 사실을 잊지 말아야 한다.

:: 업무용 글쓰기, 상대방의 입장이 되어 쓰라

업무용 글쓰기는 상대방을 효과적으로 설득하기 위한 실용적 글쓰기다. 문학적 글쓰기와 달리 타고난 글쓰기 능력과는 무관하다. 틀에 따라 글을 짓는 방식을 알면 일상 업무에서 소통의 어려움을 쉽게 극복하고 같은 노력으로도 효과적인 일 처리가 가능하다.[194]

업무용 글은 알기 쉽고, 간결하게, '약도 그리듯' 써야 한다.[195] 업무용 글쓰기의 작성 수순에 익숙해지면 의학 논문 작성도 어렵지 않다. 다음은 업무용 글쓰기에 익숙해질 수 있는 핵심 요령이다.

1. 글을 쓰는 목적과 읽는 대상을 분명히 하라

세상의 모든 글은 쓰기 전 두 가지를 분명히 하고 글을 마칠 때까지 지속해야 한다. 글을 쓰는 목적과 읽는 대상이다. 프레젠테이션도, 상사에게 보고하기도 마찬가지다. 자신의 주장을 명확하게 전달하여 읽는 사람을 설득하려면 글의 목적을 마칠 때까지 잊지 말아야 하며, 배경 지식의 정도 등 상대를 분명히 알아야 한다. 여유가 있는 사람인지 눈코 뜰 새 없이 바쁜 사람인지, 부탁을 하고 싶은지 지시를 하고 싶은지에 따라 글은 달라진다.

글을 쓰기 시작할 때 목적을 한 문장으로 써서 글이 완전히 끝날 때까지 책상 앞 벽이나 컴퓨터에 붙여 두라. 글을 시작할 때는 목적이 선명하게 머릿속에 맴돌지만 글이 길어지고 내용이 깊어지면 글의 목적과 읽을 상대는 어디로 가고 없어진다. 초보자들이 글을 쓸 때 낭패감을 갖게 되는 가장 흔한 원인이다. 역으로 글을 쓰다가 전후좌우를 잊어버리고 우왕좌왕할 때도 글의 목적과 대상을 되살려보면 갈 길을 다시 찾을 수 있다.

2. 논리적 틀 짜기, 즉 충분한 구상 후 글을 써라

최근 들어 높은 빌딩은 튼튼한 강철 구조물을 덩그러니 먼저 세우고 여기에 보조적 건축 자재를 추가하여 완성한다. 실용적 글쓰기도 틀 짜기가 중요하다. 글과 관련해 수집한 자료를 논리적 순서로 배치하여 상대방을 설득할 수 있도록 틀을 짠다. 사례를 들어 설명 후 결론을 지을 것인가, 주장부터 하고 근거와 이유를 보여줄지를 구상한다. 논리적 틀 짜기가 빈틈없이 훌륭하다면 글의 70%는 완성된 것이나 마찬가지며, 반대로 틀 짜기가 어설프다면 아무리 문장력이 좋아도 읽는 독자는 황당하게 느낄 수 있다. 실용적 글쓰기는 논리적으로 글을 설계하여 건축하는 것이다.

출입구 문이 불편한 건물은 문제가 있으면 수정 보완 작업이 어렵지 않지만, 틀이 잘못된 건축물은 다시 지어야 한다. 처음 짓는 것보다 다시 짓는 것이 더 어려운 것은 건축이나 글쓰기나 마찬가지다. 고수는 논리적 틀 짜기에 많은 시간을 소모한다.

글의 틀을 짜기 위한 방법은 첫째, 글의 내용에 관한 충분한 지식과 경험이 필요하며, 둘째, 발상 모으기(brain storming)로 파격적이고 극단적인 상황도 고려한 다양한 가능성을 발상하며, 셋째, 얻어진 재료를 바탕으로 직관과 통찰을 얻기 위한 몰입의 과정이 필요하다.

몰입 사고는 글쓰기에도 적용할 수 있다. 몰입은 자신의 지식과 경험을 바탕으로 한 발 더 내어 디디는, 창의적 결과물을 얻기 위한 과정이며 지루하고 고통스러운 시간이기도 하다. 마침내 예상외의 결과나 해결책을 얻게 되면 그 희열은 말로 할 수 없는 중독성 강한 행복감이다.

글이 논증의 형식으로 전개되도록 틀을 짠다. 논증이란 결론과 이에 대한 전제조건을 말한다.[196] 조건을 달아 결론을 도출하는 귀납법이든, 주장 후 근거를 밝히는 연역법이든 '따라서' 결론에 이를 수밖에 없는 전제를 빈틈없이 장치하는 과정이다. 뒤이어 설명할 '힘 글쓰기'가 논증적인 글의 좋은 예다.

3. 동료의 조언을 구하고 휴식기, 즉 글의 숙성기를 가져라

훌륭한 글이라는 요리를 완벽하게 만들기 위해 소중한 조미료 두 가지가 있다. 동료의 조언을 구하는 것과 휴식기, 즉 글의 숙성기를 가지는 방법이다. 논리적 틀 짜기와 글 고치기 과정에서 특히 유용하게 활용할 수 있는 방법이다. 글의 질을 높이고 빈틈을 메워주는 글쓰기의 강력한 도구임을 명심해야 한다. 두 가지 조미료 없이는 어떤 요리도 완벽하게 만들 수 없다.

조언을 구하는 것이 쉽지만은 않다. 내 마음의 문이 항상 열려 있어야 하기 때문이다. 휴식기는 새로운 아이디어를 얻고 글의 논리적 수준을 높이고 오류를 줄여 보다 완성된 글을 만들기 위한 필수 과정이다. 시간이 남아돌아 하는 방법이 아니다.

4. 첫 글은 논리적 틀을 근거로 단숨에 써라

글의 목적, 글 재료, 논리적 틀 짜기가 준비되면 초고를 쓴다. 초고는 휴식기 없이 단숨에 써내려 가는 것이 좋다. 찔끔찔끔 쓰게 되면 구상된 논리적 틀이 흐트러질 수 있기 때문이다. 목적을 중심으로 짜인 글을 틀에 따라 빠르게 정리하는 방법이다.

주말, 연휴 등 충분히 시간을 할애할 수 있는 날을 잡아 거침없이 써 내려가라. 오자 수정, 부분 삭제 등은 글 고치기 과정에서 수정 보완하는 것이 바람직하다. 그러나 글을 시작할 때부터 마칠 때까지 글의 목적과 논리적 틀은 놓치지 말아야 한다.

5. '힘 글쓰기'를 적용하라

3~4개의 문장이 모여 하나의 문단을 이룰 때 '힘 글쓰기'[197)198)]를 활용하여 설득력이 강한 글을 만들어라.

- 힘 1: 주장/주제
- 힘 2: 근거/이유
- 힘 3: 실례/자료
- 힘 4: 주장/주제 재강조

힘 글쓰기는 논리를 바탕으로 통일된 구조를 갖춘 두괄식 글쓰기 방식이다. 힘 있고 논리적이어서 설득력이 강한 실용적 글쓰기의 기본 형태이다. 경쟁이 치열한 현대 사회에는 읽는 사람이 빨리 읽고,

쉽게 핵심을 파악하고, 그래서 즉각적인 결정을 할 수 있도록 글을 쓰는 사람이 유도해야 한다. 따라서 일상 업무로 바쁜 직장인의 글쓰기도 명확하면서도 설득력이 강한 과학자의 글쓰기 형식인 '힘 글쓰기'를 소통 방식으로 활용하고 있다.

'힘 글쓰기'는 화끈하고 명쾌한 결론을 글의 머리에 배치하여 상대방에게 강렬한 충격을 주는 방식으로 바쁜 시대의 산물이다. 읽는 사람의 마음을 미리 움직여 나머지 글을 더 읽도록 유도하는 방식이다. 이후 근거와 이유를 하나하나 덧붙여 자신의 주장을 논증적으로[199] 설득한다. 마지막으로 주장이나 주제를 다시 강조하면서 설득을 마무리한다.

'힘 글쓰기'는 업무 발표에서도 활용할 수 있다. '힘 보고하기'라고 부를 수 있다. 상사 앞에서 특정 사안을 보고할 때, 먼저 보고의 목적을 알고 상사가 무엇을 원하는지 얼마나 보고사항에 관한 지식이 있는지를 생각한다. 발표는 사안의 결론을 먼저 보고하고, 그 근거 2~3가지를 이유로 들어 설명한 후, 주장을 다시 강조하여 설득을 마무리하는 방식이다. 물론 프레젠테이션에도 적용할 수 있다.

6. 긴 글은 본론, 결론, 서론의 순서로 쓰라

서론, 본론, 결론으로 구성된 긴 글을 쓸 때는 초보 저자는 서론을 맨 나중에 쓰는 것이 효과적이다. 본론과 결론을 논리적으로 전개한 후 이들과 호응하는 서론을 작성하는 것이 쓰기가 쉽고 서론에 포함될 글의 목적을 놓치지 않는 방법이다. 읽는 사람의 입장을 고려하는 고수의 글쓰기 수순이다.

・글의 목적과 대상 확인→재료 수집→논리적 틀 짜기→본론 작성
→결론 도출→서론 작성

서론은 목적이 정밀하게 삽입되어 있다. 독자가 서론을 읽었을 때 저자가 무엇에 의문을 느끼고 어떤 주제 의식으로 글을 시작하였는 지 금방 알아차려야 한다. 서론은 단도직입적이고 매력적이어야 한 다. 가급적 짧고 명료하게 작성해야 한다. 세상에서 가장 잘 쓰인 서 론은 훈민정음의 서문이다. 간단명료하며, 목적이 단도직입적이고, 짧지만 감동적이다. 세종대왕도 서문을 맨 나중에 썼다. 서론이 장황 하면 상대방은 더 이상 글을 읽고 싶지 않다. 독자가 서론을 읽고 빨 리 본론으로 넘어가고 싶은 충동을 느낀다면 서론 작성은 성공한 것 이다.

7. 선명하고 매력적인 제목을 붙여라

글의 간판인 제목은 서론을 마친 후 맨 마지막에 작명하는 것이 바 람직하다. 초보자는 제목 짓기로 글을 시작하는 경우가 흔한데 글 전 체의 흐름이 완전히 파악되기 전이라 내용 전달이 어설프고 매력적 으로 꾸미기도 어렵다.

제목은 말 그대로 글을 대표하기 때문에 글의 내용을 선명하게 암 시해주어야 한다. 독자가 제목만 보고도 더 많은 글을 읽고 싶다는 충동을 느낄 수 있도록 유도해야 한다.

제목을 정할 때 글의 목적과 대상 독자를 생각해보면 보다 흥미로 운 제목을 만들 수 있다. 핵심 용어로 최소한의 단어로 간결하게, 중 요 정보가 담겨 있어야 한다. 결론이 자신 있는 내용이라면 보다 강

한 어조의 제목을 붙이는 것이 매력적이다. 학술 논문이나 공문서가 아니라면 잡지나 신문의 헤드라인처럼 다소 자극적인 제목이 좋을 수도 있다.

8. '한 장 기획서'를 활용하라

의사는 사회적 리더로서 혹은 각종 업무의 책임자로서 건의문이나 기획서, 제안서 작성에 익숙해야 한다. 상급 기관이나 결정권자에게 건의문을 쓸 때 작성자는 알찬 내용으로 설득력 있게 충분한 분량으로 작성하고 싶을 것이다. 그러나 대부분의 결정권자는 업무에 바빠 보고자의 길고 충분한 설명을 읽을 여가가 없다. 아랫사람에게 맡기거나 밀쳐두었다가 잊어버리는 경우가 허다하다. 따라서 결정권자가 빠른 시간 내에 충분히 이해하고 판단, 결정할 수 있도록 도와주는 글쓰기가 필요하다.[200]

> 짧지만 충분한 설득력을 갖춘 글, 이것이 '한 장 기획서(one page proposal)'이다. '한 장 기획서' 작성법은 '힘 글쓰기'나 논문의 초록과 형태가 유사하다.[201]

'한 장 기획서'는 특정 주제가 있는 한 장의 사진을 보여주는 것과 같다. 한 장으로 구성되어 짧지만, 구체적이고 명확한 실행 계획이 포함되어 있다. 결정권자는 읽고 판단하는 데 시간을 절약할 수 있고, 쉽게 설득될 수 있으며, 보고에 대하여 신뢰성을 가질 것이다.

형태가 의학 논문의 초록과 유사하지만, 행정적인 문건이라 재정, 현재 상태 등을 포함하며, 특히 결정권자가 어떤 도움을 줄지를 결정하는 실행 부분을 포함한다. 즉시 시행해야 할 구체적인 사항을 적어 결정을 쉽게 하도록 도와주는 것이다.

당신이 책임 전공의로서 과의 살림을 도맡아보거나, 군복무 중이거나, 보건소에 근무하고 있거나, 일정 기간 보직을 맡아 업무를 수행할 때 문건을 통해 상사에게 보고하고 의견을 묻는 일은 수도 없이 많을 것이다. 이때 '한 장 기획서'는 결정권을 가진 상급자와 빠르고 정확하게 소통하는 가장 기본적인 도구이다.

에필
로그

I

스탠퍼드 대학에는 시대를 앞서가는 별스러운 교육 프로그램이 많이 숨어 있습니다. 그중 하나가 하소 플래트너 디자인 학교(Hasso Platner Institute of Design)입니다. 유명한 디자인 회사인 IDEO의 설립자이자 기계공학과 교수인 데이비드 켈리(David Kelley)가 구상하고 설립한 곳으로 보통 d.스쿨이라고 부릅니다. 두 개 이상의 학문 분야가 함께 운영하는 방식으로 뛰어난 연구 성과를 보이고 있는데 공과대학, 의과대학, 경영대학, 교육대학 등 다양한 분야의 교수들이 학생들을 가르칩니다. 모든 강의를 전공 분야가 다른 교수 두 명 이상이 진행합니다. 개발도상국가의 국민을 위한 최저가격 제품 디자인, 캠페인성 활동 계획하기, 활력 있는 노년을 위한 아이디어 창출하기 등 기발한 주제들을 다루고 있습니다. 우리 삶의 블루오션을 개척할 수 있는 능력을 기업가 정신(entrepreneurship)으로 길들이는 첨단 교육 과정입니다.[202]

2007년 1월 d.스쿨의 멤버들은 네팔로 봉사활동을 떠났다.[203] 비행기에 오르자 틀에 갇힌 수업을 떠나 히말라야의 나라 네팔로 간다는 마음에 젊은 학도들은 열린 입을 다물지 못하고 마음은 바람 든 풍선처럼 한껏 들떠 있었다.

풍선에서 바람이 빠지기 시작한 것은 수도 카트만두에 도착하면서부터였다. 먼지와 매연을 덮어쓴 도시는 자동차와 우마차가 뒤엉겨 혼란스럽기 그지없었고, 어른 아이 할 것 없이 슬리퍼만 신고 있거나 맨발인 사람도 적지 않았다. 카트만두는 겨울이라도 섭씨 2~3도 이하로는 잘 내려가지 않는다지만 맨발은 너무 심하다는 생각이 들었다. 최대의 부국 미국을 거의 떠나보지 않았던 어린 학도들은 말문이 막힐 지경이었다.

말문이 완전히 막힌 것은 네팔에서 가장 크다는 병원을 방문하면서였다. 기부나 원조로 들여온 미숙아용 인큐베이터는 대부분 고장이 난 채 비닐을 덮어쓰고 있었다. 고장 난 부품을 조달할 수가 없었다. 작동 방법이나 경고 표시 문구는 전부 외국어로 되어 있어 더욱 기가 막혔다. 실소를 금치 못한 것은 네팔의 전력 사정이었다. 인도에서 공급되는 기름과 전력으로 하루 4~5회의 부정기적인 정전은 예사로 생각하고 살아야 하는 형편에 전기를 이용하여 항온 항습을 유지할 신생아용 인큐베이터라니! 그래서 외국에서 들여온 대당 2만 달러 남짓의 인큐베이터는 대부분 먼지 속에 유물처럼 서 있었다.

카트만두를 넘어 오지로 들어가자 그들은 어이가 없어 서로를 쳐다보았다. 고장 난 인큐베이터조차 없는 시골 보건소에서는 자체적인 네팔식 인큐베이터를 만들어 이용하고 있었다. 사과 궤짝 같은 나무상자를 두 칸으로 나누어 아래 칸에 알전구를 켜두고 아기를 위 칸에 뉘어 따뜻하게 하는 기발한 발상의 나무상자 인큐베이터였다.[204]

일주일간의 방문 일정을 마치고 귀국 비행기에 올랐을 때 누구도 웃지 못했고, 누구도 말을 걸지 않았으며, 그렇다고 쉽게 잠들지도 못했다. 학교로 돌아오자 진지하고 추진력이 넘치는 젊은이들은 누가 지시하지 않았지만 함께 교실로 모였다. 누군가가 슬라이드 쇼로 준비한 네팔 아기들의 검고 커다란 맑은 눈동자가 칠판 앞 스크린에 가득 비치고 있었다.

"매년 오지와 저개발국가에서 태어나는 미숙아와 저체중아가 약 2,000만 명이라는군."

"휴우……." 누군가가 조사해온 데이터를 내뱉자 모두 한숨을 지었다. 긴 토의 없이 그들은 목표를 정했다.

- 인큐베이터를 만든다.
- 값싸다.
- 전기가 필요 없다.
- 작동이 쉽고 부품이 복잡하지 않다. 동네 아줌마도 작동 가능하다. 글자를 몰라도 작동 가능하다.
- 오지에서도 사용가능하다.
- 아기의 생존에 최대한 도움을 준다.

그들은 누구도 웃지 않았고 사실 웃을 여가도 없었다. 신생아의 특성, 인큐베이터의 역사, 유사한 의료 제품의 현황 등을 조사하고 전문가들을 초청하여 특강을 듣는 일정으로 시간적으로 빈틈이 없었다. 그들은 식음을 전폐하다시피 최선을 다했다.

한참이 지난 어느 날, 웃음을 잃고 지내던 그들은 부둥켜안고 울었다. 드디어 인큐베이터를 만들어냈다. 6가지 목표를 모두 만족하는 인큐베이터였다.

아기의 몸체에 어울리는 크기의 비닐 주머니를 만들고 그 안에 마가린을 넣었다. 마가린은 체온과 비슷한 온도에서 녹는다는 점에 착안했다. 필요할 때 뜨거운 물에 넣어 주머니 속의 마가린이 녹으면 수건으로 감싸 아기를 담아 두면 끝이었다. 정기적으로 데워주기만 하면 되었다. 뜨거운 물이 없는 곳은 없으니 어느 오지에서라도 사용이 가능한 인큐베이터가 개발된 것이다. 막판에 공대생 한 명이 기발한 아이디어를 보탰다. 마가린보다는 특수 밀랍을 쓰자. 이 특수 밀랍은 신소재로 비싸지 않고, 특정 온도까지만 보온되며 그 이상은 올라가지 않으니 아기에게 화상을 입힐 위험도 없다. 약 4시간이 지나면 온도가 떨어지는데 다시 데우기만 하면 될 것이다. 그리고 이를 슬리핑백 모양의 특수 주머니에 담는다면 반영구적인 인큐베이터가 되지 않겠는가! 피 끓는 학도들은 그때 부둥켜안고 운 것이다. 전 세계 2,000만 명의 가녀린 미숙아들이, 그것도 무슨 운명의 실수로 먼지 날리는 오지에서 태어날 수밖에 없는 그들이, 젊은 학도들에게 속삭이는 것 같았다.

"고마워요."

특수 밀랍의 이름도 정했다. 포근히 감싸 안는다는 임브레이스(Embrace)는 인큐베이터보다 더 예쁜 이름이었다. 가격은 2만 달러의 천분의 1인 고작 20달러!

"이 인큐베이터는 에베레스트 정상에서도 쓸 수 있겠는걸!"

그들은 오랜만에 함께 웃었다.

꼭 석 달 만이었다.

스탠퍼드 대학에 있는 또 하나의 명물 교육 시스템은 바이오디자인 펠로우스(BioDesign Fellows)라는 대학원 코스입니다. 심장 전문 의사이자 발명가, 기업가인 폴 요크(Paul Yock)가 이끌고 있는데 공학, 의학, 경영을 전공한 다양한 출신의 대학원생들이 1년 동안 머리를 맞대고 의학 분야의 중요한 문제들을 찾아낸 다음 그 문제를 해결할 제품을 기획하는 프로그램입니다. 가슴을 열어 심장 수술을 하지 않고도 다리 정맥을 통해 막힌 심장 혈관을 넓히는 획기적인 기술인 풍선기구 혈관성형술(balloon angioplasty)을 개발한 바로 그 팀입니다. 그들은 병원으로 건너가 현직 의사들과 석 달 동안 숙식을 함께하면서 의견을 교환하고 의사, 간호사, 환자, 행정관리자 등 다양한 사람들을 만나고 제삼자의 관점에서 그들의 장비, 행동과 사고방식을 유심히 관찰하고 분석합니다.[205]

10여 년 전 폴 요크는 자신이 몸담고 있는 의과대학에서 길 건너 맞은편에 위치한 공과대학을 바라보다가 기발한 생각이 떠올랐답니다.[206] 양 대학의 학생과 교수진이 서로 협력하면 새롭고 유용한 의료기술을 창출할 수 있을 것이란 생각이었죠. 의과대학의 의사와 연구진들은 환자의 치료 개선에 필요한 새로운 제품을 설계하기 위해 공학자들이 필요했고, 반대로 공학자들은 자신들의 기술을 이용해 해결할 문제들이 무엇인지 탐색 중이라는 사실을 잘 알고 있었습니다. 이 두 집단이 만나자 창의의 불꽃이 튀기 시작한 것은 어쩌면 당연한 결과였습니다. 물론 처음에는 서로 애를 먹었답니다. 사고방식도 다르고 지식이나 경험도 다를 뿐 아니라, 기본적으로는 사용하는 용어가 서로 맞지 않았으니까요. 상대방의 언어를 모르는 두 나라 사람이 손짓발짓으로 의사소통을 하는 모습을 상상해보면 딱 이 상황에 맞을 겁니다. 그러나 그들은 누구도 포기하지 않았고 지치지 않았습니다. 그들은 그들의 꿈을 믿었습니다. 혈관에 사용하는 특수 장치 등 다양한 정밀 기구들이 이 프로그램에서 개발되었으며, 즉시 실리콘 밸리로 달려가 작은 기업을 창업하는 학도들이 점차 늘어났습니다. 창의성은 융합에서 이루어진다는 것을 얼마나 발 빠르게 실천하고 있는지, 왜 스탠퍼드가 세계 문명을 리드하고 있는지 알게 됩니다.

> 과거 100년이 경영학 석사(Master of Business Administration, MBA)의 시대였다면 미래 100년은 전문이학 석사(Professional Science Master, PSM)의 시대가 될 것이다.[207]

100여 년 전 MBA가 개설되어 최근 인기가 절정을 이루는 것처럼 최근 미국을 중심으로 PSM이 인기랍니다. PSM은 과학, 수학 등 자연과학과 커뮤니케이션, 정책, 경영, 법 등 실용 인문학을 함께 가르치는 석사과정입니다. 이공계 출신들에게 부족하기 쉬운 인문, 사회과학적 소양과 인문사회계 출신들에게 모자란 과학 지식을 교육해 시업이 필요로 하는 융합형 인재를 양성하겠다는 뜻이지요. 자연과학과 공학이 애써 만든 결과물을 MBA를 졸업하고 기업가정신으로 무장한 사람들이 주도하여 자본을 일으키고 사회에 기여하던 방식에서, 이제 과학을 배운 사람도 직접 경영의 기본 테크닉을 배우자는 취지가 숨어 있답니다. 업무 처리를 이과와 문과의 시너지를 통해 창의적으로 극대화하기 위한 융합정신이 돋보이는 프로그램입니다. 과학이 날기 위해 인문, 경영의 날개를 달고 있습니다.

Ⅱ

　사실, 의학은 화려함과는 거리가 있습니다. 의학이 화려하게 보인다면, 당신은 의학의 표피만을 보았을 가능성이 높습니다. 의학은 극한으로 인간 의지를 시험하는 처절하고 한편 심오한, 그래서 매력적인 학문입니다. 의사는 기득권자가 아니며 사회적 책임을 갖는 리더입니다. 한편 목회자이고 한편 교육자의 입장으로 사회적 소명을 감당해야 합니다. 의사가 개인이나 조직의 기득권에 집착한다면 의학의 미래는 장마철의 잿빛 하늘처럼 어두울 것이며, 인류 공동의 선(善)을 향한 헌신을 바탕으로 끊임없이 변화를 꿈꾸고 혁신의 고통을 인내한다면 의학의 미래는 봄날의 밝은 햇살처럼 환할 것입니다.
　당신의 미래를 위해 지난 백 년의 의학을 성찰해보십시오. 의학의 자기성찰은 의학으로 이루어지지 않으며, 인문사회, 역사철학, 문학과 예술의 도움을 받아야 가능합니다. 근대화와 현대화의 과정에서 과학의 이름으로, 논리적인 것이 아름답다는 이유로, 애매하다고 인문학을 문전박대하던 시절은 이제 끝나가고 있습니다. 인문학을 배척한 결과 과학의 발전 이면에는 차갑고 어두운 그림자가 짙게 드리워져 있으니까요. 예일 대학의 밀턴 윈터니츠가 간절히 꿈꾸었듯이 인문사회학을 통해 의학은 알을 깨고 나와 따뜻한 햇살을 받고, 인문사회학을 의학의 날개로 달 때 의학은 날 수 있게 됩니다. 새로운 이상향을 향해 아주 멀리 날아갈 것입니다. 지구 행성은 누구나 살고 싶은 그런 곳이 될 것입니다. 타고난 재능에 뿌리를 둔 사회적 기득권에 연연하는 소박한 꿈보다 노력하고 인내하고 극복하여 인류 공영의 원대한 목적을 꿈꾸십시오. 그것이 시간을 넘어 시대를 거치며 진화하고 있는 의학의 정신입니다.

당신의 가치 있는 생존을 기원합니다.

주석(참고문헌)

1) 최인성 기자, 〈피터 리, 돈이 목적이면 의사 된 후 매우 실망할 것〉, 중앙일보, 2011년 2월 12일자; 김정욱 특파원, 〈머리 관통상 기적, 기퍼즈 의원 6개월 만에 첫 질문은 'Your day?'〉, 중앙일보, 2011년 11월 17일자; 이영창 기자, 〈기퍼즈 수술한 피터 리 '올해의 자유상'〉, 한국일보, 2011년 12월 5일자; 성기홍 특파원, 〈인터뷰, 미 피격 여 의원 수술집도의 한국계 피터 리〉, 연합뉴스, 2011년 12월 5일자 등 언론 보도를 참조하여 각색함.

2) 최인성 기자, 〈피터 리, 돈이 목적이면 의사 된 후 매우 실망할 것〉, 중앙일보, 2011년 2월 12일자.

3) 공감, 즉 다른 사람의 감정이나 생각을 감지하고 그것을 상대방의 입장으로 대신 경험하는 인지적 과정을 일으키는 신경계.

4) 에릭 시걸(황보석 옮김), 『러브 스토리』, 9쪽, 문예출판사, 2009.

5) 로렌스 A. 사벳(박재영 옮김), 『차가운 의학, 따뜻한 의사』, 청년의사, 2008. 책의 제목과 본문의 내용에서 힌트를 얻은 문구임.

6) 특정한 목표를 달성하기 위해 두 개 이상의 요소가 합친 것.

7) 그리스 신화의 사자의 머리, 산양의 몸체와 용의 꼬리를 갖춘 괴물. 유전학에서는 하나의 생물체 안에 서로 다른 유전 형질을 가지는 동종의 조직이 함께 존재하는 현상을 일컫는다.

8) 정현종의 시 「방문객」 중 일부.

9) 셔윈 B. 눌랜드(조현욱 옮김), 『의사, 인간을 어루만지다』, 151~162쪽, 세종서적, 2010. '시신 도둑질'을 참고하여 각색함.

10) 로버트 루이스 스티븐슨의 단편소설 『시체 도둑(The Body Snatcher)』의 제목을 원용함.

11) 조연경 기자, 〈마약 대마초, 수술 마취제? 전 세계 '최초 마취제' 어떻게 개발됐나〉, 뉴스엔, 2011년 10월 9일자.

12) 야마모토 요시타카(남윤호 옮김), 『16세기 문화혁명』, 251쪽, 동아시아, 2010.

13) 셔윈 B. 눌랜드(조현욱 옮김), 『의사, 인간을 어루만지다』, 156쪽, 세종서적, 2010.

14) 박상준 기자, 〈근대의학 발전, 시체도굴범도 한몫〉, 한국일보, 2005년 12월 12일자.

15) 셔윈 B. 눌랜드(조현욱 옮김), 『의사, 인간을 어루만지다』, 158쪽, 세종서적, 2010.

16) 야마모토 요시타카(남윤호 옮김), 『16세기 문화혁명』, 149쪽, 동아시아, 2010.

17) 야마모토 요시타카(남윤호 옮김), 『16세기 문화혁명』, 127쪽, 동아시아, 2010.

18) 잭 골드스톤(조지형 · 김서형 옮김), 『왜 유럽인가』, 서해문집, 2011.

19) 야마모토 요시타카(남윤호 옮김), 『16세기 문화혁명』, 133쪽, 동아시아, 2010.

20) 야마모토 요시타카(남윤호 옮김), 『16세기 문화혁명』, 134쪽, 동아시아, 2010.

21) 야마모토 요시타카(남윤호 옮김), 『16세기 문화혁명』, 148쪽, 동아시아, 2010.

22) 병의 치료를 목적으로 환자의 피를 몸 밖으로 뽑아내는 일.

23) 야마모토 요시타카(남윤호 옮김), 『16세기 문화혁명』, 150쪽, 동아시아, 2010.

24) 전우택 외, 『의학적 상상력의 힘』, 169~194쪽, 21세기북스, 2010. 안덕선의 『인간적인 의학을 위한 상상력』의 주요 내용을 발췌 요약함.

25) 양동휴 외, 『산업혁명과 기계문명』, 35쪽, 서울대학교출판부, 1997.

26) 로버트 L. 하일브로너, 윌리엄 밀버그(홍기빈 옮김), 『자본주의 어디서 와서 어디로 가는가』, 183~184쪽,

미지북스, 2011.

27) 양동휴 외.『산업혁명과 기계문명』, 49~50쪽, 서울대학교 출판부, 1997.

28) 사이토 다카시(홍성민 옮김).『세계사를 움직이는 다섯 가지 힘』, 176~191쪽, 뜨인돌, 2009.

29) 로버트 L. 하일브로너(장상환 옮김).『세속의 철학자들』, 56쪽, 이마고, 2008.

30) 조선닷컴 인포그래픽스팀. 〈한계 부딪힌 50년 한강의 기적…… 이젠 자본주의 4.0〉, 조선일보, 2011년 9월 20일자.

31) 봉준호 감독의 영화 〈살인의 추억〉(2003)의 일부 내용을 각색함.

32) DNA 지문 감식법.

33) Angus Maddison, Historical Statistics: World Population, GDP and Per Capital GDP, 1-2003 AD. Home Maddison, http : //www.ggdc.net/Maddison/. 주요 내용을 참고하고 요약하여 그림.

34) 알랭 드 보통(정영목 옮김).『불안』, 45~47쪽, 은행나무, 2011.

35) 이매뉴얼 월러스틴(김재오 옮김).『유럽적 보편주의: 권력의 레토릭』, 105~121쪽, 창비, 2008.

36) 해리 콜린스, 트레버 핀치(이정호 · 김명진 옮김).『닥터 골렘』, 19~20쪽, 사이언스북스, 2009.

37) 대니얼 엘트먼(고영태 옮김).『10년 후 미래』, 128~153쪽, 청림출판, 2011.

38) 사이토 다카시(홍성민 옮김).『세계사를 움직이는 다섯 가지 힘』, 176~191쪽, 뜨인돌, 2009.

39) 내과, 외과, 산과, 소아과 교과서의 유명한 저자들.

40) 마이클 샌델(이창신 옮김).『정의란 무엇인가』, 김영사, 2010.

41) 셔윈 B. 놀랜드(조현욱 옮김).『의사, 인간을 어루만지다』, 52~64쪽, 세종서적, 2010. '의과대학과 종합대학'의 주요 내용을 발췌하고 각색함.

42) 셔윈 B. 놀랜드(조현욱 옮김).『의사, 인간을 어루만지다』, 25~39쪽, 세종서적, 2010. '의술의 가장 큰 법'을 참조하고 인용함.

43) 안창욱 기자. 〈의학 발전할수록 불확실성도 증가〉, 메디게이트 뉴스, 2010년 9월 4일자. 내용 일부를 요약함.

44) 해리 콜린스, 트레버 핀치(이정호 · 김명진 옮김).『닥터 골렘』, 사이언스북스, 2009.

45) 리처드 파인만(정무광 · 정재승 옮김).『과학이란 무엇인가?』, 39쪽, 승산, 2008.

46) 암의 진단 또는 치료 뒤에 검사를 반복하여 5년 동안 살아 있는 사람의 백분율로 치료 후 5년 동안 생존한다면 일단 완치가 되었다고 간주한다.

47) 이은성.『동의보감, 상 · 중 · 하』, 창비, 2001.

48) 최인수.『창의성의 발견』, 68~70쪽, 쌤앤파커스, 2011.

49) 서울 탑골 공원에 있는 원각사지 십층석탑.

50) 박제가(안대회 옮김).『궁핍한 날의 벗』, 26~30쪽, 태학사, 2004. 내용 일부를 요약함.

51) 재주나 슬기가 아주 뛰어난 남자.

52) 박제가(안대회 옮김).『궁핍한 날의 벗』, 106쪽, 태학사, 2004. 내용 일부를 요약함.

53) 박성순.『박제가와 젊은 그들』, 143쪽, 고즈윈, 2006.

54) 박성순.『박제가와 젊은 그들』, 26쪽, 고즈윈, 2006.

55) 안소영.『책만 보는 바보』, 72쪽, 보림출판사, 2005.

56) 박성순.『박제가와 젊은 그들』, 22쪽, 고즈윈, 2006.

57) 박제가(안대회 옮김).『궁핍한 날의 벗』, 138~149쪽, 태학사, 2005. 일부를 요약함.

58) 박제가(안대회 옮김).『궁핍한 날의 벗』, 177쪽, 태학사, 2005. 일부 요약함.

59) 권정원 편역. 『책에 미친 바보』, 21쪽, 미디어북스, 2004. 일부 요약함.

60) 권정원 편역. 『책에 미친 바보』, 8쪽, 미디어북스, 2004.

61) 조성기. 『양반가문의 쓴소리』, 김영사, 2006.

62) 정민. 『미쳐야 미친다』, 77쪽, 푸른역사, 2004.

63) 정민. 『미쳐야 미친다』, 77~78쪽, 푸른역사, 2004.

64) 정민. 『미쳐야 미친다』, 70쪽, 푸른역사, 2004.

65) 권정원 편역. 『책에 미친 바보』, 7쪽, 미디어북스, 2004.

66) 권정원 편역. 『책에 미친 바보』, 228~231쪽, 미디어북스, 2004.

67) 안소영. 『책만 보는 바보』, 86~103쪽, 보림출판사, 2005.

68) 안소영. 『책만 보는 바보』, 271쪽, 보림출판사, 2005.

69) 권정원 편역. 『책에 미친 바보』, 7쪽, 미디어북스, 2004.

70) 이덕일. 『정약용과 그의 형제들』, 39쪽, 김영사, 2006.

71) 정민. 『미쳐야 미친다』, 235~236쪽, 푸른역사, 2004.

72) 정민. 『삶을 바꾼 만남』, 34~36쪽, 문학동네, 2011.

73) 주역, 窮卽變, 變卽通, 通卽久.

74) 장자(오강남 풀이). 『장자』, 26~34쪽, 현암사, 2007.

75) 문영미(박세연 옮김). 『디퍼런트』, 52~54쪽, 살림Biz, 2011.

76) 스티븐 코비(김경섭 옮김). 『성공하는 사람들의 7가지 습관』, 43~47쪽, 김영사, 2003. 내용을 각색함.

77) 알랭 드 보통(정영목 옮김). 『불안』, 15~38쪽, 은행나무, 2004.

78) 하워드 가드너(김한영 옮김). 『미래 마인드』, 117~121쪽, 재인, 2008.

79) 하워드 가드너(김한영 옮김). 『미래 마인드』, 재인, 2008.

80) 말콤 글래드웰(노정태 옮김, 최인철 감수). 『아웃라이어』, 54~56쪽, 김영사, 2009.

81) 제레미 리프킨(이영호 옮김). 『노동의 종말』, 민음사, 2005.

82) 정약용(윤동환 옮김). 『목민심서』, 55~66쪽, 사단법인다산기념사업회, 2004.

83) 문용린. 『신뢰가 경쟁력을 낳는다』, 여성신문, 2009년 11월 20일자.

84) 프랜시스 후쿠야마(구승회 옮김). 『트러스트』, 한국경제신문, 2009.

85) 김성윤 기자. 조선일보, 2002년 5월 30일자.

86) 정재형 기자. 머니투데이, 2006년 7월 27일자.

87) 주성원 기자. 동아일보, 2009년 9월 27일자.

88) 구정모 기자. 연합뉴스, 2008년 5월 14일자.

89) 김민아 기자. [청년의사가 만난 사람, 안덕선] 〈의대생 성추행 사건, 프로페셔널리즘 확립 계기 돼아〉, 청년 의사, 2011년 6월 28일자. 내용 중 일부 요약함.

90) 임기영. 〈한국의 의료 상황과 프로페셔널리즘 교육〉, 한국의학교육 2007; 19: 267~269. 일부분을 요약함.

91) 이정환. 〈깨진 유리창 이론〉, 한국경제신문, 2011년 6월 9일자.

92) 이우재. 『맹자 읽기』, 17~22쪽, 21세기북스, 2012.

93) 말콤 글래드웰(노정태 옮김, 최인철 감수). 『아웃라이어』, 98~105쪽, 김영사, 2009. 내용을 요약함.

94) 소경희. 「학교교육의 맥락에서 본 역량(competency)의 의미와 교육과정적 함의」, 『교육과정연구』 2007;

25: 3-5.

95) 『논어』 제2 위정편, 17장. 제자인 자로가 '아는 것이란 무엇인가요?'라고 묻자 공자가 대답하였다. '아는 것을 안다고 하고 모르는 것을 모른다고 하는 것이 바로 아는 것이다(知之爲知之 不知爲不知,是知也).'

96) 김주환, 『회복 탄력성』, 97~98쪽, 위즈덤하우스, 2011.

97) 말콤 글래드웰(노정태 옮김, 최인철 감수), 『아웃라이어』, 91~95쪽, 김영사, 2009.

98) 김주환, 『회복 탄력성』, 98쪽, 위즈덤하우스, 2011.

99) 정지은 등 EBS 아이의 사생활 제작팀, 『아이의 사생활』, 177쪽, 지식채널, 2009.

100) 하워드 가드너(문용린 · 유경재 옮김), 『다중지능』, 255쪽, 웅진지식하우스, 2007.

101) 김주환, 『회복 탄력성』, 100~101쪽, 위즈덤하우스, 2011.

102) 정지은 등 EBS 아이의 사생활 제작팀, 『아이의 사생활』, 181~187쪽, 지식채널, 2009.

103) 하워드 가드너(문용린 · 유경재 옮김), 『다중지능』, 27~42쪽, 웅진지식하우스, 2007.

104) 발달장애나 정신지체 혹은 유아 자폐증이나 분열증으로 중등도의 정신장애를 가진 사람이 그 장애와는 전혀 대조적인 경이로운 능력을 발휘하는 것.

105) 하워드 가드너(문용린 · 유경재 옮김), 『다중지능』, 260쪽, 웅진지식하우스, 2007.

106) 정지은 등 EBS 아이의 사생활 제작팀, 『아이의 사생활』, 188쪽, 지식채널, 2009.

107) 정지은 등 EBS 아이의 사생활 제작팀, 『아이의 사생활』, 214쪽, 지식채널, 2009.

108) 『논어』 옹야(雍也)편, 知之者 不如好之者 好之者 不如樂之者.

109) 김주환, 『회복 탄력성』, 182~185쪽, 위즈덤하우스, 2011.

110) 사람이 특정 상황, 특히 개선하기가 어려울 것으로 보이는 상황을 접할 때 취하는 생각이나 태도.

111) 이지성, 『리딩으로 리드하라』, 13~23쪽, 문학동네, 2010.

112) 김영식, 『과학, 인문학 그리고 대학』, 125~139쪽, 생각의 나무, 2007. 주요 내용을 발췌하고 요약함.

113) 전우택 외, 『의학적 상상력의 힘』, 169~194쪽, 21세기북스, 2010. 안덕선의 『인간적인 의학을 위한 상상력』의 주요 내용을 발췌하고 요약함.

114) 캐롤 드웩(진성록 옮김), 『성공의 심리학』, 부글북스, 2006.

115) 캐롤 드웩(진성록 옮김), 『성공의 심리학』, 17쪽, 서울, 부글북스, 2006.

116) 캐롤 드웩(진성록 옮김), 『성공의 심리학』, 31쪽, 부글북스, 2006.

117) 다니엘 핑크(김주환 옮김), 『드라이브』, 5~7쪽, 청림출판, 2011.

118) 다니엘 핑크(김주환 옮김), 『드라이브』, 10~15쪽, 청림출판, 2011.

119) 다니엘 핑크(김주환 옮김), 『드라이브』, 8쪽, 청림출판, 2011.

120) 다니엘 핑크(김주환 옮김), 『드라이브』, 57쪽, 파주, 청림출판, 2011.

121) 다니엘 핑크(김주환 옮김), 『드라이브』, 564~65쪽, 파주, 청림출판, 2011.

122) 드라이브(김주환 옮김), 『드라이브』, 174쪽, 파주, 청림출판, 2011.

123) 말콤 글래드웰(노정태 옮김, 최인철 감수), 『아웃라이어』, 54~56쪽, 김영사, 2009.

124) 말콤 글래드웰(노정태 옮김, 최인철 감수), 『아웃라이어』, 56~57쪽, 김영사, 2009.

125) 드라이브(김주환 옮김), 『드라이브』, 190쪽, 파주, 청림출판, 2011.

126) 급성 충수돌기염.

127) Hulleman CS, Harackiewicz JM. Promoting interest and performance in high school science classes. Science 2009; 326: 1410-1412.

128) 최인수. 『창의성의 발견』, 37~38쪽, 쌤앤파커스, 2011.

129) 최인수. 『창의성의 발견』, 40~42쪽, 쌤앤파커스, 2011.

130) 미하이 칙센트미하이(노혜숙 옮김). 『창의성의 즐거움』, 81쪽, 북로드, 2008.

131) 티나 실리그(이수경 옮김). 『스무 살에 알았더라면 좋았을 것들』, 70~73쪽, 엘도라도, 2010.

132) 정민. 『비슷한 것은 가짜다』, 160쪽, 태학사, 2003.

133) 시오노 나나미(김석희 옮김). 『르네상스를 만든 사람들』, 21~193쪽, 한길사, 2001.

134) 하워드 가드너(김한영 옮김). 『미래마인드』, 117~121쪽, 재인용, 2008.

135) 정민. 『미쳐야 미친다』, 28쪽, 푸른역사, 2004.

136) 황농문. 『인생을 바꾸는 자기 혁명 몰입』, 6쪽, 랜덤하우스코리아, 2007.

137) 송병기 기자. 〈동산병원, 직원 자녀와 의대생과의 만남 가져〉, 국민일보, 2011년 5월 31일자.

138) 황농문. 『인생을 바꾸는 자기 혁명 몰입』, 8쪽, 랜덤하우스코리아, 2007.

139) 황농문. 『인생을 바꾸는 자기 혁명 몰입』, 6쪽, 랜덤하우스코리아, 2007.

140) 최인수. 『창의성의 발견』, 102쪽, 쌤앤파커스, 2011.

141) 말콤 글래드웰(이무열 옮김). 『블링크』, 166쪽, 21세기북스, 2005.

142) 말콤 글래드웰(이무열 옮김). 『블링크』, 168~170쪽, 21세기북스, 2005.

143) Park JH, Chung MH, Kim JY, Lee HJ, Kang YN, Kim AS, Hwang JB. Intussusception associated with pseudomembranous colitis. J Pediatr Gastroenterol Nutr 2008; 46: 470-1.

144) 제롬 그루프먼(이문희 옮김). 『닥터스 씽킹』, 65~68쪽, 해냄, 2007. 관련 논문은 Academic Emergency Medicine. 2012; 9: 1184-1204를 참조할 것.

145) 게랄드 트라우페터(노선정 옮김). 『섬광처럼 내리꽂히는 통찰력』, 38쪽, 살림Biz, 2009.

146) 게랄드 트라우페터(노선정 옮김). 『섬광처럼 내리꽂히는 통찰력』, 41쪽, 살림Biz, 2009.

147) 일본의 과학자로 곰팡이를 연구하던 중 콜레스테롤 억제 물질인 스타틴을 개발했다. 그는 이 위대한 발견의 대가로 단 한 푼도 받지 못했다. 빌리 우드워드 외(김소정 옮김). 『미친 연구 위대한 발견』, 푸른지식, 2011. 참조.

148) 로버트 L. 하일브로너. 『세속의 철학자들』, 79~80쪽, 이마고, 2008.

149) 피터 드러커(이재규 옮김). 『프로페셔널의 조건』, 27~87쪽, 청림출판, 2009.

150) 박남규. 『전략적 사고』, 23~30쪽, 트라일러앤컴퍼니, 2007.

151) 류량도. 『일을 했으면 성과를 내라』, 142~145쪽, 쌤앤파커스, 2010.

152) 류량도. 『일을 했으면 성과를 내라』, 142~145쪽, 쌤앤파커스, 2010. 주요 내용을 참조하여 그림.

153) 이민규. 『실행이 답이다』, 242~248쪽, 더난출판, 2011.

154) 이민규. 『실행이 답이다』, 6~8쪽, 더난출판, 2011.

155) 류량도. 『일을 했으면 성과를 내라』, 25~35쪽, 쌤앤파커스, 2010.

156) 패트릭 G. 라일리(안진환 옮김). 『강력하고 간결한 한 장의 기획서』, 을유문화사, 2002.

157) 이민규. 『실행이 답이다』, 19~21쪽, 더난출판, 2011.

158) 류량도. 『일을 했으면 성과를 내라』, 129~131쪽, 쌤앤파커스, 2010. 내용 일부를 각색함.

159) 이민규. 『실행이 답이다』, 119~122쪽, 더난출판, 2011.

160) 『논어』 술이(述而)편. 不憤不啓 不悱不發.

161) 이민규. 『실행이 답이다』, 279쪽, 더난출판, 2011.

162) 김광웅, 『서울대 리더십 강의』, 6~7쪽, 247~248쪽, 21세기북스, 2011.

163) 이케다 다이사쿠(화광신문사 옮김), 『이케다 다이사쿠 명언 100선』, 72쪽, 매일경제신문사, 2011.

164) 박재목, 〈칼럼, MB '신보서'는 이재오 맞나?〉, 데일리안, 2009년 3월 19일자.

165) 김윤석 기자, 〈남자의 자격, 베이스가 재미없는 이유〉, 스타데일리 뉴스, 2011년 8월 8일자.

166) 이지성, 『리딩으로 리드하라』, 235쪽, 문학동네, 2010.

167) 칩 히스, 댄 히스(안진환 옮김), 『스위치』, 웅진지식하우스, 2010.

168) 칩 히스, 댄 히스(안진환 옮김), 『스위치』, 14~16쪽, 웅진지식하우스, 2010.

169) 조너선 헤이트(권오열 옮김, 문용린 감수), 『행복의 가설』, 물푸레, 2010.

170) 칩 히스, 댄 히스(안진환 옮김), 『스위치』, 39~46쪽, 웅진지식하우스, 2010.

171) 하지현, 『소통의 기술』, 6쪽, 미루나무, 2007.

172) 물론, 여기서 말하는 소송은 심적 고통, 많은 재정과 지루한 시간이 필요한 심각한 법적 다툼을 말한다. 의학 정보가 널리 공유되고 있는 요즈음 의료계에서는 환자에게 미세한 손상만 입혀도 응분의 보상을 해야 한다. 물론, 의학적으로 불가피한 손상을 재징적인 보상으로 돌려받으려는 안타까운 경우도 있다.

173) 말콤 글래드웰(이무열 옮김), 『블링크』, 69~70쪽, 21세기북스, 2009.

174) 말콤 글래드웰(이무열 옮김), 『블링크』, 71쪽, 21세기북스, 2009.

175) 말콤 글래드웰(이무열 옮김), 『블링크』, 71~73쪽, 21세기북스, 2009.

176) 김주환, 『회복 탄력성』, 160~166쪽, 위즈덤하우스, 2011.

177) 김주환, 『회복 탄력성』, 169~177쪽, 위즈덤하우스, 2011.

178) 김주환, 『회복 탄력성』, 169쪽, 위즈덤하우스, 2011.

179) 이마무라 쇼헤이 감독의 1998년 작 영화 〈간장 선생〉에 나오는 닥터 아카기의 말.

180) 김주환, 『회복 탄력성』, 179쪽, 위즈덤하우스, 2011.

181) 박경철, 〈문제는 '공감'이다〉, 경향신문, 2011년 8월 25일자.

182) 제롬 그루프먼(이문희 옮김), 『닥터스 씽킹』, 9~28쪽, 해냄, 2007. 주요한 스토리를 인용하고 각색함.

183) 제롬 그루프먼(이문희 옮김), 『닥터스 씽킹』, 13~17쪽, 해냄, 2007.

184) 김주환, 『회복 탄력성』, 176~177쪽, 위즈덤하우스, 2011.

185) 제롬 그루프먼(이문희 옮김), 『닥터스 씽킹』, 31쪽, 해냄, 2007.

186) 제롬 그루프먼(이문희 옮김), 『닥터스 씽킹』, 39쪽, 해냄, 2007.

187) 칩 히스, 댄 히스(안진환 옮김), 『스틱』, 37~45쪽, 웅진윙스, 2009.

188) 칩 히스, 댄 히스(안진환 옮김), 『스틱』, 348~358쪽, 웅진윙스, 2009.

189) 칩 히스, 댄 히스(안진환 옮김), 『스틱』, 351~352쪽, 웅진윙스, 2009.

190) 칩 히스, 댄 히스(안진환 옮김), 『스틱』, 348~358쪽, 웅진윙스, 2009.

191) 칩 히스, 댄 히스(안진환 옮김), 『스틱』, 348~358쪽, 웅진윙스, 2009.

192) 문영미(박세연 옮김), 『디퍼런트』, 10~11쪽, 살림Biz, 2011.

193) 리처드 파인만(김희봉 옮김), 『파인만 씨 농담도 잘 하시네! 1, 2』, 사이언스북스, 2000.

194) 황진복 · 배종우, 『의료인을 위한 실용적 글쓰기』, 87~101쪽, 신흥메드싸이언스, 2010.

195) 임재춘, 『한국의 이공계는 글쓰기가 두렵다』, 40~41쪽, 마이닐, 2003.

196) 탁석산, 『핵심은 논증이다』, 김영사, 2005.

197) 임재춘, 『한국의 직장인은 글쓰기가 두렵다』, 북코리아, 2005.

198) 탁석산, 『핵심은 논증이다』, 김영사, 2005.

199) 탁석산, 『핵심은 논증이다』, 김영사, 2005.

200) 패트릭 G. 라일리(안진환 옮김), 『강력하고 간결한 한 장의 기획서』, 을유문화사, 2002.

201) 황진복·배종우, 『의료인을 위한 실용적 글쓰기』, 102~104쪽, 신흥메드싸이언스, 2010.

202) 티나 실리그(이수경 옮김), 『스무 살에 알았더라면 좋았을 것들』, 29~30쪽, 엘도라도, 2010.

203) 티나 실리그(이수경 옮김), 『스무 살에 알았더라면 좋았을 것들』, 243~245쪽, 엘도라도, 2010. 내용 일부를 각색함.

204) 박행순, 〈[네팔에서 온 편지 5] 국경을 초월한 열정을 보다〉, 광주일보, 2011년 12월 13일자.

205) 티나 실리그(이수경 옮김), 『스무 살에 알았더라면 좋았을 것들』, 43~45쪽, 엘도라도, 2010.

206) 티나 실리그(이수경 옮김), 『스무 살에 알았더라면 좋았을 것들』, 89~90쪽, 엘도라도, 2010.

207) 정재홍 기자, 〈과거 100년은 MBA, 미래 100년은 PSM〉, 중앙일보, 2010년 12월 28일자.

황진복(pedgi@kmu.ac.kr)

현재 계명대학교 의과대학 소아과 교수로 재직 중이며, 소아 소화기영양학을 전공하고 있다. 타고난 재능보다 노력하고 극복하며 성장하는 사람의 의지를 더 믿는다. 의사라는 직분이 보다 질 높은 사회적 역할을 감당하려면 의학도는 어떻게 성찰하고, 무엇을 준비하며, 그 방법은 어떠해야 할지 고민하고 있다. 인문사회, 경제경영, 역사철학의 밝은 안목을 빌려 고민을 덜어보고, 이 땅에 '좋은 의사'가 보다 많이 배출되도록 도와주는 일에 몰두하고 있다. 암기와 경쟁의 쳇바퀴 속에서 심신이 지칠 대로 지친 의학도를 위해 안타까운 마음으로, 푸른 이마를 가진 그들의 식어가는 열정과 흐린 꿈을 다시 흔들어 깨울 이야기를 찾고 모으고 갈무리하여 이 강의록을 집필하였다.

저서로는 『의료인을 위한 실용적 글쓰기』 등이 있다.

의학, 가슴으로 말하라

초판발행 2012년 11월 2일
초판 3쇄 2019년 1월 11일

지은이 황진복
펴낸이 채종준

펴낸곳 한국학술정보(주)
주소 경기도 파주시 회동길 230(문발동)
전화 031 908 3181(대표)
팩스 031 908 3189
홈페이지 http://ebook.kstudy.com
E-mail 출판사업부 publish@kstudy.com
등록 제일산-115호(2000. 6. 19)

ISBN 978-89-268-3873-0 03040 (Paper Book)
      978-89-268-3874-7 05040 (e-Book)